中国新工人 女工传记

吕途 著

生活·讀書·新知 三联书店

Copyright © 2017 by SDX Joint Publishing Company.
All Rights Reserved.

本作品版权由生活·读书·新知三联书店所有。
未经许可,不得翻印。

图书在版编目(CIP)数据

中国新工人:女工传记/吕途著. —北京:
生活·读书·新知三联书店,2017.11 (2023.6重印)
ISBN 978-7-108-05923-9

Ⅰ.①中… Ⅱ.①吕… Ⅲ.①女性-工人-列传-
中国-现代 Ⅳ.①K828.1

中国版本图书馆CIP数据核字(2017)第137041号

责任编辑	曾	诚
封面设计	何	浩
版式设计	薛	宇
责任校对	曹忠苓	
责任印制	董	欢
出版发行	生活·讀書·新知 三联书店	
	(北京市东城区美术馆东街22号 100010)	
网 址	www.sdxjpc.com	
经 销	新华书店	
排 版	北京金舵手世纪图文设计有限公司	
印 刷	北京隆昌伟业印刷有限公司	
版 次	2017年11月北京第1版	
	2023年6月北京第2次印刷	
开 本	635毫米×965毫米 1/16 印张24	
字 数	310千字 图53幅	
印 数	07,001-12,000册	
定 价	68.00元	

(印装查询:01064002715;邮购查询:01084010542)

序
女工故事与主体之名

戴锦华

这是一册女工的故事。称"故事",毋宁称生命、遭遇或境况,女工们的生命遭遇与现实境况。女工们的,也是今日世界劳动者、生产者、供养者与服务者的故事。无须添加性别为定语,她们的故事记述并展示了今日世界多数人——在主流媒体上状若无声的多数人的生命境况;必须添加性别为定语,因为她们是"弱势群体"中的弱势者,是强韧底层中的强韧者。

似乎无须再度引证斯皮瓦克著名的发问:庶民们是否能够发声?庶民们/劳动者们始终在发声:自我陈述、自我显现或大声疾呼。只是,他们的声音持续地遭到各类媒体的冷遇与屏蔽,只是,主流或自以为主流社会的人们自觉或不自觉地拒绝倾听或选择漠视。然而,无论人们是否瞩目或倾听,那声音存在着、回响着,那是今日世界真实的言说。

也无须再度陷于言说困顿:阶级与性别议题的共置终难逃"不快乐的婚姻"的宿命?迄今为止,这两个名字仍是人类社会最重要的议题;它们在20世纪难以风雨同舟,则是由于两者都曾是、甚或继续是某种"大叙述"因之相互排斥,或因它们曾在某些特定的时段、特定的空间占有过霸权地位,或为某些特定的人群所垄断;然而,将两者视若不容的人们间或因这样那样的原因遗忘(或选择遗忘)了这两种议题的共同,是它们都指向人类的多数,被压迫的多数，劳动与创造的多数，金字塔形社会构造的巨大的底座。遭类似遗忘或遗忘选择的，是由于20世纪后半叶，性别议题一度成为著名的"少数（人）议题"，以至令人们在错觉中忘记了这是某种"化装为少数的多数"——而这也正是20世纪很多社会议题的共同特征：少数族裔、移民问题、农民工、打工妹、下岗工人……今天，当人们因其"少数"特质而对阶级或性别议题选择漠视或否认之时，似乎又淡忘了，在激变中的20世纪后半叶，因"少数（人）"之名的社会抗争、批判议题之所以一度替代，甚至抹除了阶级与性别之名，是在于彼时彼地的世界情势由冷战格局所统御，阶级与性别之名由两大阵营所支持并垄断。今天，冷战历史早成了刻意遗忘与葬埋的记忆，因两大阵营的对决、对峙而获得社会空间近乎悉数关闭、坍缩，而社会分化成为全球最突出、最严酷的事实，此时此地，不言多数而执着于少数议题，便成为某种可疑，至少是某种奢侈。再度因阶级之名否定性别维度的人们，似乎正是瞩目于某个似是而非的"阶级"——中产阶级垄断了女性主义而无视女性中的多数与新阶级议题的高度重合。

女工，这一社会身份与角色，正是现代社会的发明，也几乎是现代社会、资本主义的表征性角色：当她们从家族的人身隶属关系中获得解放之时，便也是她们成为一以贯之的最廉价劳动力的时刻。当她们成了社会中重要的，却从未获得稳定、保障的劳动者与生产者，她们并未因此而摆脱身为家庭仆从的规定——只是这一仆从角色不仅仅属于她们自己的家庭。因今日女性主义不时萦绕着中产阶级的气味而对其厌弃的人们，同时遗忘了，抑或无知于昔日女性主义正肇始于女工们的殊死抗争与运动潮汐，而中国的妇女解放与20世纪中国革命始终伴随，不离不弃。因性别议题、女性主义源自欧美而将其弃绝的人们，亦似乎盲视于现代世界历史、现代中国历史乃至今日中国的现实正是为欧美所裹挟的全球化的进程；

现代中国女性,其自身已是作为全球化一部分的现代中国历史的创造。因此,这册女工的故事,关于底层、关于阶级、关于劳动、关于女人,正是阶级与性别命题再度相遇、再度重合的事实呈现之一。

不错,较之于性别议题的困境:为某些拥有话语权群体所垄断、所阐释并因此再度遮没女性中的多数,阶级议题的弥散、稀薄甚至"非法",仍是更为突出与急迫的社会现实。急剧、几乎看不到逆转可能的贫富分化正继续、或曰再度造就着全球的阶级事实,但阶级之名却不仅因冷战胜利者的意愿而湮灭,亦因20世纪大失败的历史债务而羸弱。与阶级之名的失效同时稀薄的是多数共同行动之可能性的丧失。于我,这也正是21世纪最急迫的问题之一:我们是否仍可能或应该在阶级之名下集结?设若我们真正成为20世纪弥足珍贵的历史遗产的继承人(同时意味着我们自己清理了20世纪的历史债务),启动新的改造世界的历史进程,是否仍需要一个历史主体之名?这是否仍可能是阶级之名?冷战之后,第一次反全球化、亦是反资本主义的"占领华尔街运动",喊出了"我们是99%"的口号,意味着曾名曰各种"少数"的多数再度现身历史舞台,同时也暴露了这尝试再度集结登场的"绝大多数",此刻无名。为其命名的努力:曰庶民、曰诸众、曰99%,显然并未能取代或启动20世纪曰阶级:工人阶级、无产阶级的命名和动员、召唤力。

这是一本另类编年史——这里,是女工们个人故事的口述史。一年又一年,两代或三代女工的生命故事——若干女人的遭遇,某些社会的擦痕,一个社群的轨迹。然而,出现在这里的,不是、不仅是代际更迭或命运流转,在这里,在访谈者、言说者的对话与低语间,显影而出的,是某种细密绵延的历史的印痕,也是时代转身时分的陡崖;是某种关于社会进步的寓言或反寓言;是阶级的碎裂,也是社群的凸显;是乡村,也是都市;是新工人,也是女人,新女工。不错,是历史的绵延。在一个个故事里,在倾吐与细语的接续间,可以看到这些普通、"边缘"的女人,尽管横跨激变的、重组的、中国的半个世纪,但她们有着同样的、在这疆域之外颇难一遇的自信、或曰自在,一份回首或曰检视自己生命时的从容——尽管她们身处不同的年代,性格彼此迥异,遭际各有不同:或决绝或隐忍,或跳脱或低回,或幸运或坎坷;但几乎没有卑怯、自怜,没有悲情流溢其间。在每个时段中,并为历史的激变所加剧,她们并非诸种社会资源的占有者(尽管可能是制造者与提供者),因此不是能自如于社会命运的角色,但她们直面自己的人生,直面社会性的"宿命",表现出那样一份自主与尊严。这间或来自当代中国历史之于女性群体最丰厚的馈赠,间或来自劳动者与创造者的坚韧,来自于背负并养育社会的女性生命的力量。

不错,如同所有的编年史,在极端素朴的讲述中,历史显影出它清晰的刻痕和断裂处的裸面。在这份编年开启的段落中,女工们的个人故事嵌在大时代的浪潮起伏中,她们的故事是时代巨澜中的一脉涓流,有冲击,也有共进;有被动,更有参与,她们的命运也是全社会的命运的一部分。此后,在一道看不见的历史陡崖背后,她们故事开始成为别无选择中的选择,成为"社会流动性"裹挟下的沙砾。再后,更年轻的一代则是以流动或曰漂流为常态的生命际遇。多了洒脱恣意,也多了已然失根的飘零,同时间或更自觉于别样的出路与价值。然而,本书中不时闪现的亮点,也是许多故事中一个共同的转折,是人在这沙砾般的漂泊间的彼此遭遇、彼此联结,是出而代表自己和同伴,为改善生存状况而发声、而力主、而抗争的时刻。那一刻,她们的生命显现了不同的热度,她们以自己的行动争取劳动者的权利,她们以自己的行为争取并印证着尊严的价值。也正是在这里,显影着清晰的历史裂谷:集体感、社会性的再度认知与获得,大都源自对基本的社会保障的渴望与需要。换言之,新女工,也是新工人们可能触摸并争取的、社会的天际线,便是在生存意义上的对最基本社会保障的吁求。或许也正是新穷人这一称谓的寓意所在:在此凸显的,尚不是对社会财富分配不均的议题,而是劳动者是否可能、经由何种路径方可获得基本的社会保障,是否可能以此作为基点撑起她们和他们生命的天顶,由生存而尊严,而不是以尊严为代价去换取生存。经由吕途,我们倾听女工与女人的故事,她们的苦与乐、爱与痛、欲与求,她们的背负、付出与梦想。

因此,我们从不断爆炸的出版物中获得了这不同的一册,读到了一份弥足珍贵的努力:为自己发声,为新工人发声,为女人发声,为自己寻找或创造主体的名字。事实上,与多数人行动之可能同时丧失的,正是多数人言说的逻辑与合法性。今天,如果我们仍不能以集体、社群的名字言说,那么就从某一群体的个人故事开始。让遭屏蔽的声音传播,让别样的经验共享,从阶级与性别的叠加处开始,寻找历史主体之名,创造关于未来的可能。

二〇一六年十月

目　次

序　女工故事与主体之名 …………………………………… 戴锦华　i

前　言　用生命去见证与创造 …………………………………………… 1
1951 年出生的三婶　曾经的主人翁 …………………………………… 11
1955 年出生的薛姐　为了职工，临危受命 …………………………… 19
1957 年出生的三姐　当医生不再是一份事业的时候 ………………… 31
1962 年出生的苏姐　赶上辉煌的尾声 ………………………………… 42
1968 年出生的菊兰　十八年的工资单 ………………………………… 51
1968 年出生的阿慧　人生的一场场苦恋 ……………………………… 61
1970 年出生的赵姐　简单　平淡 ……………………………………… 69
1971 年出生的阿英　一条项链一个月的工资 ………………………… 72
1971 年出生的阿龙　因为我们是正确的 ……………………………… 81
1972 年出生的丽英　一辈子做了这一件重要的事情 ………………… 87
1974 年出生的辉兰　被宠爱的妻子 …………………………………… 97
1975 年出生的正先　房子和孩子 ……………………………………… 108
1976 年出生的老赵　二十年 …………………………………………… 118
　　附：给孩子们的一封信 …………………………………… 老赵　125

1976年出生的晨玉	自由与安全	127
1978年出生的如玉	生不出儿子怎么办？	135
1978年出生的艳霞	离婚的代价	145
1979年出生的阿芬	美丽的烦恼	154
1981年出生的阿坚	祸福相倚	161
1981年出生的彩云	只有傻子才能够为大家做点事	170
附：两篇周记	彩云	179
1985年出生的段玉	共同成长	181
1985年出生的光霞	两个人创造一个家	203
1986年出生的凤霞	说不清的性与爱	212
1986年出生的小桃	被驯服容易不容易	221
1986年出生的园园	"平等"的代价	228
附：小诗两首	园园	240
1986年出生的佳俊	向着阳光生长	242
1987年出生的玉雯	迷迷糊糊到现在	251
1987年出生的晓梦	病因	260
附：我眼中的世界	晓梦	271

1987年出生的小贝　选择一个人生活的可爱姑娘	274
1987年出生的晓春　最大的痛苦是自责	283
1988年出生的敏艳　快乐新娘	292
1988年出生的珠珠　奇女子在人间	301
附：控制不住……珠珠	321
1990年出生的晓灵　反叛、依赖与追寻	323
1993年出生的王琪　拎着行李就出发	331
附一：一个手机背后的女工故事（视频）	339
附二：一篇日记：记得……王琪	340
1994年出生的俊杰　待嫁	342
后　记　对话的开始	352

附　录　吕途的故事：我的四辈子 …… 360

前　言

用生命去见证与创造

这是一本没有写完的书。我访谈了将近100名女工。我本来计划从100个访谈故事中选择50个故事写出来，后来选择出了40个故事，现在和读者见面的是34个故事。我一共写出了36个故事，有一个故事在给主人公反馈的时候，她删减的内容太多，我没有收录；还有一个故事，当我征求反馈意见的时候，主人公说，故事把她的人生都暴露了，不想收录。在此，由衷感谢34个故事中的主人公，跟我分享你们的人生故事，允许我用笔记录你们的生命轨迹，并且愿意和读者"见面"和"对话"。

这是一本写不完的书。我认识我写的每一位主人公，有的见面一次，有的见面多次，有的是挚友，有的是亲人。对于所有我可以保持联系的人，在书稿杀青之前我都进行了回访，每个人都发生了或大或小的变化。而此时，当某个有缘的读者读到某个故事的时候，那位主人公的人生一定又发生了变化。这就是人生，人生的不可预测和不断变化正是人生的魅力所在，也是人生的乐趣吧。

这是一本需要用心去读的书。我的写作风格平铺直叙，故事的结构也千篇一律，从文学角度，估计没有可读性。这是一本用心写就的书，当我做访谈的时候，我和我的访谈对象一起走过一遍她的人生；当我写作的时候，我的身心完全投入到她的故事中，梳理主人公的生活轨迹。任何一个人的生命历程都是多面的，经历本身是客观的，讲述过程是主观的，我记录的是主人公想告诉我的，我写出来的是我觉得适合分享的，一字一句都尊重原始记录。

这是一本开启对话的书。我有这样一个想法，等书出版以后，希望分专题论述我对女性问题的思考，本书中的故事是开启这样一个思考和对话的基础。在《中国新工人：文化与命运》一书中，每个故事后面都有分析和思考部分，目的性是比较强的。每一个生命故事都有丰富复杂的内涵，任何一种断言都是不全面甚至不公平的，把生命故事不加分析地原貌呈现是更加尊重生命的做法，虽然这样说，但我并不否认，无论如何尊重主人公的原意，我在书写过程中必然渗透主观视角在里面。书中每篇故事的字数从4000多字到1万多字不等，平均5000字左右，很多故事的访谈笔记超过5万字，从5万字到5000字的取舍和书写过程就是无法尊重原貌的。故事中融入了我的观察和对话，但是，几乎没有掺杂任何分析内容，因为我不想用我不全面、不周到的论述和判断打破故事本身的复杂、纠结、无解、萌动、细微、不确定性和可能性。只有在这书和故事之外来进行讨论，我才能放开胆量、畅所欲言，觉得没有把自己的观点强加在这些我尊重备至的女工们身上。我反对没有判断和模棱两可，一个人应该沉着和慎言，但是不应该不去思考和判断；一个人可以判断失误和分析错误，但是不能害怕做判断。如果因为判断失误和分析错误而招来批判，那是学习的过程，每个人的生命过程都无法避免地包含诸多错误和遗憾。

为什么要写

这是我写的关于"新工人"的第三本书。并不是我要写，而是我被要求写，这个要求不是某个人或者某项任务给予我的，而是社会现实和我对社会现实的思考所要求的。

写《中国新工人：迷失与崛起》的时候，现实的要求是，打工群体需要对群体现状有真实的和整体的认识，否则无法思考未来。写《中国新工人：文化与命运》的时候，现实要求是，无论当下和未来如何展开，如果一个个工人和工人整体没有主体性的思考和劳动价值观的建立，工人群体和社会都没有出路。

《中国新工人：女工传记》是对生命本身的体会，是对生命力的歌颂。人类历史和社会历史是漫长的，社会的变化也是一个过程，每一个人的人生在人类历史和社会历史中都非常短暂，但是这一生却是这一个人的全部。当我们纵观整个人类社会的时候，大可不必为自己人生的成功失败而嗟叹；当我们审视自己这一辈子的时候，应该认认真真对待每一天，你的一言一行就是你的人生，你的一言一行也是此时社会环境的一部分。

一路走过来，回顾这三本书，我看到了自己的思路：《中国新工人：迷失与崛起》的预期是直面现实、认识现实、从一个个个体看到群体和社会结构的现实，这是认识和思考的基础；《中国新工人：文化与命运》的预期是思考方向与出路、思考价值观，从一个个个体的命运和选择思考社会的命运和选择，这决定了个体和社会的未来；《中国新工人：女工传记》的预期是焕发生命的力量，谱写个体命运和社会历史的交响曲和变奏曲。面对现实、继承历史、有了方向，个体才能发挥出生命的力量，社会才有希望。

我们都会走过从生到死的过程，没有人永生，这是人与人之间最公平的地方。人的一生如何度过，小的时候在很大程度上由父母和社会决定，而长大成人以后的人生道路在一定程度上是每个人主体选择的结果。通过讲述一个个人生故事，也许可以从中认识到人的生命力，进而认识到，过一个主动的人生是可能的，获得解放也是可能的，不用等到共产主义社会。我所说的解放不是说无牵无挂，而是不为物质所累，不为功名利禄所累，不为他人的闲言碎语所累，不为别人而活，不为社会舆论和压力而活，而是为了正确的人生选择和人生过程而活。

我所说的生命力指的是什么？最初对生命力的思考来自于苏浩民的故事。在《中国新工人：文化与命运》中，我详细书写了苏浩民的生命故事。当我第一次访谈了他以后，我的心情久久不能平静。浩民是一位普通的青年人，生长于多灾多难的家庭，亲人没有给予他太多积极的言传身教，反而有很多负面的东西，但是，他就如同丛林中的一棵小树，本能地追求阳光和温暖，本能地去反对错误和邪恶的东西。我当时就想，正是这样的风吹雨打都无法改变的"做正常的人"和"做好人"的追求，使得一棵小树向上生长，这就是我说的生命力。在苏浩民故事的启发下，我希望了解更多人的故事，想看看更多人的生命力是如何伸展的。庆幸的是，这一个个的故事让我看到了更多的积极的生命力。我在想，这种向善的，向往公平、正义和尊严的生命力从何而来？如果不是父母的言传身教给的，不是社会环境给的，那是从哪里来的？我没有答案。如果去思考这个问题，我想，应该是生命的积累，这样的积累流淌在血液里，以生物遗传的方式编码到我们的基因里。王阳明的"心学"里最为我们熟知的是"知行合一"，"良知"是每个人内心与生俱来的道德感和判断力。我不认为我们可以简单地用"人之初，性本善"，或者"人之初，性本恶"来形容我们人类，因为在我们人类的进化和遗传的积累里面一定有好的，也一定有不好的，但是，我们人类生命力的奇妙之处就在于我们天生具备判断好坏的良知，虽然我们是否按照自己的良知去做却不一定。说到这里，我想用哈利·波特的故事来说说我的理解：哈利遗传了父母勇敢和正义的本质，同时，伏地魔的分裂的灵魂的一个片段潜伏在哈利的身体里，这两者经常发生冲突，让哈利出现不同的状态；魔法故事用这样的方式展现哈利的两面性，让读故事的孩子们思考现实社会中我们每个人身上的两面性；哈利妈妈的魔法不如伏地魔高超，谁也不懂为什么她可以在伏地魔施魔法杀害哈利的时候成功地保护了哈利,最后,当哈利成人的时候,终于明白了,妈妈可以抵抗伏地魔的东西是爱,是她牺牲了自己保护儿子的爱,爱可以战胜一切邪恶的"魔法"。爱是最强大的积极的生命力。

这种生命力的本质也许是继承而来,但是必须通过生命过程才能激发出来,这个生命过程对于每个人都是独一无二、不可替代的,这就是活着/体验的重要性。技术可以传承,生命体验却无法传授,只能通过自己一天天活着去体验、去获得。这也是生命故事分享与技术知识传播的本质区别所在,这也是为什么我选择写作生命故事的原因。在生命历程中遇到的任何一次有良知的真善之举都是对生命力的一种滋养。

在写作的过程中,有时候我把写好的一个故事的草稿发给故事主人公或者某个学者好友征求意见。我得到的反馈有积极的,也有消极的,好像消极的比积极的多。书中一位故事的主人公质疑:"写这些又有什么意义呢?我对自己的生活很了解,这些故事天天发生在身边,又能怎么样呢?我自己都不愿意读。"我理解这样的质疑,我也会为此进行反思。一个学者这样反馈这位女工的质疑:"故事太真实了,正因为如此工友不愿意读,因为工友不愿意读自己的故事。"我在写作过程中会去找相关的书籍来读,在我有限的阅读范围内,很少有书里会记述女工的故事,个别书里有记述,也只是片段,没有完整的生命故事;如果想了解六十年前出生的,或者一百年前出生的一个普通女性的故事几乎不可能;我们可以找到名人传记,但是不会找到普通人传记。那么,了解一百年前或者六十年前出生的女工的一生经历了什么,对她和她那个时代有没有意义?对今天有没有意义?我认为很有意义,如果没有历史我们其实不知道我们是谁。从这个意义上讲,我希望记述今天的女工故事,这也是为什么本书定名为《女工传记》。我也收到过积极的反馈,书中一位故事的主人公对我说:"读了我自己的故事,帮我梳理了思路,相信对我的未来非常重要。"我给处于痛苦和困惑中的如玉（见"1978年出生的如玉：生不出儿子怎么办？"）发了艳霞（见"1976年出生的艳霞：离婚的代价"）的故事，看看是否可以有所借鉴，如玉读了艳霞的故事之后告诉我："吕姐，我知道我该怎么办了！"我说："不会吧？这么立竿见影！但是，我还是很高兴你有这样的感受。"

有一次，我和一对过着较优越生活的老夫妻提及打工者的事情，我用了"工人"这个词，老先生顺着我的话也用了"工人"这个词，他的妻子立刻很反感，说："什么工人？！就是农民工！"我什么也没有说，不想引发不愉快，但是我的内心很痛，我感受到她对工友的歧视和不屑，而且我知道，像她这样的人很多很多。我想，不是所有人都可以改变，也不是所有人都愿意改变。但是，一定会有一些人在了解了这些"工人"以后会发生思想和看法上的改变。有一颗温暖的心的人，会了解那些工友其实在很多方面和所有人一样，不仅经历着喜怒哀乐，甚至经历了更多的困难，而且为社会做着不可或缺的贡献，同时，她们顽强地活着并且焕发着积极的生命力。我相信，一些人不仅会改变某些成见，也许还会对她们生出尊敬和爱意。无论这是不是我一厢情愿，这是我的期望。抱着这样的美好愿望，我并不认为今天的社会状态是：你好、我好、大家好，相反，今天我们面临着残酷的斗争，《女工传记》的书写本身就表现了我在斗争中的立场和观点。

我知道，我写的故事离真正的女工传记还有很大的距离，我起这个书名的目的是：为女工立传。我写的不是一个女工的传记，是多位不同年龄的女工的传记，这延伸出了两个历史，一个是时代变迁的历史，一个是个人的生命历程。一个时代和时代的变迁会影响处于那个历史时期中的每一个人，一个人的生命历程也必然折射那个时代的某个侧面。通过34位女工的故事，希望可以勾勒个体和群体，以及历史和现实之间的关系。我们每个人身上都蕴含着能量，但是当一个人没有方向的时候，再有能量也没有力量，反而有深深的无力感。

最为重要的是，我写的是"女工传记"，不是"工人传记"。我始终记得这样的论述：衡量社会进步的指标是这个社会妇女解放的程度，妇女所受的压迫是所有压迫中最为深重的。一个女人所受的苦往往是男人无法体会和想象的。一个男人反过来会说同样的话，但是，这个我不能代言。写女性是我一直以来的夙愿，原因之一是，我自己身为女性，有直接的女性体验；原因之二是，我硕士学位的专业是"妇女与发展"，专业学习的时候肤浅地接触了一些概念和理论，而后来，当自己经历痛苦，也看到其他女性遭受苦难，才开始理解那些概念和理论。写这样一本书，希望不愧对我身为女性，希望不愧对妈妈养育我长大，希望不愧对这个专业，更希望不愧对的是愿意接受我访谈并给予我信任的女工们；原因之三是，"女人"和"工人"在"女工"之中合二为一，我不认为有单一的阶级斗争，也不认为有单一的妇女解放，这两者是有机的整体，正如同一个人的生命故事无法分割。

访谈对象和访谈过程

和上两本书的写作过程一样，访谈对象的选择是随着研究的进展而逐步确定和调整的。记得一次和学者好友聊天，说起我的写作过程，我说，有点儿像我们古人说的"道"，最初是混沌的，但是其中已经孕育了我全部的想法，随着事物的进展，慢慢生出具体的物象来。

我的写作目的是双重的：一个层面希望原生态地展现女工的生命故事；另一个层面，希望可以从那些用行动改变命运的女工中看到希望和可能性。我所写的女性中没有典型的英雄式的和领袖式的人物，这是我在研究之初就确定了的。如果一个社会有希望，并不是因为凭空出现一个伟大的领袖人物，而是无数普通人汇聚成进步的力量推动社会前行。如果普通人中间看不到生命力和力量，那么社会就没有希望。访谈的对象有我随机选择的，也有我主动选择的。

访谈对象的年龄跨度达到四十多岁。我主要的书写对象是改革开放以后从农村到城市的打工者，但是，在访谈和写作进程中，我萌生了访谈国企"老"工人的想法。我知道，通过一两个故事不能达到有效的对比，但是，我相信每个生命故事中折射的那个时代的历史侧面一定有启发意义，甚至有很大的启发意义。

在访谈的过程中，我尽量走入对方的生活和环境中，而不是把访谈对象邀请出来。我去女工家里，她是主人，她应该更自在，这也是一个我了解女工的机会。例外的情况是，我就"性行为"话题进行访谈的时候，我专门请访谈对象到我的住处，营造一种暂时脱离现场和不受打扰的对话环境，酝酿一种可以触及敏感话题的温馨轻松又私密的空间，我并没有把握我可以成功，但是从访谈效果来看，都比我预想得要好。

本书的访谈时间跨度达到六年，就是说，有的女工，我第一次访谈的时间在 2010 年，而最后回访的时间在 2016 年。集中进行访谈的时间是在 2014 年和 2015 年。本书第一稿的写作是在 2015 年 10 月到 2016 年 4 月期间完成的，第二稿在 2016 年 6 月完成。

写作感受

当我告诉别人我要写几十个女工故事的时候，有人比较担心，说读了一个再读一个，会不会觉得重复和乏味？我觉得不会，但是在我没有写出来之前我没有把握，现在写出来了，需要读者的评判。

一个人的故事和另一个人的故事会有很多相似的地方，比如：受教育程度、辍学、工厂打工的经历、到了年龄结婚生育等；但是每个人都有特殊性，比如，都是辍学，有人是因为自己学不进去，有人是自己想学而家里没有经济条件，有人是因为身为女孩需要打工为家人、兄长或者弟妹提供经济支持。我的感受是，每个故事都是那么的不同，其实我有很大的冲动写更多的故事，但是，我决定先停笔。每个故事的相同与不同就如同对大自然的感受，每一天都是日出日落，是一样的吗？一样又不一样，有的时候朝霞映照、晴空万里，有的时候阴云密布、狂风暴雨；更大的不一样是，在这新的一天中每个人都长大了一天，或许一株小草也长出了一片嫩叶。

写作过程中，我也在斟酌故事的撰写方式。写头几个故事的时候，为了不让故事显得重复和乏味，我想写得文艺一些，也许每个故事都突出某个戏剧性的情节，而不是按照事件顺序平铺直叙，有几个故事尝试这样写了，但是后面写着写着我就回到了"正常"的生命故事讲述，从出生到成长的讲述。这个时候，我就决定，就按照这样"正常"的时间顺序写吧，愿意读下去的读者自然可以体会故事之间的不同。这又让我联想到一日三餐和作息起居，我们每天都需要吃饭和睡觉，的确重复，但却是必需的。

对于我来讲，研究、访谈、写作都是一个对话的过程，而对话又是互动、学习和教育的过程。研究过程是我与社会的对话，访谈过程是我与访谈对象的对话，写作是我与生命的对话。这个过程的具体产出是这本书，而这本书的预期是和读者对话。在一些故事中，我会留下一段我和女工的对话的原始记录。

这里要特别感谢赞助方长期支持北京工友之家打工文化艺术博物馆的研究工作，"中国新工人"的系列研究都是在此赞助下完成的。特别想说的是，赞助方在研究思路和写作上给予了我们充分的空间。

衷心和诚挚地感谢献给接受我访谈的所有人。

向长期支持我们研究工作的所有的同事和战友献上最深情的祝福，有了你们，一切才有了方向和意义。

2016年6月6日

1951年出生的三婶

曾经的主人翁

这是我第一次写亲人的故事，是重要的亲人，我三婶，就是我亲三叔的妻子，她叫吕岫玉。我三叔1999年去世，那一年正好我大女儿溪溪出生，为了让三婶不要完全陷入痛失亲人的悲伤中，我请三婶来帮我照顾孩子，就这样，三婶和我一起生活了八年，陪伴了我两个女儿从出生到幼年。不过，现在讲我三婶的故事不是讲她如何照顾我的女儿们，而是关注她年轻时候当工人的经历。

我三婶是个乐天派，嘴巴不停，而且特别善于描述，经常跟我讲她当工人时候的趣事。三婶是个无比善良的人，是个说不出谎话的人，给我讲述了很多实实在在发生的事情和她的亲身感受。三婶常讲她当工人的时候大家献工献时、不计劳动报酬的情景，为什么这样的集体企业最后就办不下去了？三婶不能给我答案，问她"干了什么"她可以说很多，问她"为什么"就难为了我善良可爱、活泼乐观的婶婶。

上学的记忆

三婶有兄弟姐妹六个，大哥1949年出生；我三婶是老二，1951年出生；然后是二妹1953年出生；二弟1959年出生；小弟弟1963年出生；小妹1965年出生。三婶出生的地方也是我爷爷和我爸爸出

三婶,摄于1973年

生的地方——辽宁省岫岩县,那是个坐落在大山里面的县城。

三婶1966年上初一,念了不到两个月就"文化大革命"了。闹革命就不上学了,学校也不上课了。三婶回忆,自己当时什么也不懂,不懂什么是反动、不懂为什么批判老师,只要给个袖标戴上就高兴。学校里最先成立的学生组织叫"毛泽东主义红卫队",大伙儿都去报名,三婶也去报名了,但是三婶刚上初一,年纪太小,没有排上号,没有拿到红袖标,她很失望。后来又有其他组织成立起来,名字三婶都记不得了,反正参加了就戴上了红袖标,三婶就觉得特别幸福,每天都戴着,回家也戴着。后来发现,参加了组织要批斗老师,还得打人,太吓人了,三婶胆小不敢打人,也不想打人,就不去参加活动了。学校不上课了,在家又没事干,三婶就去找工作帮家里挣点儿钱,记得干过剥云母片的工作。

就那样混着到了1969年复课。复课以后经常下乡劳动,挖大坑、修梯田、铲地、割麦子、割苞米都干过。学校都是军事化管理的,不称为班级,称为连队。三婶她们初三一班就称为三连一班,外出劳动就叫作拉练,动不动学校组织拉练就出发了。1970年,三婶初中毕业。初中期间真正在校学习的时间不到两年，但是也获得了正式的毕业证书。那个时候，岫岩县还没有高中。三婶初中毕业的时候赶上招工，就没有下乡。

三婶回忆，那个年代有一种"读书无用论"的思想，大伙儿对念书不太重视，有工作能上班挣钱就行了。那个时候，生活条件不好，生活水平很低，百姓人家也不寻思太多的事儿，就赶紧挣钱吧。三婶兄弟姊妹六个都先后分配了工作，小弟弟是接爸爸的班，在车队开车。

三婶的妈妈不识字，是家庭妇女，她爸爸上学也不多，是车队的司机，会修车。我三叔高中毕业，成绩很好，因为赶上"文化大革命"就没有上大学，我爸爸、我二叔都在"文革"之前考上了大学，从此走出了那个山沟沟。

车辆厂

三婶1970年初中毕业，同年毕业的同学一部分下乡、一部分分配工作，三婶被分配到了车辆厂当工人。车辆厂属于大集体企业，有两百多人，属于重工业产业，男工多、女工少。工作类型大都是摆弄车辆、钢筋，抬那些铁玩意儿，女的抬不动啊。开始的时候分配三婶去做质检，三婶不喜欢坐着，要求去做车工，觉得有趣。车工是厂子里最累的岗位，要倒班，但是那个时候三婶年轻、爱干活，车工岗位挣钱也稍多点儿，觉得特别满足。

三婶参加工作的第一年工资是19元（每月，下同），第二年是21元，第三年是24元，第四年是32元，第五年是37.4元。三婶回忆，她大哥分配在工厂工作，头一年的工资也是19元，她二妹分配到粮食部门工作，第一年工资就是30元。

每天上班八小时，三婶觉得在工厂干活儿挺好的、挺有意思的。记忆中，那时候工人特别爱干活，大伙儿都抢着干活。工作任务忙的时候就献工献时,根本不会想着多干活多要钱那个事儿。那个时候,干多少活儿工资都是那么多。谁干得好了领导就表扬,一给表扬大伙儿特别高兴。那时候思想单纯,根本没有那么复杂。三婶家离工厂近,工作任务多的时候,三婶的同事晚上就住她家里,早上起大早去献工献时,没有工厂大门的钥匙就翻墙跳进去干活。那个时候,领导一号召大伙儿都响应。很多事情连号召都不用,自己就集体行动了。有一天半夜,县城发大水了,大伙儿知道以后,穿上雨衣、拿锹、拿镐自觉上厂里集合。三婶感叹:"那个时候真挺好。那个年代都过去了。"

现在的社会舆论说起过去国企的年代,最突出的印象就是吃大锅饭,所以效率低,我反复问三婶:"工人们是不是偷懒?大伙儿工资一样是不是就没有积极性了?"但是,在三婶的记忆中,完全不是那个样子。三婶说:"那个时候没有人偷懒,每个人都有岗位,你要是不干你就完不成任务,就会很掉价啊。"

到了70年代末,厂里开始发生变化了。三婶回忆说,后来就开始车间核算了,就是挣工时了,一天干多少活儿给多少钱,实际只是么说说而已,工资和过去是一样的。厂里叫三婶去做核算员,三婶没同意,三婶只喜欢做最普通的工作。三婶是个人人都信任的人。按照领导的话说:"吕岫玉当不当先进一个样,给钱多少一个样,领导在不在一个样。"

后来就改革了,一改革就说车辆厂生产的产品落后了,卖不出去了,厂子就黄了。在三婶的记忆中,改革开放对于东北和岫岩来说就是工人下岗。下岗并不是不干活了,而是去给私人干活了。而且说是厂子黄了,其实就是私人承包了。

结婚成家　生儿育女

我三婶1973年11月和我三叔结婚,三婶是我们全家公认的模范媳妇。我爷爷和我奶奶各有个性。我爷爷读书读得好，新中国成立前中学毕业的时候考了县城第一名。我奶奶是地主家的小女儿，得到父母的宠爱，别人家的女儿都裹小脚，老地主心疼女儿就没有裹脚，到了出嫁的年龄却嫁不出去，正好遇到我爷爷有个性，说，"大脚好，走路稳当"，爷爷奶奶就结婚了。奶奶是女孩子，家里面虽然有私塾，但是只有男孩子有资格进去，奶奶就每天在窗户外面"听"课和"看"课，所以，我奶奶识字，对各种书籍倒背如流，但就是不会写字，因为从来没有机会拿笔练习。后来日本鬼子占领东北，奶奶怕爷爷被日本鬼子抓去当汉奸，敲开了当时在岫岩的丹麦教会办的"丹国医院"的大门，爷爷从此在那里信教和学医，学习护理四年，学习医学四年。新中国成立后，"丹国医院"收归国有，成为岫岩县第一人民医院，爷爷在那里当医生到退休。爷爷医术很好、沉默寡言、性格倔强，在家里面说一不二。三婶为了家庭和睦，每个月的工资如数上交给爷爷，自己一分钱都不留，三婶每次看电影都得向爷爷要钱，跟小孩子一样。但是三婶有话："只要你爷高兴，全家人就高兴，大家在一起生活嘛，只要高兴就行了，钱都无所谓了，家里的东西反正谁买都行，我什么事儿都不管了还觉得很轻松。"

三婶1974年生了女儿小丹，1976年生了儿子小彤。产假是56天，医疗费厂里报销。生小丹那个时候厂里没有托儿所，刚好爷爷退休了，就由爷爷照看；生小彤的时候厂里有托儿所了，就把孩子送过去。哺乳期是一年半，上午9点和下午3点可以回家或者去幼儿园喂孩子母乳，一般给30—40分钟的哺乳时间。

在车辆厂，男工、女工的工作岗位和工作任务是有差别的；如果是同样的工作岗位，工作任务也可能有差别，像干车工的，女工车小件，男工车大件；车的大轴一百来斤重，女工拿不动。不过，没有人歧视女工，因为各有各的任务。男工和女工工资是一样的。

三婶说:"不记得男工有什么意见,因为车间主任的工资也和大家差不多啊。"

三婶虽然生孩子、带孩子,但是自觉也没有比别人干得少,一个人守一个车床,每个人都有任务,不能少干。后来等孩子大了,三婶常常比别人多干,谁的零件车坏了,三婶就帮忙重新车一个。

针织厂/地毯厂

三婶1980年转到针织厂,也是大集体企业。转到针织厂没有多久就听说车辆厂解散了。到了针织厂之后,三婶第一个感觉就是比车辆厂累多了,一天到晚在那里缝衣裳,一直低着头,一坐一天,真累。针织厂生产的针织品卖不出去,改成了地毯厂。没过多久三婶就听说厂子被个人承包了,工人纯粹是给私人干活了,说是多干

三婶在岫岩地毯厂

多得,但是大伙儿使劲儿干也没有多得。私人承包了以后工人就挣不着钱了,就业都成了问题,老板愿意用你就用你,不愿意用你就可能找临时工,因为临时工可以给更低的工资。

质量也成了问题。三婶是实在人,干活认真。扎地毯的时候两人一组,三婶和同伴一起干得很认真。如果想要地毯质量好,就得扎得结实和密实,自然速度不会太快,但是车间主任只看数量,反而说三婶她们干得慢。干得快很容易啊,三婶她们就也跟别人一样做质量差、不密实的地毯。后来,厂长想尽办法排挤正式工、雇用临时工,三婶干不下去了,转到还维持着国营性质的丝绸厂。三婶在地毯厂干了快十年,离开的时候工资是一个月45元。

丝绸厂

三婶1990年转到丝绸厂,属于国企,那个时候也叫全民企业,是个大厂,有上千职工。三婶的工作岗位是在捻线车间捻丝。1993年,丝绸厂也黄了,就是解散了。三婶刚到丝绸厂的时候工资一个月80多元,离开的时候涨到100多元。

"595"化工厂

1993年三婶转到"595"工作。在那个年代,从集体企业转到国营企业是很不容易的。"595"化工厂是岫岩县比较好的国营企业,进去不容易。三婶因为有丝绸厂的国营企业工人的档案,才能进入"595"。进厂就赶上涨工资,三婶一个月可以拿到150元。"595"属于有毒有害的化工企业,国家文件规定,女职工45岁退休。干了三年三婶就退休了。三婶退休几年之后,"595"也被私人承包了。

三婶当了 26 年的工人，回忆这一生的工作经历，三婶说："我在车辆厂干活的时候，我守个车床认认真真在那儿干活就行了，很踏实的感觉，只要我认真干活，一辈子不用挪地方；干活的时候心情也好，大伙儿都平等啊，谁也不忌妒谁啊。后来大集体的厂子和国营的厂子都被私人承包了，就不是那么回事了，人员都散了，谁都想找一个挣钱多的活儿。以前我们脑子里没有那个想法，我多干不多得也觉得没啥。等后来，不再为集体干了，反正就是随大溜了，也没有什么出息了，把任务完成就行，就等着退休了。"

1996 年三婶退休，1999 年三叔去世。从 1999 年到 2006 年，三婶一直和我一起生活，我们辗转各地。三婶是个活泼快乐的人，教了我两个女儿一口东北话，也教了她们很多红色歌曲。2006 年，三婶回到岫岩老家，那个时候三婶的退休金一个月有 500 多元，现在（2015 年）退休金一个月 1937 元。三婶的女儿小丹，我的堂妹，学会计职高毕业，在邮局工作，不是正式工，工资不比三婶的退休金多，没有社保。小丹的女儿去年上了大学，学审计专业。三婶的儿子小彤，我的堂弟，在县城开一家小店，维修电脑，三婶、儿子、儿媳，三个人共同支撑一个家，把希望寄托在小孙子身上，小孙子刚上小学。小丹在邮局工作了十年还不能转正，三婶说："我说咱就这命，现在咱们运气不好，但你心情得好，运气不好心情好就妥了。"

三婶最后把一切归结到命和运气，想想，的确，三婶的好运和不好的运的确是时代潮流裹挟所致。三婶的能动性主要体现在确定了地位和岗位以后的表现。从三婶这一位女工身上是否可以推测过去那个时代大多数工人的状态呢？虽然三婶无法决定自己的命运，但是三婶对事情和状况有清晰的判断，好恶也很明确。时代大潮是如何形成的？有多少朴素和善良的工人会不认命？如果当年国企工人不认命，会不会保住主人翁的社会和经济地位？今天的新工人认命不认命呢？

1955 年出生的薛姐

为了职工，临危受命

2015 年 4 月，借去哈尔滨探亲的机会，我访谈了从国企退休的一位工会主席，薛姐。我们聊了四个多小时。从 5 万多字的访谈笔记中我整理出了下面的文字。薛姐语言表达能力非常强，是个果敢和干练的女干部，说到无奈之处，女性多愁善感的一面就凸显出来，泪水涟涟。坐着聊天，她严谨的叙述和丰富的经历让我觉得她很高大，等站起身来一起去吃饭，发现她中等身材，比我矮一些。和我对话的时候，她端庄而温和；和正在帮助她处理企业职工待遇问题的男性对话的时候，她显得幽默而周全。

重视教育的文盲妈妈

薛姐 1955 年出生在黑龙江省的农村。兄弟姊妹五个，两个哥哥、两个姐姐，还有薛姐。爷爷家当年划成分的时候属于下中农，不是最贫困的，也因此爸爸小时候上过学，在村子里面也属于文化人。妈妈是文盲，还裹过小脚。妈妈告诉薛姐，她 7 岁开始绑小脚。

家里五个孩子个个都上学了，有的学得好，有的学得不好。大哥、大姐都是大学毕业，二哥从小逃学不好好学习，二姐高中毕业。妈妈的一句话薛姐至今记忆犹新："砸锅卖铁我也得供你们念书，我没文化，你们不能没有文化。"家里五个孩子，男孩子不会做地里的活，女孩子不会做针线活，因为妈妈就是要孩子们念书。

回顾"文革"

从小学到高中，薛姐都是班干部。上小学的时候，学校军事化管理，不叫班长叫排长。学生到了农忙的时候都要参加劳动，薛姐永远是干得最多最快的那个。干农活非常累，腰都累得直不起来了，但是薛姐就是有上进心，老师也组织劳动竞赛，掐着手表比谁干得快、谁干得慢。薛姐虽然累，真的挺高兴的。

上小学的时候，"文化大革命"就开始了，批斗大地主。薛姐是班干部，总写发言材料、总发言。学校里面也总填表了解家庭情况，填成分的那一栏，薛姐填：下中农，这个时候薛姐就觉得心里不舒服，觉得没有贫农和雇农那么光荣。薛姐爷爷那辈是做小买卖的，分田地的时候给薛家评的是下中农，薛姐家的村子划分的等级包括：地主、富农、中农、下中农、贫农、雇农。薛姐发言批判地主的时候，自己没有切身的感受，写的东西都是从报纸上摘录下来的，再写成连贯的文字。批斗村子里的地主以前是怎么剥削的、家里屯多少粮、剥削农民干活、干活的时候还不给雇农吃好的。

薛姐她们当时批斗的一个地主是她家的邻居，有时候会有一丝不好意思。现在回忆起来，薛姐觉得那个时候的斗争方式太落后了：游街、揪斗、挂大牌子、戴大高帽。薛姐在想，是不是乡政府领导也想不出更好的方式了？是不是因为那个时候没有法制的观念？无论心里觉得舒不舒服，在那种形势下大家都会去做，因为你觉得必须得那样去做。

上初中的时候，大概有半年的时间，学校都不上课了，搞军训。做红缨枪，天天练刺杀，然后开始跳忠字舞、做宣传，宣传毛主席语录、朗诵毛主席诗词。回忆起来那个时候火热的状态，薛姐不想用"愚蠢"而是倾向于用"落后"来形容。

1966年到1976年的十年"文化大革命"，给薛姐带来的最大的遗憾是没能继续升学。上小学低年级的时候，知识还是系统和扎实的，到后来很多东西就都不系统了。等到高中的时候，恢复正规了，但是因为初中没有学好，很多高中知识就衔接不上了。回忆那个时候的教学质量，很多教过薛姐的老师是下乡知识青年，一些还是名牌大学毕业的，教得非常好，对学生的态度也好。

说起知青，薛姐充满同情，觉得他们从城市到农村，跟下地狱一样，有的地方大队照顾得好，有的大队照顾得不好，都没有吃的东西。开始的时候，知青集中住在一起，叫集体户，把房子盖得挺好的；到后来，大队就不咋管了，那房子的墙也都破了。

当村民办教师十年

1974年7月，薛姐高中毕业。因为薛姐一直品学兼优，当时村小又正好缺少一名老师，经过大队领导集体讨论，安排薛姐在村小当了老师。学校里有十多位老师，都是包班教学。那时候学校简陋，教室都是土坯房；围墙都是干打垒，就是两个板子一夹，往里送土，然后用铁锤打实；薛姐领着学生一起干。

学校只有两个正规师范毕业的老师，剩下的都是民办老师。那个时候，学校的管理非常正规和严格，经常检查教师的备课笔记。薛姐对学生也非常认真负责，争取不让一个学生辍学。当时农村都是小土房、小草房，每家都有很多孩子，不少人家经济非常困难，供不起孩子读书。而且，家里也需要劳力：捡柴火啊、挖猪菜啊，就不让孩子念书了。所以在那个时候小学的辍学率特别高。薛姐发现哪个学生不来了，就去家里找，做家长的思想工作，一般薛姐去了都能再把学生找回来,家长也佩服她对学生负责的劲头。薛姐带的班级纪律好、卫生好、学习好。薛姐家离学校很近,走路七八分钟就到了,薛姐每天早上6点多就去学校了,中午经常没有时间回家吃饭,晚上也很晚回家。薛姐年年被乡里和县里评为先进教师、优秀班主任。

薛姐是民办教师,不拿工资,拿工分,按照男劳力的标准记工分。民办老师拿的工分都差不多,没有男女之分,没有年纪之分,考核的标准就是你的工作量,标准由公社教育局制定。

回忆那个时候自己为何那么兢兢业业,薛姐觉得,首先,希望好好工作,将来转正成为正式编制的老师,虽然转正以后工资上差别并不大,但是,感觉地位上不一样吧;第二,最重要的动力是热爱本职工作,按照那个时候的话语是:忠诚于党的教育事业;第三,要对得起领导对自己的信任,当时自己高中毕业,没有关系没有后台,大队领导选自己当民办老师,是对自己莫大的信任,不能辜负领导的信任、不能辜负家长的信任、不能辜负了孩子们。回忆那个时候整个学校的风气,认真工作的占绝对的主流,大家都有那个劲头,教师之间如果有差距,那是因为人与人能力和责任心之间的区别导致的。有一点是肯定的,无论动力来自哪里,都跟钱没有关系。

薛姐骄傲地回忆起一个片段:"我当时带的是五年级,铃声一响,学生走进走廊,不准喧哗,我们班学生没有一个说话的,别的班的学生喊着吵着进教室。记得有一次,我们班一个学生在走廊喧哗了,我就告诉体育委员把学生都召集到外边,必须得到外边重新排队,重新进教室;然后学生们"唰"地站好,非常快,非常有顺序地排队进了教室,没有一个说话的。开始上课,书都得好好拿着,距离眼睛一尺;写字的时候,铅笔头和手指距离一寸,都必须做到。"

1984年,为了和在哈尔滨工作的丈夫团聚,薛姐非常不舍地离开了教育岗位。走的时候,民办教师开始有补助了,补助好像是每月18.33元。

回顾公社

薛姐:"那个时候我们家那个屯挺大的,有五个小队,每个小队单独结算。一小队可能一年10个工分核算1块钱,二小队10个工分可能核算6毛钱,都不一样。有的好,有的不好。我们家在二队,倒数第一。有一年我记得最清楚了,核算完了,我家还倒欠生产队的,没有拿到现金。"

吕途:"我听说过去的公社里,大家吃大锅饭,生产效率比较低,大家都不好好种地,是这样吗?"

薛姐:"不完全是。我觉得吧,农民还是很单纯的,还是比较听话的。生产队的队长是非常有权威的。干活的时候有一个打头的,就是领着干活儿的;女的有个打头,男的有个打头。这个打头的都非常有权威,打头的在头前领着干活儿,就按着他/她的速度。到中午的时候才能歇着,离家近的回去吃晌饭,离家远还要给送饭。队长干到哪儿,大伙儿都跟着,队长说到这儿休息了,大家都得干到这块休息。你没干完的,干到天黑也得干。打头的人很辛苦,他得挨个儿看着,必须干到都拉齐了。"

吕途:"所以不存在说,因为是集体的,所以大家都不好好干了?"

薛姐:"不存在。但是,那个时候为什么那么穷呢?当时旱啊涝啊,可能存在一个大自然的影响;再一个是,那个时候没有化肥、没有农药、没有好的种子。那个时候,有害虫庄稼就完了,全部绝收;玉米棒很小,哪有现在这么大;但是,那个时候吃的都是健康的。"

丈　夫

薛姐和丈夫1979年结婚。丈夫是本村的，初中毕业以后进城参加了工作，后来落户到哈尔滨。夫妻两地分居。1981年，儿子出生。薛姐一直不愿意放下自己的学生，最后，考虑到儿子去城市可以接受更好的教育，考虑到夫妻长期分居毕竟不是很好，薛姐去了哈尔滨。

丈夫在国企建筑公司工作，在丈夫的帮助下，经过多方长久地努力，薛姐在哈尔滨一家火柴厂找到一份工作，属于大集体企业。那个时候，从农村户口转为城市户口是很难的，进入大集体企业也不容易，薛姐觉得自己还是很幸运的，而且，自己做民办教师的教龄也都算到了工龄里面。

火柴厂

1984年到2001年，薛姐在哈尔滨一家火柴厂工作，属于民政系统的企业，有将近三百职工，其中有一百多名残疾人，大多数是聋哑人。哑巴虽然不能说话，但是参加劳动没有问题，开会的时候有个会哑语的做翻译就可以交流了。

80年代的时候，女工比男工多，90年代以后引进机械设备，男工比原来多了一些。男女工资没区别，健全人和聋哑人的工资也都是一样的。薛姐一直做管理工作，各个科室都干过，工资是50多块钱。火柴厂是事业单位企业管理，按事业单位的工资走。每年涨工资，一年涨几块钱，工人评级，升一级好像涨7块多。厂长也按照级别逐渐往上涨。那个时候的厂长绝对有范儿、有魄力，一厂之主，像一家之主一样的。

薛姐记得她们的大厂长好像是学包装装潢的，函授学校毕业的；副厂长挺年轻的，好像是学经济管理的。厂长有专车，是一辆破吉普，有的时候是小货车，前面拉领导后面拉货。厂长会议多，经常出去开会，厂长一回来大家都静悄悄的，趴那里赶紧好好干活。遇到任务紧急的时候，车间人手不够，管理人员全下去参加劳动，厂长也下去；如果晚上加班一宿，厂长和管理人员也跟着加班一宿。那个时候的厂长真有范儿，拿的薪水不多，付出的劳动不少。工人之间讲感情，很团结，你这块活儿多，他那边干完了就去帮你干点儿。大家对公共财物和设备也比较爱惜，真是挺好的。

管理很正规。每天工作8小时，早上8点上班，11点半到12点半休息1个小时；下午上班到5点半。各部门都有考勤，迟到和早退都是要扣工资的。劳动部门来厂里组织《劳动法》学习，学习完了之后要求干部和职工按照法律要求办事。

管理都是自上而下地完成。上面开个会说现在有什么什么精神，回来厂长找办公室主任把它形成一个文件，在工会上宣读一下，大家提提建议，就基本落地了，就按照这个执行了。比方说，医疗费报销标准，住院的按75%报销，在什么样的医院按75%报销，哪些药费包括在内，等等，上面有一个大概的框框，然后到了企业层次通过工会来讨论和明确一下，就执行。

各项职工福利和活动都是厂里组织和安排的。厂里有托儿所、食堂和职工卫生所。托儿所是免费的，办得很不错，有几十个孩子，有个小活动场地，滑梯什么的都有，那个时候所有的企业都有这样的配套服务，国家有要求的。体育运动会和文艺演出也都有，还都要参加比赛的。工会定期组织各种活动，还发电影票。乒乓球台、篮球架都有。

后来，出现很多问题，货源问题、三角债问题，企业越来越困难。最后职工工资都不能按时支付。一到开支之前，厂长必须得召开一个销售会议,抓紧清账,好开支。因为欠贷款,得去人在银行看着,否则很可能一笔货款通过法院直接就截走了。

1998年,企业开始酝酿改制。2000年,私人老板一分钱不用给,零价买断火柴厂,直接接手了。当时拖欠职工的账目都经过公证处公正了,但是那个私人老板也没给。后来,找老板都找不到了,换了几个老板,没人管你了,账目可能都没有了。

薛姐说:"不愿意回顾这些事情,往事不堪回首。我是一个认真的人,领导指到哪儿,我就干到哪儿。改制完了,火柴厂变成一个私人企业了,换牌了,翻牌了。托儿所和卫生所不是在改制以后没的,在企业90年代的'升华'过程中就自灭了,不知道原因就没了,我都不知道啥时候就没了。托儿所的那些小床,卫生所那些玻璃的装药的小柜子不知道怎么就都没了。篮球架哪儿去了?乒乓球案子哪儿去了?都不知道了,就都没有了。"

是因为社会风气的变化吗?

吕途:"听你的描述,企业开始运转得挺好的啊,怎么就运转不下去了呐?"

薛姐:"等到后来我也确实发现了,干的不如看的,看的不如捣乱的。风气有点不太正了。"

吕途:"那这种风气的转变你觉得是什么原因导致的呢?原来大家都挺好的,风气怎么就变得不好了呢?"

薛姐:"我觉得好像是随着生产力的发展,随着社会的进步,随着技术和设备的进步,人们的思维可能就复杂了。"

吕途:"技术进步了,我们的风气反而不好了?按理说,技术进步了,我们可以生产出更多更好的东西,那我们的财富就会积累得更多,那我们的生活应该变得更好,结果反而变得不好了。会不会是因为整个大的社会风气的影响？比如说，当社会上存在少干多得的时候，这个风气就会带到我们厂里。"

薛姐："我觉得有直接关系。过去大家都是在一个起跑线上，等到后来，八几年到九几年以后全变了。"

吕途："比如说，如果厂长还像以前一样，跟大家一起来到生产线干，干不完了跟大家一起加班，我就不相信那些耍滑的会得逞。"

薛姐："对。另外吧，一个企业在运作的时候，是有很多关系户的，一点一点地这事情就复杂了。厂长需要拉关系啊，销售人员开始拿回扣啊，就变化了。"

吕途："企业出现困境，为什么非要改制呢？为什么一定要变成私营的呀？"

薛姐："亏损。当时就说，谁有能力使这个企业扭亏为盈，谁有资金使这个企业复活起来，谁就来管理这个企业，逐渐地就走到现在了。我不知道受什么影响，肯定受了什么影响，所有的企业稀里哗啦全下来了。不过，大家也都看到了，企业的领导，特别是企业的一把手肥透了。那个时候搞更新改造，今天整一个项目改改，明天整一个项目改改，上项目啊，越上项目企业越不行，越上项目贷款越多，贷款越多企业越亏损，入不敷出了。我亲眼看到企业从挺发达到没落，到最后停产，到破产，到翻牌成了私企。职工都有感叹，和过去的干法不一样了，在私人企业里，你有技术有能力的确实能挣点钱，但是你辛苦得多、付出得多很多。就跟给你喝了麻醉药一样，按照人家的安排一步一步走了过来，就像当时跳忠字舞没想到会荒废学业，现在改制你也没考虑到企业职工的生存情况。最感触医疗这块啊，职工在单位看病、吃药多好，又能报销，医药费也不高；现在这医药费升得这么高。那些人先了解和掌握情况的，该做的都做了，利用这个机会可以发一笔财，吃亏的都是老百姓，现在有多少老百姓能买得起房子啊？！"

钟表厂

2001年到2008年，薛姐被调到哈尔滨一家钟表厂当工会主席。这是一家国企，但是，调薛姐过来不是为了组织工会工作，而是安排工人下岗。1998年，这家钟表厂就开始部分停产，到2000年，已经全线停产，薛姐2001年到钟表厂的时候，企业已经由托管方托管了，但是单位三百多职工联名上访，政府主管部门不得不重新组建领导班子来和托管方协商，薛姐就是在这种情况下临危受命的。

托管方肯定是私人老板，通过和主管部门协商，处理意见是：给退休职工开支，给在职干部开支，留下少部分年轻和身体好的职工，其余大部分职工下岗。对于这样的安排，下岗的和在岗的都有意见。没有下岗的职工跟着组织随随意意地工作已经习惯了，在私人企业里很难受。薛姐说："现在，工人的地位在咱这个国家当中是最底层的。过去工人和领导是一起的，我这个年龄过来的人还享受过那段时光。过去，工人敢提意见，对厂长不满意可以想办法跟主管部门反映意见给他换下去；现在变成私人企业以后，私人企业厂长那么黑心，工人也没有办法。"

薛姐不想接手这份工作，但是，这么多年了，一直接受领导安排，领导怎么安排她就怎么干，还硬是接受了这份工作。薛姐发现，无论她和其他领导班子的人如何努力，都成不了救世主，无法扭转局面。而且，薛姐是带着任务上任的，任务就是改制。最后的结局是，钟表厂全员退出，托管方是房地产开发商，把工厂拆了开发成了房地产。

家　庭

吕途："在工作过程中，作为女干部和妈妈，又要工作又要承担母亲这个责任,这中间有没有出现过矛盾或者是纠结?"

薛姐:"孩子小的时候吧,我也年轻。每天起早贪黑的。早晨送孩子去幼儿园,下班回来了把孩子接回来,晚上就是洗洗涮涮,把孩子整得干干净净的。饭做得不是特别好,但孩子愿意吃就行。后来,单位搬迁到郊外去了,离家很远,我爱人为了帮我分担,就不下工地了,他接孩子、送孩子时候就比我多了。孩子的作业归我管,我天天督促孩子学习,听孩子讲这一天发生的事,跟他唠一唠啊,告诉他这个事应该怎么处理、作业应该怎么写,培养孩子的上进心。每次家长会都是我去,有一次我记得最清楚,老师说我儿子道德品质特别好。我回家跟我儿子说:'你遗传了你爸爸妈妈的道德品质。'等孩子上了高中了,我就很少干家务活儿了。那个时候老伴挺有意见的。"

吕途:"他有什么意见?"

薛姐:"那个时候我们单位都不按时开支,我老公就说,这个破工厂你天天去干什么啊?我说那没办法,既然答应干这个工作了,领导安排了,我同意了,我不能中间给撂挑子。我说我没办法,厂子里有那么多职工,我是为了我自己吗?当时在钟表厂,换托管方就换了十多个,每换一个我就得重新整材料,起早贪黑,周六、周日都不休息。他说:'你不要命啦!'我说:'命得要。'他说:'那你饭也不做!'我俩就产生矛盾了。后来时间一长了,他看我这么累,也养成习惯了,他家务活儿干得越来越多。现在,我做菜都有点不会了,煤气都有点不会开了。我也挺感动的。"

在法律阳光下操作

钟表厂改制过程中出现错综复杂的问题,薛姐作为单位领导班子的主要成员,跑前跑后把相关问题反映给主管部门。后来,托管方房地产公司又出事儿了，好像是那个老总被抓起来了，就把和钟表厂对接的事情委托给了一个律师事务所，政府部门不得不通过法律途径来解决问题了。薛姐开始的时候转不过来弯，觉得主管部门把职工问题推出去不管了，不应该这么处理。企业改制的时候，大权都由托管公司掌控了，对接的时候，薛姐这些企业领导不一定熟知相关的法律法规；还有，债权债务做完之后是不是应该张榜上墙啊？处理文件是不是应该按照文件要求给每个职工提前十天发到手上，让每个职工看完之后分别提意见啊？所有这一切，主管部门已经无力处理，让法律来处理吧。

2010年的时候，薛姐和她们职工的材料都被移交到一家律师事务所了。很多过去主管部门和托管公司解决不了的问题，后来依靠法律法规得到部分解决，职工的一些权益得到了补偿，包括：医药费、拖欠的工资、生活费，也补足了医疗保险。这些都是薛姐当初没有想到的。法律就是要证据，需要阳光下的操作。职工应得的权益要按照法律条文和相关政策来办理，比方说低保，生活费应该给多少，法律条文都有规定。

薛姐说："我到2015年就退休了。我希望在这之前把事情办完。我们跟保险公司还有一笔账，我还得清回来，清不回来我心里就不对劲。认真负责干完一件事情的时候，好像心里挺坦荡的；为别人做好一件事情的时候，心里挺欣慰的。从到钟表厂到现在，我心里非常痛苦。当一件事翻来覆去出现各种情况的时候，内心非常迷茫。往事不堪回首，今天说起来了，我心里酸溜溜的，这个事儿过去就过去了，就不要想太多了，时间可以淡化一切。我是一个普普通通的人，我不知道你要写出的这个书是啥样，我说的话不一定完全都对，但是我说的都是实话。"

1957年出生的三姐

当医生不再是一份事业的时候

三姐是我小时候邻居家的姐姐,她叫丁连菊,我们都出生在吉林省长春市。小时候,我爸爸、妈妈每天上班很忙,我在家附近上小学,放学的时候爸爸妈妈都还没有下班,我经常去三姐家玩。我管三姐的妈妈叫丁娘,赶上丁娘做好了饭,我就跟着一起吃。世事变迁,老房子早已拆迁,儿时玩耍的居委会向阳院连老照片都没有留下,我们也都生儿育女,而这份友谊和亲情几十年来一直在持续。

我和三姐非常熟悉,虽然成年以后见面次数不多,但是每次见面都会叙旧,了解彼此和家人的近况。三姐在城市长大,上了大学,职业是一名医生,这些距离今天从农村进城务工的打工者都相去甚远。那么我为什么要写三姐的故事呐?

农村土地制度和中国社会结构的变迁导致了打工者"回不去的农村"的境遇,与此平行的,城市社会政策的各种变迁也导致了打工者在城市待不下去的境遇。三姐和丁娘一家人的故事折射了中国城市的制度变迁,这样的变迁影响着城市人的命运,也影响着全国人民的命运。三姐作为个体无力抗争和改变整体结构,但是,她一生坚守职业道德的个人选择不仅对她自己意义重大,对社会和他人也意义重大。

丁娘是童养媳

三姐的妈妈丁娘1927年出生,8岁的时候到丁家给大少爷当童养媳。新中国让丁娘这样遭遇的人获得了解放。所以,无论社会上有什么样的理论和舆论,丁娘永远感谢毛主席、感谢共产党、感谢社会主义制度。

三姐的姥姥,就是丁娘的妈妈,是一个小脚女人,家里的生活来源全靠姥爷,一次姥爷外出做买卖,从此音讯全无,再没有回来,姥姥一个人无法养活一对儿女,就让丁娘当了童养媳。

丁家是做衣服的,有一家服装店,比较富裕。别人很羡慕丁娘嫁入富人家,但是,丁娘自己知道,自从进了丁家的门就没有享过一天的福。每天就是干活,要伺候上上下下家里所有的人。当时东北处于伪满时期,被日本人统治,丁大少爷在外面上学,学校用日语授课。家里人给丁娘缝制了很多漂亮的旗袍,每次听说少爷放假要回来了,就让丁娘换上。穿上旗袍就无法干活,但是那些活还必须干,只能又脱下漂亮的旗袍。16岁圆房的时候在长春饭店举办了隆重的婚礼。

从小到大,三姐经常听丁娘念叨:"真得感谢共产党,如果不是解放,老丁家肯定还会给你爸找二房、三房,因为老丁家需要劳力。"新中国成立后,街道给妇女办扫盲班,丁娘积极参加,丁大爷很不高兴。每次丁娘前脚出去,丁大爷后脚就把门从里面插上。丁娘想起来又会对三姐唠叨:"共产党好,你妈以前不识字,都是因为解放了扫盲了,现在能看书看报。"

家　人

丁娘生了五个子女,大哥1949年出生,大姐1953年出生,二姐 1955 年出生，三姐 1957 年出生，小弟 1960 年出生。

大哥初中毕业考上中专，毕业后分配到一家国企机床厂；大姐初中毕业后赶上知识青年下乡，在集体户生活了六年；二姐高中毕业，身体不好，没有下乡，直接参加了工作；三姐高中毕业，下乡一年；小弟高中毕业后考上一所警校。

"文革"的思想教育迷思

"文革"开始的时候，三姐在上小学。"文革"之初，工人阶级占领教育阵地，工人在讲台上反复念诵毛主席的老三篇：《愚公移山》、《纪念白求恩》和《为人民服务》，还有《毛主席语录》一百条，每天上学两小时就结束了，剩下的时间就是玩。大量自由自在的游戏时间，让三姐找到了童年的乐趣，每天或者给家里养的鸡收集鸡草，或者去逮蝴蝶和蜻蜓。那样的学习状态持续了大概两三年，后来就恢复正常了。

三姐从小就很好学、爱读书。那个时候很多书都被禁止阅读，找到书很不容易。"文化大革命"的时候，苏联作品都不让读，《钢铁是怎样炼成的》当时是被查抄的书，好不容易借到一本书，家里几个孩子抢着读，到晚上妈妈把电灯关上了，三姐就打着手电筒看书。有一次，大哥借到一本描写土改的书，没头没尾，很多事情似懂非懂，三姐还是读得很起劲。

1970 年的一天，三姐听到从对面二楼一个房间传来了悠扬的歌声，原来那里搬来了一家小青年，并且秘密成立了一个裴多菲俱乐部，每到周末把窗帘拉上就开始唱一些"文革"之前的歌曲。后来知道，他们是 40 后，他们的诉求是："还我十七年文化"，指的是从 1949 年到 1966 年的那十七年。三姐印象最深的是一首旋律优美的歌曲，唱"我的心上人"，三姐不懂那指的是什么，就是觉得歌声优美、小提琴的旋律悠扬。后来，对面窗户不再传来歌声和琴声，听说他们被举报了，被抓起来了。

"文革"噩梦：爸爸成了特务

那是1967年的一天，可怕的武斗刚刚结束，天渐渐黑下来，三姐还在家门外的马路上贪玩，丁娘做了好吃的，说等丁大爷回来再吃，从午饭一直等到晚饭，丁大爷一直没有回来。这个时候，三姐看见一辆大解放汽车开到家门口停下，有人下车问这是不是丁某某的家，三姐问："你说的是我爸爸，我爸呢？"那个人说："你爸回不来了！"就带人气势汹汹闯入家中，对丁娘宣布她丈夫的四条罪状：特务、地主、大资本家和出卖抗日联军。当时三姐还想，听妈妈说土改时给我们定的成分是富农，怎么跟造反派说的不一样呢？这时，造反派开始抄家，三姐才知道家里有那么多好东西：留声机、各种绫罗绸缎和妈妈的旗袍。没有抄出任何文字和照片类的东西，原来丁娘看到别人被抄家并因为那些东西获罪，已经提前偷偷把所有照片都烧掉了，包括丁娘唯一一张穿着婚纱的光彩照人的结婚照。

后来知道，在丁大爷的单位，造反派分为两派，工人一派、干部一派，来抓丁大爷的是工人造反派。丁大爷被关押了四个多月，每天参加劳动改造。三姐父母之间的关系并不太好，但是，当造反派劝说丁娘和丈夫划清界限的时候，丁娘坚决拒绝。丁娘每天把家里最好的饭菜留出来，让三个姊妹带着弟弟去送给爸爸。丁娘除了照顾五个孩子，每天在家给服装厂做针线活到深夜，补贴家用。

丁大爷在春节前被放了出来。1969年大年三十的晚上，一家人正在包饺子，街道委员会主任来了，说"黑五类"丁某某出去请罪。

然后，街道的十多个"黑五类"被带到居民委员会办公室附近的一个空场地，站一排，戴着高帽。12岁的三姐战战兢兢地躲在角落里看着：爸爸敲了下锣，说出自己的名字，然后大声说出自己被定的罪状。从此以后，三姐很喜欢看反特电视剧，总想看明白爸爸怎么能是特务呢？三姐追着妈妈问爸爸的出身和往事，进一步了解到，爸爸当初对日本人统治很反叛，用不好好学习日语进行抗拒，爸爸当初被家人安排去日本学医，因为时局变化了就没有去成。新中国成立以后，知道自己出身不好，爸爸每天踏踏实实工作，默默无闻。

从此，三姐成了"兔崽子"了，平时一起玩的同学都不跟三姐好了，三姐在学校受到冷落，也被老师歧视。这个时候，三姐遇到了生命中的一位贵人——赵叔叔，他是被下放到农村的五七战士，和三姐的大姐在一个生产队。赵叔叔发现三姐很好学，就想办法帮助三姐转学进入当时长春市最好的中学：长春五中。三姐1972年转学到五中，1977年高中毕业，学校很正规、老师很认真、政治活动不影响正常教学，三姐如饥似渴地学习，成绩优异。三姐最喜欢鲁迅的杂文，爱写作文，老师经常拿三姐的作文当范文。

三姐的中学生活过得丰富多彩。赶上了"批林批孔"，三姐文笔好，批判文章写得绘声绘色，得到语文老师（也是班主任）的偏爱，每当有外地领导参观学校，老师就让三姐参加座谈会。学校每学期的教学计划中，都安排一定的时间让学生学工、学农、学军。这是响应毛主席的号召："学生以学为主兼学别样。"学工的时候，三姐她们被安排到长春市木工厂，在工厂实践中，安排老工人师傅讲忆苦思甜课，吃忆苦饭。学农，是到五中位于双阳的农村分校，这所分校是由老师带领学生从一块空地上亲手建成的，每块砖、每片瓦都凝结着老师和学生的劳动、汗水和喜悦；农村分校除了劳动，也安排上课，结合实践进行学习；如烧砖原理与数理化相结合，语文课与热火朝天的劳动生活相结合；更让人欣喜的是，学校开展开门办学活动，让当地的农村学生过来上课。学军，是把军人请到校园进行军事训练。提起在五中度过的中学生活，三姐对那个激情四射的年代充满回忆。

结识了有一屋子书的人家

有一天，活泼好动的三姐发现，不再飘出歌声的那间二楼小屋搬来了新住户，从楼下就可以看到，屋子里面最醒目的是摆满书籍的书架。三姐去别人家玩的时候，从来没有羡慕过别人家屋子大、家具好、玩具多，而看到别人家书多就很向往。洞察三姐心思的丁娘通过街道委主任认识了新住户的主人：林叔和吕姨，林叔当时是《长春日报》的编辑，吕姨是党校的教师。从此，三姐每写完一篇作文就送去请他们指点，三姐回忆，有的时候，两位老师的批注比作文本身还要长。当面指导的时间经常长达两个小时，狭窄的空间、昏暗的灯光、温馨的教导，持续了四年多的时光，直到三姐高中毕业。林叔和吕姨言传身教，成为三姐人生的指路人，这样的指导和感情持续至今。

学 医

1977年，三姐高中毕业，她去派出所把自己的户口起走，报名下乡。三姐当时心性很野、志向远大，想做李四光那样的人，四海为家、奉献自己。三姐被安排到长春市农安县前冈村落户。三姐长得瘦小，又是个女孩子，生产队很照顾她，把她当半个劳力用，主要在集体户食堂做饭，不做饭的时候就去弄猪食。

1977年恢复高考了，分别在1977年冬季和1978年夏季举行了考试，于1978年夏季入学。三姐参加的是冬季那场考试，在丁娘的

三姐（左一）在辽源煤矿学校和同学合影，1980 年

逼迫下，热爱文学的三姐报考的都是医学院。三姐考试成绩轻松超过大学本科录取分数线，后来阴差阳错，被录取到辽源煤矿学校，是一所中专，学习医学专业。学制三年，在校学习了两年半，实习半年。学校老师教学认真，经常邀请名牌医院的名医名师来授课，班主任老师教导学生们："学医是把人命交你！医生工作很神圣！"校规严苛，不许谈恋爱、不许跳交谊舞，三姐专心致志地学习。当时，三姐在校实习期间去的地方是辽源矿务局职工医院，医疗水平是很高的，开颅手术都能做，学生去实习的时候，有机会做阑尾炎、包皮切割等小手术。

1980 年，三姐中专毕业，被分配到长春市二道河子区医院内科，一干就是七年。当时，三姐的志向就是：成为像林巧稚那样的医生。三姐第一年工资 32 元（每月），转正之后 36 元。三姐后来在职工医大参加了四年的半脱产学习，当时入学需要参加正规

白衣天使，1982年

的入学考试，三姐考取全长春市第36名，经过四年苦读，获得了医学大专学历，工资随之涨到40多元。1987年离开医院的时候工资一个月60多元。

1981年，三姐谈恋爱了，男友是一位军人，来自唐山农村，入伍后上了军校，毕业后留校成为教官。三姐长得漂亮，心地善良，追求者不少，为何选择来自农村、家境贫寒、学历比自己低的男友？原来，三姐当初答应和男友交往是为了搪塞众多的追求者，三姐对男友说："我要继续进修学习，我要实现医学理想，十年之内不打算结婚。"男友的回答是："无论多久我都等！"男友的真情感动了三姐，1983年1月两人结婚了，同年11月，儿子降生了。结婚和育儿都没有阻挡三姐刻苦学习和热爱工作的劲头。

失望之下：离开医院、回归家庭

三姐在医院工作期间属于年轻的医生，也不是同行中学历高的，但是三姐的医术和态度受到患者的一致好评，很多患者专门找三姐看病，要求住在三姐负责的病房。医生少，患者多，医生的工作很累，但是再累三姐也面带笑容。三姐和丈夫旅行结婚到北京，三姐给自己买的礼物是《医学心理学浅谈》，这是一本让三姐受益终身的书，三姐认识到，患者60%的情况下是心理疾患，这更坚定了三姐微笑服务的理念。一些重病住院的病人这样评价三姐："小丁大夫一进屋，不吃药都好一半！"那个时候一周休息一天，如果遇到病房有重患，即使是休息时间三姐也骑自行车去医院关照一下。在三姐心中，患者比自己的家庭还重要，因为三姐始终记着学医的时候老师的教导，以医生为职业的人必须如此。

1983年开始，医院的氛围发生了变化，医生看病、开药和经济收入挂钩了，医生给患者开多少药，直接与医生以及科室的提成挂钩。三姐不适应，看不惯，三姐从来都尽量让病人花最少的钱把病看好，特别是遇到经济困难的患者。三姐直接向院领导提出质疑，但是领导告诉三姐："医院现在需要挣钱，因为财政部现在只管60%的开支，剩下的40%需要自己挣出来。"

三姐认识到，医院这样的环境自己已经无法适应了，三姐不忍心用多开药来挣提成，护士跟着她也少拿钱，还拖累了科室的创收。每次一开早会，别人开了2000元的药费，三姐最多开到1000元。在这样的环境下，一个人的抗争就如同蚍蜉撼大树，三姐非常痛苦，不得不告诉自己：事业不需要我了！后来，丈夫所在的军校幼儿园需要一名保健医生，三姐毅然决定：放弃理想、回归家庭，到丈夫和儿子身边工作。就这样，1987年三姐开始担任幼儿园保健医生，1995年当上幼儿园园长，一共在军校幼儿园工作了十年。后来三姐在军校计生办和军校医院门诊工作，直到2012年退休。

拒绝民营医院的高薪聘请

三姐退休了。丈夫依旧身强力壮，儿子大学毕业参加了工作，家庭不需要牵挂太多，三姐希望把自己一生积累的学识，特别是医学知识贡献给需要的人。三姐在2005年考取了国家认可的二级心理咨询师职业资格证书，她同时具备内科专业医师职业证书，有处方权。三姐一直认为，心理咨询和医学治疗必须相结合才能更好地为患者服务。在这样的心愿之下，三姐受邀去一家民营医院应聘，老板承诺很高的薪酬，三姐把薪酬降到一个月6000元，觉得已经足够高。第一天上班，老板一方面对三姐所说的为患者服务的理念满口答应，另一方面带三姐参观了医院投入巨资购买的各种先进仪器设备：脑电仪、脑血流仪等。三姐立刻明白了，老板期望她多给患者做仪器检查，每项检查费用都比较昂贵。三姐认为，患者一个小时最少支付200元的心理咨询费，这已经很高了，她实在不忍心用可做可不做的仪器检查来提高个人和诊所的收入，当机立断，谢绝聘任，三姐离开了尚未落座的专家咨询室。

去实现梦想和承诺

吕途："三姐，你一辈子都那么重视理想和价值的追求，而最后放弃了事业，回归家庭，不觉得遗憾吗？"

三姐："我觉得很值得。丈夫一直深爱我，几乎支持我的所有选择。我培育了思想正直、身体健康的儿子，教育他不伤害他人，不危害社会。我们并不富裕，但是一直家庭和睦，包括孝敬和爱戴文盲的婆婆。回归家庭是不得已的选择，当事业和社会大环境不需要我的时候，我很庆幸家庭可以成为港湾。我的事业没怎么成功，但是我至少养活了自己。"

吕途："三姐，你一辈子爱读书，但是，如果没有目标，读书又有何用？"

三姐："我一直有写作梦。我很高兴退休，因为退休之后年轻时的梦想就可以实现了。1997年12月12日，我的精神导师吕姨去世了，那时候我儿子十岁，我告诉儿子：'你吕姥姥给我们留下了最宝贵的精神财富。'儿子问：'什么是精神财富？'我告诉儿子：'物质财富就是钱和有形的财产，精神财富就是为什么我们永远都忘不了你吕姥姥的那些东西。'儿子说：'妈妈，那我不要物质的，你就给我多留点精神的吧。'那个时候儿子十岁，我永远都忘不了那个情景。我必须实现对儿子的承诺。今年儿子结婚，一分钱都不要我们的，我给儿子写了一封两万字的信：吾儿结婚。给林叔看了，林叔给予高度评价，鼓励我写下去。"

1962年出生的苏姐

赶上辉煌的尾声

2015年4月,利用回沈阳探亲的机会,我访谈了一位国企下岗女工苏姐(化名)。1979年,苏姐的爸爸退休了,她爸爸是国企工人,苏姐接班,当时她17岁。2004年,在企业工作了25年之后,苏姐被迫下岗,那个时候她42岁。苏姐开始为私人企业打工。

苏姐开始上班的时候是第一代打工者——从农村到城市的务工人员——开始外出打工的时期,苏姐下岗后在私企打工的时候是新生代打工者——80后和90后的年轻人——数量激增的时期。制度与制度之间有可以比较的部分,也有很复杂很难直接比较的部分,一个事物变化的原因和过程是错综复杂的,而到了普通百姓那里往往就是变化后的结果和影响了。普通百姓在多大程度上可以参与到历史的变革中?多大程度上可以左右历史的变革?20世纪已经过去,21世纪的现实正在展开。

爸爸是国企老工人

苏姐1962年出生在沈阳市,有一个弟弟,比她小10岁。苏姐的爸爸妈妈都是1930年代出生,过去都是文盲,新中国成立后参加扫盲班才识了字。苏姐的爸爸1950年代开始参加工作,新中国成立伊始,各大单位刚刚成立,大量招人,爸爸进了一家建筑公司,大型国企，妈妈在街道工作。爸爸年轻的时候技术很好，那时候工人定期考级，爸爸就一级级考上去，后来当上了七级工，月工资好像可以开到 80 多元，那是很高的，因为当时一个月 30 多元就可以养活一家人了。50 年代末，爸爸去支援边疆，在那里工作了 7 年，从事各种艰苦的工作，落下了很多病，包括高血压、心脏病等疾病。60 年代回沈阳以后，由于身体原因爸爸就不再从事一线劳动，而是在办公室上班，但是各种工资待遇和原来一样，一直到退休。

"批林批孔"是啥？学习黄帅什么？ 学习不好是光荣的吗？

1973 年到 1974 年那段时间，赶上"批林批孔"，那时苏姐上小学。现在回忆起来，苏姐说，那个时候自己太小，不懂在批评什么，也不懂在宣扬什么，只是隐约记得，封建的东西是糟粕，但是，现在又都被当作精华了。

差不多同一时期，又掀起了"学黄帅"的热潮。在那种运动之下，学习黄帅演变成了跟老师对着干。现在回忆起来，苏姐说："其实黄帅那时候的本意并不是说跟她老师对着干，她有她自己的想法，老师应该尊重学生，但是，不知道为什么，社会就引导学生跟老师对着干了。"当时，女同学还收敛一些，很多男生就捣乱，直接影响了课堂教学，苏姐的一位老师被气得高血压病都犯了。

紧接着就宣传张铁生考零分这个事情。别说苏姐这些上小学的孩子们，就是上了中学的孩子们也都被搞糊涂了。苏姐回忆说："那个年龄应该是培养学习兴趣的时候，结果大家好像有种印象：学习好与坏并不重要，只要能积极参加学校组织的各种活动，老师就认可你。"

现在看来，打打闹闹是很不文明的事儿，但是那时候就觉得是很正常的,把传统美德的那些东西全都给否了,宣扬的都是以武力和暴力为主的东西。那时候,家里边有男孩子的家长都很小心,生怕他们出去打架惹事。写作文都是以写批判稿为主,批判的时候必须上纲上线才可以,还要联系自己的实际,狠斗私心,狠批你自己的私心。如果谁不积极写批判稿而是去钻研数理化会受到冷眼和批判。现在说,学好数理化走遍全天下,因为数理化在全世界都是不分家的,内容学出来都是相通的,那时候就批判这种思想,给学生的感觉就是:学不好数理化是好的。不过,父母是高级知识分子的、是老师的或者是机关干部的,他们的家庭氛围还是促进孩子学习的,而纯工人家庭的孩子就没有那种氛围。

迷茫的人生:没有考学,没有方向

那时候上学很便宜,小学的时候半年3块钱的学费,初中和高中半年5元钱学费,书本费就是几毛钱。如果家庭条件不好,只要父母单位开个生活困难证明就免学费。社会上没有那种用钱去维系一切的概念,没有后顾之忧。那时候大多数家庭的条件都相差不大,人的心态都比较平和。

苏姐的学习成绩一直不错。虽然学习氛围不那么好,但是到了一家一户,到了学校老师那里,还是会让孩子们好好学习。凭苏姐当时的成绩,任何中专都考得上,但是,遗憾当初没有人给指路。苏姐的一些初中同学考上了卫校和幼师,毕业以后在医院或者学校工作。

那个年代,外语是副科,普通家庭的孩子不会重视,但是知识分子家庭的孩子们就认认真真学习,那样的家庭毕竟有一种氛围和远见,结果后来人家就可以走向全国、走向世界。等恢复高考的时候,积极参加高考的大都是来自书香门第的家庭,或者父母在机关单位工作的家庭，因为家长重视，给予引导。苏姐居住在工人阶层的环境中，大家都对高考不太重视，那时候还觉得上班很风光。

苏姐爸爸退休的时候，刚好苏姐高中毕业了，能上班是一件很了不起的事情，苏姐就走上了工作岗位。苏姐说："这个真是因为我当时人生没有明确的目标，如果父母鼓励我继续上学，我一定会听父母的。但是父母没有那个思想，我自己更没有那个思想，为什么学习？学习什么，没有目标也没有方向，当然就不会那样去选择。"

初上岗：赶上辉煌的尾声

1979年，苏姐参加工作了。接爸爸的班，在国企上班在当时是很光荣的事情，只有直系子女才有资格接班。苏姐的岗位是粉刷工，干了快三年，第一年是学徒工，工资每月22块钱，后来逐步上涨。学徒工的时间大概是两年或者三年，后来涨到技工工资，一个月39块多。

回忆刚参加工作那段时间，苏姐至今非常留恋，企业的氛围非常好，大家的积极性非常高，工资和福利也非常优越，工人的地位和待遇甚至超过领导。苏姐清楚地记得，她们一个处的主任工资比不过她们，当时领导挣死工资，主任的工资当时一个月50多元，而工人除了基本工资还有绩效工资。好的时候绩效工资高出基本工资两到三倍，苏姐那个时候基本工资30多元，加上绩效就可以拿到100多元。领导很难搞贪污，在财务方面领导没有话语权。那个时候，尤其是1968年的时候，搞反腐嘛，以工人利益为主。毛泽东倡导工人的地位和公心，不要搞特权。在那种社会风气下，那时候的人真没有私心。从另一个角度说，那个时候物质消费也很有限，有钱也买不到什么，所以大家也就没有贪婪的想法，钱起不到太大的作用。时代真的不一样。

　　建筑行业的特点是冬天不上班,因为到冬天不可以施工。冬天一般放假两到三个月,放假的时候基本工资正常发放,只是没有奖金了。那个时候虽然有奖金,但是并不是竞争出来的,而是大家一起干出来的,一个班组共同完成任务,共同拿奖金。因为大家干的工作量基本差不多,所以,无论年龄大小、工资高与低,即使基本工资不同,奖金也是相同的。所以大家没有什么怨言,都非常齐心。

　　现在回忆起来,苏姐也意识到,那个时候城市正式工人待遇很好、地位很高,但是,进城务工人员的待遇和城市工人之间是有差别的。苏姐所在的建筑公司有正式编制的员工8000多人,而临时工却有两三万人。电工、水暖这些相对比较好的工种由自家的工人来做,油工、钢筋工、瓦工、抹灰什么的主要由临时工做。

因工伤休养两年

　　1983年的一天,建筑工地出现意外事故,苏姐受伤。住院治疗之后在家休养。那个时候,职工可以在职工医院看病,看不好可以转院去市医院就医。公费医疗,百分之百报销,病假期间开全额工资。1985年苏姐回企业继续工作。

产假两年半

　　苏姐1990年结婚,1991年生孩子。怀孕期间开始休息,然后休产假,企业规定的产假是一年半,休完规定产假的时候是10月份,公司就要放冬假了,就接着休了。前前后后一共休了两年半,都是有工资的,开始的时候开百分之百工资,后来开60%工资。1994年,苏姐产假结束,回企业继续工作。

在职工食堂工作:企业走下坡

苏姐身体恢复以后,单位给她安排在职工食堂工作,负责采购,这个岗位没有绩效,只有基本工资,但是苏姐干得很认真、很热心、很开心。做了十年,没有出现丝毫差错。

到了80年代后期,冬天放假就不是百分之百开支了,只开基本工资的80%。从90年代开始,据说单位的效益就不是很好了。从那以后公司就没有按月发放工资的时候,拖欠着,然后攒到一起发一笔。

苏姐她们这些国企职工到后来为什么都很惨?一个知道内情的人告诉苏姐,过去给职工交社保的时候,是按照工资的等级去交的,但是等到退休的时候,相关部门跟企业老板串通一气把所有职工的社保全都变成最低档,差额的这笔钱被私自瓜分了,导致企业退休人员的工资这么低,并不是国家政策的问题,是那些人在中间做了手脚。

为什么国企效益都不是很好?知道内情的人告诉苏姐很多事情,说这跟分配体制改革直接相关。分配体制改革以后,领导说了算,他把绩效的计算方式改了,企业和工人自然就赚不到钱了,工人赚不到钱不等于领导赚不到钱。甚至整个效益的状况也是假账,领导说单位的效益不好那就是不好,账也摆在那里。

苏姐感叹:"从90年代中期开始,大家整个想法和思维全都被打乱了,所以根本就不是说企业不好了所以要去改,是他们想要改了就逼你去改。而且不是说越改越好,大多数人越改越糟糕,一小部分人现在是好得不得了。就说现在的国企改制,我就不明白了,明明这个单位是国有的,改来改去我们的董事长他为什么能有45%的控股权,这个钱哪儿来的我就不明白!"

买断：下岗职工的命运

2004年，苏姐和她的同事们下岗了。企业花2万元钱，买断了苏姐从1979年到2004年的25年工龄，从此苏姐和企业再没有任何关系。到退休之前的社保由职工自己来解决。

按照苏姐的解释，说交够15年就可以领取社保，那是一种误解。拿苏姐的情况举例，苏姐的岗位按照国家规定到45岁退休，2004年苏姐42岁，工作了25年，已经远远超过了15年，如果苏姐那个时候就停止交社保，那么到了退休的时候，领的退休金就只能按照2004年的社会平均工资来算，没有人敢冒这个风险，因为物价和工资都上涨太快了。苏姐在接下来的几年里，一年大概花4000多元交社保，到2008年退休，用企业买断给的2万元钱差不多够了。如果苏姐的岗位是50岁退休，那么苏姐就要挣钱交社保了，很多下岗职工就是这样，要辛辛苦苦打工，自己把社保交上，同时还要维持自己的生活。

对话：工人真的当过家、做过主吗？

吕途："大批量的工人下岗对工人很不公平。你说过，那个时代的工人是主人，这样的结局好像没有主人的状态和力量，为什么？"

苏姐："这就要看国家大的政策了。从九几年开始，人就和以前不一样了，人都不择手段了，什么良心啊，没有了，就是为了自己的私欲。"

吕途："你说，以前当工人是很光荣的，这个在你的讲述中也体现出来了。但是，说工人是主人，这个真的体现出来了吗？"

苏姐："以前我有什么事儿可以找工会，可以找单位领导，我可以去提。后来慢慢地就没有人去管了。国家如果不替工人说话，工人就没有发言权了。"

吕途："是不是可以这样说，过去当工人有地位的时候，工人的地位也是国家给的？"

苏姐："对。"

吕途："后来工人没有地位，也是人家给拿走的？"

苏姐："对。"

吕途："那是不是我们也可以进一步去思考，新中国工人翻身了，但是主人翁的意识没有到那一步，最后，别人给你的东西也总有一天会被拿回去？"

苏姐："这个不是说你意识不意识的问题，它由不得你。如果是意识问题，那好像责任在工人，好像是工人自己没有去把握。现在是工人根本就没有发言权，工人说了不算。你还想当家做主呢，人家不给你这个权利。你也想好好工作，人家不让你好好工作，就让你下岗。跟工人意识没有关系。"

吕途："那就是说我们社会的发展是由少数人决定的喽？"

苏姐："这个问题我们老百姓不好回答。我们公司原来那么多人、占据的也是沈阳市最好的地段，现在都没有了，变成了股份公司了。领导怎么就一下子那么有钱了，成了股东了？现在，习主席反腐，又让我看到了希望。"

在沈阳私立贵族学校打工

从 2005 年开始，苏姐到沈阳一家私立贵族学校打工，老板是苏姐弟媳的亲戚。苏姐负责教工餐厅的一切事务。

在私立学校，工资直接和教师的资历和学历挂钩，在这里，一年挣十多万和二十多万的大有人在，一年挣几万块钱的也有。这些都是老板一个人说了算，因为这里一切都是老板的。

苏姐是老板的亲戚，做事反而要倍加谨慎，防止员工有意见。在苏姐看来，虽然这里是老板说了算，但是大家相处得跟兄弟姐妹一样。老板创造了一个好的氛围，大家彼此包容、彼此尊重，就是一个大家庭。

我和苏姐在学校的老板办公室聊的天。老板也是一位朋友，他外出办事了，临走还嘱咐我们喝茶吃水果，不要客气。我和苏姐聊天持续了几个小时，苏姐也只有50岁的年纪，听她讲所经历的历史和在不同制度时期的境遇、体验，有种穿越的感觉；身在老板豪华的办公室，谈论工人地位的变化，也有种穿越的感觉。穿越了不同的制度，穿越了不同的空间和身份。我有一个深刻的印象，苏姐认为家长对事物发展过程能起到重要的作用，小到家庭，父母是家长；大到国家，主席是家长。苏姐上学的时候，父母因为学历低，不能对苏姐的学习有一个方向性的指引，导致苏姐没有继续升学；后来，从地位高、待遇好的国企工人沦落为下岗工人，苏姐认为这源自国家这个大家的家长；现在，在一家私立学校工作，虽然老板在给员工工资上的差别很大，但是，苏姐觉得老板创造了一个彼此包容和尊重的工作氛围。

1968年出生的菊兰

十八年的工资单

2014年国庆假期的三天,我访谈了六位S厂的女工。这三天的六个访谈让我完成了下面的故事:

10月2日上午:"1974年出生的辉兰:被宠爱的妻子"

10月2日下午:"1968年出生的菊兰:十八年的工资单"

10月3日上午:"1972年出生的丽英:这一辈子做了这一件重要的事情"

10月3日下午:"1976年出生的老赵:二十年"

10月4日上午:"1985年出生的光霞:两个人创造一个家"

10月4日下午:"1975年出生的正先:房子和孩子"

2014年10月2日下午,我来到菊兰家狭小的出租屋。我和菊兰聊天的时候,菊兰的丈夫默默地在旁边择菜、做饭。从10月2日到4日,我吃了六家饭,吃了六顿鲜鱼,口味各异,菊兰家是我国庆节的第二顿大餐。菊兰的老公先把鱼收拾好,然后把所有其他饭菜都做好,最后让菊兰掌勺做鱼,说担心自己做的不好吃。菊兰和丈夫都是非常内敛的性格,菊兰的丈夫从始至终几乎没有说话,菊兰的表情忧郁。菊兰说自己文化不高,对很多政策性的东西懂得不多,但是,当菊兰给我解释社保补缴的过程和各种相关政策的时候,我发现菊兰思路很清楚,说话也在情在理。如果有好的政策,又让老百姓对政策知情,很多悲剧就不会发生了。

家　庭

菊兰1968年出生在湖南石门。家里六个兄弟姐妹,大哥、大姐、小哥,菊兰排行老四,下面还有两个妹妹。菊兰的父母仍然健在,都90多岁了。菊兰读到小学五年级就没有再读书了,家里面困难,小孩子又多,看到父母那么辛苦,自己也读不进去书了。

结婚生子

菊兰那个年代,一般都要通过媒人介绍,年轻男女才彼此接触和相处。菊兰丈夫的家庭比菊兰家还穷。1989年结婚的时候,男方家没有给彩礼,菊兰家还倒贴了一些嫁妆。1990年生了儿子,那个时候计划生育很严格,第一个是男孩子就不可以再生了。菊兰说,即使让生也不想生,负担太重了,一个孩子都觉得养不起。

在S厂打工18年(1997年到2014年)

1997年12月,儿子7岁的时候,菊兰和丈夫一起来到广州打工,直接进了S厂。从1997年到现在(2014年10月),一直在S厂。1999年的时候,一个月上班26天,工资还不到400元。2002年签劳务合同的时候,只有450元的底薪。

菊兰回忆,从1997年到2005年那段时间上班还是很开心的,虽然工资很低,但是人与人之间很好沟通,人要和气一点,也没有那么多钩心斗角。不管是工友还是上面的老大都比现在好一点儿。那时候,主管和组长都很会体贴人,工友们有什么难处他们会帮助解决。现在就不一样了,不管是工友还是组长,都是倚着自己有点权力就随意支使你做什么,爱怎么说你就怎么说你。开始的时候大家关系还可以,就在 S 厂待了下来,而且菊兰那个时候已经 30 多岁了,去其他厂也不好找工作了。后来,上班的压力越来越大,如果赶货赶不出来,就要挨骂,做好与做不好都挨骂,真的很累。面对如此不愉快的工作环境,菊兰告诫自己,出来打工在哪里都一样,天下乌鸦一般黑,只要选择了在外面打工就要有耐心,要不然老是跑来跑去,人也跑累了,钱也没省下来,还是两手空空。

我访谈了那么多工友,菊兰是唯一一位把多年的工资单保存下来的工友。我问她为何保存着这些工资单,她说:"留着工资条根本不是为了争取权益,就是想着等老了带孙子的时候,可以给孙子看看,说,这是你奶奶打工留下的。"其实,那些工资单即使想用来争取权益也很难,因为上面全都没有写年份,也没有公章。

菊兰将一大把工资单拿出来,我们两个一起把它们按照年份和月份排好。菊兰留着工资单只是为了做个纪念,所以很多年份就只留了一张。菊兰说:"我们打工的都是没有学问的,打工都是打的苦工,挣的钱都是苦钱,都是血汗钱。"是啊,菊兰和丈夫 1997 年 12 月来到广州,一直到 2012 年把新房盖好,15 年没有回家过年,就是为了省钱。

表 1　菊兰工资单汇总之一

年月	实发月工资	工资条
1998 年 6 月	60 元	没有给工资条
1999 年 12 月	410 元	基本工资:343 元(工时:192 小时),加班费 26 元(加班 11 小时),膳食津贴:19 元,工种津贴:17 元,电代津贴:12 元,车费津贴:8 元,扣电费:10 元,扣医疗费:3 元。实发:410 元
2000 年 11 月	645 元	基本工资:371 元(工时:208 小时),加班费:218 元(普加班:94 小时),膳食津贴:20 元,工种津贴:18 元,电代津贴:12 元,车费津贴:8 元,补薪:10 元,扣电费:10 元,扣医疗费:3 元。实发:645 元

续表

年月	实发月工资	工资条
2001年1月	845元	基本工资：455元（工时：208小时），加班费：335元（普加班：117.5小时），膳食津贴：20元，工种津贴：18元，电代津贴：12元，车费津贴：8元，补薪：10元，扣电费：10元，扣医疗费：3元。实发：845元
2004年2月	1315元	金额：389.6元（工时：160小时），奖金津贴：135元，最低工资：524.6元，普通加班工资：366.7（普通加班时间91小时），奖金津贴：135，假日出勤工资：427.71元（假日出勤时间：79.5小时），医疗基金：3元，调尾实发：1315元
2005年2月	1305元	金额：501.8元（工时：160小时），晚班津贴：88，奖金津贴：100元，最低工资：692.8元，普通加班费：192.8元（普通加班时间37.5小时），假日出勤工资：421.89元（假日出勤时间：61.5小时），应发工资：1307.44元，医疗基金：3元，调尾实发：1305元
2006年7月	1452元	金额：677.16（工时：176小时），奖金津贴：135元，最低工资：812.16元，普通加班费：407.9元（普通加班时间66小时），假日出勤工资：234.84元（假日出勤时间：28.5小时），应发工资：1454.88元，医疗基金：3元。金额合计：1452元
2007年12月	1796元	金额：646.38元（工时：168小时），晚班津贴：112元，奖金津贴：134元，最低工资：892.38元，普通加班费：321.4元（普通加班时间：52小时），假日出勤工资：585.04元（假日出勤时间：71小时），应发工资：1798.78元，医疗基金：3元。金额合计：1796元
2008年1月	1923元	金额：707.94元（工时：184小时），奖金津贴：145元，最低工资：852.94元，普通加班费：401.7元（普通加班时间：65小时），应发工资：1926.2元，医疗基金：3元。金额合计：1923元
2009年9月	2641元	金额1：797.33元（工时：184小时），金额2：48.64元，正常工作工资：846元，表现奖：5元，普通加班费：379.5元（普通加班时间：55小时），假日出勤工资：452.66元（假日出勤时间：31.5小时），服务津贴：70元，应发工资：2632.2元，医疗基金：3元，金额合计：2641元

续表

年月	实发月工资	工资条
2010年6月	2392元	金额1：924.5元（工时：176小时），金额2：97.1元，正常工作工资：1022元，表现奖：20元，普通加班费：500.8元（普通加班时间：57.5小时），假日出勤工资：632.75元（假日出勤时间：54.5小时），服务津贴：50元，超产奖：170元，应发工资：2395.19元，医疗基金：3元，金额合计：2392元
2011年6月	2591元	金额1：1066.11元（工时：176小时），金额2：198.25元，正常工作工资：1264元，表现奖：30元，晚班津贴：160元，普通加班费：555.2元（普通加班时间：51.5小时），假日出勤工资452.66元（假日出勤时间：31.5小时），服务津贴：70元，其他：100元，税前工资/应发工资：2632.2元，税金：38.22，医疗基金：3元。实发工资：2591元
2012年5月	3105元	金额1：1114.57元（工时：184小时），金额2：207.26元，正常工作工资：1322元，表现奖：33元，普通加班费：533.6元（普通加班时间：49.5小时），假日出勤工资905.31元（假日出勤时间：63小时），超产奖：52元，服务津贴：70元，应发工资：3107.76元，医疗基金：3元。实发工资：3105元
2013年6月	3351元	金额1：1313.83元（工时：152小时），金额2：127.54元，正常工作工资：1441元，有薪假工资：75.86元，表现奖：30元，普通加班费：469.3元（普通加班时间：33小时），假日出勤工资1071.81元（假日出勤时间：56.5小时），超产奖：196元，服务津贴：70元，应发工资：3354.31元，医疗基金：3元。实发工资：3351元

表2　菊兰工资单汇总之二

年份/月份	月工资											
	1月	2月	3月	4月	5月	6月	7月	8月	9月	10月	11月	12月
1998年		60	60	70		60					130	190
2009年		1196	1158	1688		1580	1641	1449	1620	1312	1204	1700
2010年	1909	2236	2684	2270	2525	2392	2218	1995	2045	2082		2338
2011年	3136	2668	2921	2354	2364	2591	1962	2282	2293	2569	2067	2954
2012年	2512	2822	2633	2985	3105	3237	3517	3396	2813	2141	2682	2843
2013年	3166	2129	4153	4014	3583	3351	4035	2855	3387	3926	4255	

争取补缴社保

　　如果没有辉兰（见另一个故事："1974 年出生的辉兰：被宠爱的妻子"）的解释，菊兰不知道社保可以补缴。当辉兰告诉菊兰，其他厂的职工补缴了社保的时候，菊兰不相信，觉得是骗人的。后来有一天休班，辉兰带着菊兰去别的厂子看了，菊兰才真的相信了。2011 年的时候，组长曾经问过菊兰是不是想买社保，菊兰那个时候已经 43 岁了，买到退休也不够 15 年啊，就问组长是不是可以补缴几年，组长说："不可能！"菊兰就放弃了，就一直没有缴社保。从 2013 年到 2014 年，经过大家一年的努力，厂里同意从 2002 年开始给大家补缴社保，但是要三年才给补完。说起这些，菊兰觉得特别无奈。也是在过去一年争取补缴社保的过程中才了解了一些政策和法律的东西，才知道，1998 年的时候，按照法律规定就应该给工人上社保。

　　发现厂子里的订单越来越少，而且很多货拿到其他省份的分厂去生产，菊兰她们觉得很不踏实，说三年补完，要是一年以后厂子关闭了又怎么办？年轻一些的工友对补缴社保并不太在意，因为她们有的是时间，厂子倒闭了，她们还可以去其他厂子工作，但是菊兰就不一样，按她的年纪已经不可能在其他工厂找到工作。所以，菊兰她们这些年纪大的工友就不同意三年才补缴完，要求一次性补缴完。厂里办公室的一位年纪轻轻的工作人员对菊兰她们的请求不以为然，说："我们就是这样规定的，有本事你去告啊，你去法院告啊，你去纪检科投诉啊！"

　　2013 年 4 月 29 日，菊兰等十多个员工就追缴养老保险的诉求在社保局稽查科备案。这样合理合法的做法引起了厂方极大的不满，厂方要求菊兰她们立刻撤销备案，否则后果自负。菊兰反问："我立案也是维护我自己的权益，不可以吗？而且前一天是你们说让我去起诉啊。我都还没有起诉,只是去备案你们就这个样子啊。"厂子的人继续逼菊兰撤诉,厂方的人虽然态度很不好,菊兰也没有和他们顶撞,只是说自己的道理,因为这些郁积得太久了:"说真的,我来到这里以后十几年没回家过过年,我身为爹妈的女儿,没尽到女儿的责任;作为儿子的母亲,也没尽到做母亲的责任。你们说官话的时候说一视同仁,但是零几年的时候你们只给干部上了社保,我们员工却没资格,你要是那时候一视同仁给我们买了就不会有现在的结局。"

工友想争取合理合法的权益很难很难:第一,工友天天上班没有时间;第二,工友不了解政策、法律和各级政府部门的职能;第三,工友手里几乎没有资料和文字性东西可以作为证明材料。菊兰她们本来也想去劳动监察部门立案,但是她们十几个人中,只有菊兰保留了一份过期的劳动合同,其他人或者从来就没有见过自己的劳动合同,或者过期了就扔掉了。没有劳动合同就没法立案。按照合法程序,劳动合同应该是一式三份,即使工友手里没有,也可以去劳动部门或者厂里去索要,但是,对于本来就不希望工友去立案的企业来说,是不会配合工友的请求的。

菊兰她们为了社保的事情折腾一年了,菊兰一脸愁容。她们十几个比较积极的工友受到公司的惩罚,最简单的一个惩罚手段是不给加班。菊兰对我说:"现在上班也上得很累,没有心情上班。如果没有我老公支持我,我早就坚持不下去了。我有的时候想,人为什么那个样呢?我们要求的只是自己的合法权益,我追社保也没有叫那些主任自己掏腰包,是公司欠我们的。还有那些当官的,本来是素养方面都很好的人才会被选择当官,但是,我们遇到的有些当官的没有涵养,糊弄我们,我们本来就不懂,还糊弄我们。等我们自己弄懂了,他们反而非常非常生气。"

菊兰在厂里打工这么多年,干得够够的,一天都不想再干了,但是实在是没有办法啊。菊兰说:"我一天都不想上班,到了工厂就觉得跟见了鬼似的。我现在就是希望他们把养老保险两年半给我补完，今天给我补完，明天我就走了。"

亲情常在

菊兰1997年年底来广州打工的时候，把7岁的儿子托付给了二嫂，就是菊兰的妯娌。二嫂尽心尽力照顾菊兰的儿子。2003年7月25日，二哥打来电话，说二嫂去世了，菊兰听了感觉像晴天霹雳一样。当时26日发工资，菊兰拿了工资就往家赶。回到家，邻居告诉菊兰："天啊，你回来了，快看看你儿子吧，哭得那么伤心。"当时菊兰的儿子13岁了，在上初中。后来，菊兰的儿子考上了（株洲）湖南化工职业技术学院，学习物理专业，是大专学历。当时上学的学费一年1万多元，再加上一个月大概1000多元的生活费，3年下来，花了7万多元。现在儿子大学毕业了，在长沙工作，一个月工资1000多元。有的时候，儿子钱不够花，菊兰背着丈夫偷偷给儿子汇钱，因为丈夫知道了肯定不让。菊兰想的是，不希望儿子因为钱的事情学坏，搞得偷啊抢啊杀啊的那些，菊兰希望儿子本分做事，先学一下社会经验，然后慢慢去赚钱。

菊兰的二嫂去世以后，留下了一个儿子，当时上高中，菊兰这么多年一直帮助负担他的费用。二嫂的儿子后来考上了湘南学院，学费一年4000元，头两年他爸给了，后两年菊兰她们负担了很多，包括生活费。菊兰自己很困难，但是，再困难也不能不管二嫂的孩子。菊兰和丈夫2012年终于在老家盖了房子，一共两层半的楼房，花了将近20万元，欠了10万元的债，是从菊兰的两个妹妹那里借的。当初，菊兰的二嫂得了癌症之后给菊兰打过一个电话，说："我这个病如果治不好，我最不放心的就是我的儿子，我走了之后，你一定要帮我管他，管到他娶老婆为止。"菊兰说："做人就是这样的，人家说的：生人不比死人硬。"

1968 年出生的菊兰　十八年的工资单　｜　59

菊兰 1998 年工资单

番禺　　　(12)

工　号：
部　署：CP8-544組　　等級：GF0　　補薪：¥0　　1999年
基本工資：¥343　　工時：192H　　扣薪：¥0
加班費：¥26　　普加班：11H　　扣電費：¥10
膳食津貼：¥19　　　　　　　　　扣醫療費：¥3
工種津貼：¥17　　電代津貼：¥12　實發：¥410
　　　　　　　　　　　　　　　　車費津貼：¥8
菊蘭

菊兰 1999 年 12 月工资单

部门:	电子厂			8月 工资单	
工号:		等级:	GF1	姓名:	菊兰
班组:	P66-654	工时:	164	金额1:	719.66
金额2:	43.35	正常工作工资:	754	有薪假工资:	19.39
表现奖:	5	工种津贴:	0	晚班津贴:	0
普通加班时间:	50	普通加班费:	345	假日出勤时间:	31.5
假日出勤工资:	289.8	法定日出勤时间:	0	法定日出勤工资:	0
超产奖:	40	其它:	0	退款:	0
补薪:	0	扣薪:	0	应发工资:	1452.21
住宿费:	0	医疗基金:	3	借支:	0
厂章工衣:	0	扣款:	0	养老:	0
失业:	0	医疗:	0	金额合计:	1449

菊兰 2009 年 8 月工资单

番号:		电子厂		2013. 9月 工资单	
工号:		等级:	GF1	姓名:	菊兰
班组:	PMP-100	工时:	168	金额1:	1452.13
金额2:	140.96	正常工作工资:	1593	有薪假工资:	0
表现奖:	50	工种津贴:	0	晚班津贴:	0
普通加班时间:	47.5	普通加班费:	675.5	假日出勤时间:	42
假日出勤工资:	796.74	法定日出勤时间:	0	法定日出勤工资:	0
超产奖:	205	服务津贴:	70	其它:	0
补薪:	0	扣薪:	0	应发工资:	3390.29
养老:	0	失业:	0	医疗:	0
税前工资:	3390.29	税金:	0	住宿费:	0
医疗基金:	3	借支:	0	厂章工衣:	0
扣款:	0	退款:	0	实发工资:	3387

菊兰 2013 年 9 月工资单

1968年出生的阿慧

人生的一场场苦恋

旧水坑

五年以前（2010年12月），我第一次去广州的旧水坑，那是一个工业区，当时聚集了来自全国各地的十多万名打工者，主要是女工。我们当时想找一个合适的地点建一个为女工提供服务的活动中心。中午吃饭的时候，大食堂里拥挤不堪，工友们穿着各色的工服，匆匆用餐。餐厅的墙上贴着巨幅广告，一面墙上是：电脑和英语培训；另一面墙上是：无痛人流。

2014年6月的一个晚上，我去旧水坑的工友聚居区找阿慧，她8点下夜班，我8点一刻到了旧水坑车站等她来接我。短短几年的时间，聚集在旧水坑的打工人数已经由十万多人降到不到五万人。工业区由无数个厂房组成，它运转的时候是没有人性的劳动力集中营，它破产的时候留下的是资本风暴席卷后的沙漠。看到阿慧远远走过来，我眼前一亮，应该是刚淋浴出来，长发清香湿润地披落下来，穿着弹性紧身的连衣裙，凸显出她丰满而壮实的身材。我差点儿认不出她了，上次（2013年12月）在女工活动中心见到她的时候，她和其他女工都穿着蓝色的工服。

广州番禺旧水坑,女工午餐的场景之一 2010年12月

广州番禺旧水坑,女工午餐的场景之二 2010年12月

阿　慧

阿慧在位于旧水坑工业区的 S 电子厂打工，S 厂员工最多的时候曾经达到 1 万人的规模，后来（2014 年 6 月）有 6000 多名员工。阿慧是 2005 年进厂的，那个时候她 37 岁，超过了入厂年龄要求，厂方要求年龄低于 30 岁，阿慧是借了妹妹的身份证才进厂的。

跟随阿慧去她的出租屋，七拐八拐的，踩着脏水走在破旧的小巷里，一只老鼠不紧不慢地从一个洞口钻出来，窜进下水道；墙角，几只蟑螂爬了出来，个头很大，可以看到它们左右摆动的触角。上了二楼，进了她的房间。一张双人床占据了大部分的空间，床上铺着凉席，清新整洁。我们两个面对面坐在床上，阿慧开始讲述她的故事，说了 4 个小时。

两个人的"单"相思

阿慧 1968 年出生在广西农村一个特别贫困的家庭里，因为交不起学费 10 岁才上学。阿慧考上了重点中学，上初中需要住校，因为没有米带到学校用来煮饭吃，经常饿得睡不着觉，后来弟弟妹妹也要上学，家里实在没钱，初一没有读完阿慧就辍学了。阿慧 1986 年开始外出打工，28 岁结婚，而且那之前没有交往过男朋友。阿慧从上小学开始，心里就装着一个人。

村里有一个男孩子叫阿盛（化名），对阿慧特别好，他们俩是同年同月出生，小学在同一个班里。阿慧家里孩子多，很穷，家务和农活也很多；阿盛有很多姐姐，都很宠他，他经常拿好吃的给阿慧，还经常帮她做事。阿慧考上了重点初中，阿盛没有考上，他们就没在一起读书了；后来阿慧辍学，然后外出打工，阿盛一直读到高中。

阿慧从懂事开始心里就一直装着阿盛,但是不知道阿盛的心里是不是也装着自己。每次从外面回到村子里时都很想看到他,等终于在路上遇到他时,又很害羞,把头低下匆匆走过去。阿盛也从来没有主动问过阿慧什么。

1994年,阿慧和阿盛都已经26岁了。一天,阿慧在厂里上班,一个老乡告诉她阿盛结婚了,而且娶的姑娘也叫阿慧,阿慧就趴在生产线上大哭,哭了半个多小时。当时的感觉无法形容,自己一直在等他,却不知道他是不是在等自己,知道他结婚了,就觉得以后嫁给谁都无所谓了,反正这辈子只喜欢阿盛一个人。

2005年,阿慧回家照顾生病的父亲。一天,她在地里砍玉米,隐约感觉到目光的注视,抬头一看,阿盛站在不远处望着自己。阿慧当时愣了,各种情绪在内心翻滚着,感觉自己是为了他而流浪了一辈子,是为了他嫁了一个一点儿都不爱的人,而且故意把自己嫁到那么远的一个地方,自己这一生都是因为他而改变了。那一刻,说不清是爱是恨,阿慧狠狠地瞪了他一眼,继续弯腰砍玉米,砍到自己浑身是汗,汗水和泪水模糊在一起。阿慧想起妈妈告诉过她,村里的年轻人中阿盛对妈妈最好,每当龙眼和荔枝成熟的时候就摘来给妈妈吃。每次妈妈告诉阿慧这些,阿慧就想,也许阿盛和自己是一样的,心里装着对方,但是因为不知道对方的心意,谁也不敢主动问对方。

不是 QQ 惹的祸

1996年,阿慧28岁的时候,和当时在餐厅一起工作的丈夫结婚了。阿慧跟丈夫回到他的老家,在四川非常偏远的山区里,出门就是坡,没有一块儿平地。阿慧原来设想的是,在丈夫老家的村里开个小卖铺,从此不再出去打工,来到这个人烟稀少的大山里,幻想破灭了。阿慧就一直哭，把婆婆吓坏了，对儿子说："你把人家从哪里整来的，快点送回去，不能做这种缺德事啊。"阿慧已经怀孕了，丈夫对她很好很好，那时候是冬天，不让阿慧洗衣服。阿慧来月经了，就去山上挖首乌回来煮鸡蛋给她吃，而且一定要看着阿慧吃下去才肯走开。丈夫在地里干活，不让阿慧干，阿慧就在一旁陪着他。路不平，坡很陡，下了雨地很滑，阿慧不习惯走山路，踽踽着，丈夫就扶着她。日子在各种辛苦中一天天过去，阿慧慢慢接受了丈夫，并且在一定程度上喜欢上了丈夫。生了两个女儿，一家四口回到阿慧的娘家，由阿慧的父母照顾孩子，夫妻两个人再次外出打工。

2004年11月，阿慧回老家，发现爸爸很瘦，去医院检查，爸爸已经是肺癌晚期了，就留在家里照顾爸爸，后来爸爸去世了，阿慧继续在家里照顾两个女儿。阿慧的丈夫开始还是很顾家的，一个月工资挣到1200元，寄回家1000元，后来就慢慢少了，减到一个月800元，最后少到不够家里的生活费了。逼得阿慧想要再出去打工，但是丈夫百般阻挠，劝阿慧留在家里照顾孩子们。

2006年，当阿慧来到丈夫打工的广州时，印证了别人和自己的怀疑，丈夫已经在外面有了其他女人。从那时候起，两个人虽然都在外打工，但是再没有像夫妻那样生活在一起。阿慧本来不会用手机上QQ的，她丈夫用过她的手机后，她发现上面有QQ，登录一看，看到了丈夫发给别人的信息。通过阅读丈夫和女友的交流，阿慧了解到，丈夫在2004年开始认识那个女人并且有了交往，后来，那个女人去深圳了，但是他们还有联系。丈夫不仅和那一个女人交往，还追求其他女孩子，对那些女孩子很好很好，说很体贴的话。后来，阿慧注册了自己的QQ号，加丈夫为好友假装和他交往，丈夫约阿慧出去玩，阿慧说想买衣服，丈夫说他要上班，而且他没有钱。2008年奥运会的时候，丈夫与一个女孩子约会一起看电视里的奥运比赛，原来丈夫早就在外面自己租了房子，并不是住在集体宿舍。2009年的一天，丈夫回到阿慧的住处，阿慧见丈夫回来，充满气愤，不想跟他一起睡觉，很晚了，阿慧说："我得出去。"丈夫说："这么晚了你去哪里？"阿慧说："我睡不着觉。"丈夫问："为什么？"同时，拿出酒来喝，阿慧没有喝过酒，而那一刻，她拿过来就把半瓶酒倒进肚子里。阿慧醉了，又哭又笑，一下子把这三年多的委屈通通说了出来："你的事情我早就知道了，我就是希望你亲口告诉我，我就是希望你能够自己回心转意。"丈夫慌了，又吃惊又害怕，对阿慧说："很对不起，我不知道你都知道了，给我个机会，我一定改。"丈夫真的想改，而且真的改了一段时间。他在阿慧住处附近找了一份工作，天天下班了就回来做饭，坚持了一年多。那段时间，阿慧丈夫的脾气很大，俩人经常吵架，也说不清楚为什么吵架。男人的心一旦涣散了也许就很难收回来了，而且他已经习惯了滥情所带来的刺激。最后，两个人又和以前一样，丈夫再次去了其他地方工作，一个月回来看阿慧一次。

　　阿慧产生了一种破罐子破摔的想法，丈夫可以找女人，自己为什么不可以找男人呐？阿慧的艳遇不少，一次"遇到"一个老头子，说给阿慧300块钱，让阿慧陪他睡觉，阿慧说："300块，好呀，我天天要，你天天给吗？"老头说不行，阿慧说："那就算了。"又一次，"遇到"一个当地人，是一个房主，出租着两栋楼，对阿慧说："我这里米啊面啊很多，拿给你吃吧！然后，你一个星期来找我一两次，我一个月给你一千多块钱用。"再后来，也是唯一的一次，阿慧接受了一个男人的追求，他是同一个产线上的女工友的丈夫。所有人都知道阿慧的丈夫不好，而那个女工友总当着阿慧的面夸奖自己的丈夫多好多好；当那个女工友的丈夫在QQ上约会阿慧的时候，阿慧特别开心，哈哈，原来男人都这样啊。在一种复杂的报复心理驱使下，阿慧接受了这个工友的丈夫，但是，这个尝试带给阿慧的是更大的伤害。

阿慧是普通的打工者，辛苦打工挣钱，但是阿慧非常清晰地对我说："我不想用男人的钱。"阿慧是一个有正常生理需要的女人，她对我说："很多时候，我也想男人，很想要男人，但是当那个男人（工友的丈夫）在楼下叫我的时候，我还是把门关上了。女人只是男人的公共厕所，急的时候要你，不急的时候就不要你了，我不想做男人的公共厕所。"

如何安顿自己的心

我和阿慧结识是因为她参与了S厂女工争取社保的维权活动。阿慧最开始并不是女工代表，她是广西人，说普通话很吃力，发音不太清楚。开始参与的时候，她很少说话。后来，第一轮女工代表都被厂里开除了；再后来，第二轮女工代表大都被分化了。而在这个过程中，阿慧得到了锻炼，思路越来越清晰，表达也越来越清晰。在一次去市工会交换意见时，阿慧大胆发言，让她自己和所有人都刮目相看。回忆当时的场景，阿慧对我说："我本来不敢发言，但是，我实在有一肚子的话想说，就想着，反正他们也看不起我们，反正他们水平也不高，我说就说了。当时我们女工代表说，工会应该替我们工人说话。工会来的人说：'外国的工会和中国的工会不一样。外国的工会是工人给的钱，中国的工会是企业给工会的钱。'我说：'那就是说，工人给钱就帮工人说话，企业给钱就帮厂方说话？'"

阿慧2005年进厂，工厂一直没有给买社保，现在如果补缴社保，到她50岁退休的时候（2018年），就有13年社保，到退休的时候可以一次性补齐。从2013年开始，阿慧和女工们开始争取这个事情，选出16名女工代表，里面有二十多岁的，有三十多岁的，最后都被分化了。阿慧言语中没有责怪那些年轻的女工代表，阿慧认为，她们毕竟年轻,现在不补缴以后也可以干够15年;只不过,阿慧自己再不年轻了,没有退路。

我问阿慧,如何安顿自己的心?阿慧说:"反正,如果没有遇到一个真心对我好的男人,就不值得去付出。我宁愿用其他东西让自己忘掉这一切,我宁可让自己忙起来,去争取社保、买六合彩。"

1970年出生的赵姐

简单　平淡

2015年2月9日，我在长春访谈了一位下岗的国企女工赵姐。访谈过程中，我问话的长度大都比她回答的长度要长。这个故事是所有故事中内容最少的。把这个如此简单、平淡的故事写出来，从中可以看到，让赵姐拥有平淡和悠闲一生的原因是：她出生在城市、工作在国企、丈夫作为军官可以保障家人的生活。生而不平等和制度不平等共同供养了赵姐淡泊的人生态度。

轻　松

赵姐1970年出生在长春市，1986年初中毕业，毕业以后在家闲待着，待了两年。

18岁开始上班，在长春一家机械厂，是家规模较小的国企，有员工一百多人。赵姐的岗位是刨工，刨电轮的。工人两班倒，上午班从8点到12点，下午班从1点到5点，一天工作4小时。

赵姐已经记不得当时工资具体一个月多少钱，她的印象是一个月80多元。那个时候已经开始计件，但是大家工资都差不多。赵姐的师傅比赵姐的工资大概多十几元。当时厂里最高学历是技校毕业，无论学历高低工资也都一样。厂里男工多、女工少。男工干的活儿比女工重，但是男女工资都差不多。那时候领导对工人都挺和气的，跟工人打成一片，不会找工人什么麻烦。普通工人除了上班工作不会参加其他厂里管理方面的事务，赵姐也不记得厂里组织集体学习或者其他集体活动。当时单位有幼儿园，不用交钱。

赵姐那时候岁数小，年纪轻，感觉上班就像玩一样，觉得活儿也不累，感觉也挺好的。就这样上班四年，直到1992年。

过日子

1992年，经人介绍，赵姐认识了一位军人，他从军校毕业后留校做教务工作。两人见面后彼此都很满意，就结婚了。很快，赵姐怀孕了。一怀孕，赵姐就请了病假，没有再上班，因为工作岗位噪音很大，担心对孩子产生影响。按照赵姐模糊的记忆，当时请病假也发工资，但是具体发多少就不记得了。

1993年，儿子出生，赵姐休产假。当时可以休产假一年半，印象中也是开工资的，但是开多少赵姐也不记得了。产假休完，自己带孩子，也没有上班，就像停薪留职一样。丈夫在连队带兵，很多时候在连队值班不能回家。孩子上幼儿园和上学期间，赵姐一直接送和照顾。早上8点钟之前送去，下午4点20接回来。孩子放学在家里的时候赵姐悉心照顾和陪伴。

后来单位就慢慢解体了，到2000年，赵姐正式下岗，单位给了两年的失业金。没有解体之前单位好像给交了社保，现在赵姐的关系转到她丈夫的单位了，因为够随军的条件，部队里可以接续。

2012年，赵姐的儿子考上了吉林大学，学习的是自动化专业。

打　工

儿子上大学了，赵姐完成了人生最大的任务，孩子不再需要赵姐每天在家守候照顾了。

赵姐开始在家附近的一所幼儿园打工，当保育员。这所幼儿园有大概一百个小朋友，幼师、保育员、厨师等工作人员有大概三十名。一共有六个班，一个班配三个人，两个幼师一个保育员。一个孩子每月收费 3500 块钱，孩子家庭条件都比较好。

赵姐月工资 1800 元，每天早上 7 点 20 上班，下午 5 点下班。

平淡的一生，淡泊的心态

吕途："如果回顾自己过去到现在这几十年，你对你的人生满意吗？"

赵姐："挺平淡的。"

吕途："那有什么挺开心的事情没有？"

赵姐："孩子上学呗。初中升高中，高中上大学。"

吕途："你一直为孩子付出，没有上班，觉得遗憾吗？"

赵姐："没有。把我儿子伺候出来了我觉得挺好的，不上班就不上班呗。我不需要他给我回报什么，只要他自己生活过得好就可以了。当母亲的都这样啊。"

吕途："对比过去和现在，你觉得社会越来越好了呢，还是相反？"

赵姐："越来越好了。"

1971年出生的阿英

一条项链一个月的工资

2014年9月24日到28日，我在广州的U城访谈清洁工人，访谈了六位女工，由于录音故障，现在只能整理出四位女工的故事，分别是：

"1971年出生的阿龙：因为我们是正确的"

"1971年出生的阿英：一条项链一个月的工资"

"1979年出生的阿芬：美丽的烦恼"

"1981年出生的阿坚：祸福相倚"

在U城的几天时间，大多数情况下都是阿英骑着电动车载着我，或者去吃中午饭，或者去找人访谈。坐她的车比较踏实，因为阿英比较高大壮实，我的个子比较大，如果身材娇小的人载着我，我很怕失去平衡把别人的车给弄翻了。阿英是一位热情的人，善于表达。她梳着波浪短发，圆圆的可爱的脸庞因为风吹日晒而染上健康的颜色，没有明显的皱纹，肌肤很健康饱满。挺拔高挑的个子，身材圆润，行动如风。

阿英载着我路过闹市的时候，经常遇到熟人打招呼。大家都对阿英载着的人感到好奇。阿英用当地话和大家解释，对方立刻用非常热情的表情看着我，我只是笑着，啥也听不懂。然后阿英告诉我："我告诉他们，你就是那个送给我们大桃子的来自北京的好人。"事情是这样的，2014年8月份的时候，U城环卫工争取权益的事情引起了全国的关注，

阿英用电动车载着我穿越广州U城　2014年9月26日

我们为了表示对女工们的敬佩快递了我们自产的北京平谷的同心桃，二百多人一人一个，所以大家印象深刻，立刻对我产生了好感。

吃过午饭阿英带我去她家午休。阿英的家是个两层的新楼房，装修很漂亮，家具很漂亮，收拾得很干净，热水、卫生间设备很现代化很方便，是很好的生活。我们回去的时候还遇到了来询问租房子的人，原来阿英家有空余的房子出租，不过阿英没有资格接待，由阿英的婆婆掌管。

2014年9月27日下午，几个女工带着我去广州市中心参加一个社会活动。阿英开着小轿车来接我，到了地铁口，阿英熟练地把车停好。我每天和女工们都是在工作时间相见，她们都穿着绿色的工装；而这一天，大家都穿着漂亮的便装，阿英穿着漂亮的裙子，提着精致的挎包，开着私家车，是道亮丽的风景。

记忆中的童年很苦很苦

阿英1971年出生在广西梧州的农村。兄弟姊妹五个，两个哥哥，两个姐姐，她是最小的。从小到大，阿英都觉得自己很苦。小时候放牛，牛一般自己在山上跑，到时候自己回家；那一天，牛没有回家，阿英去找牛，找了很多地方都找不到；爸爸对阿英说："你自己去找，找不到不要回来吃饭。"阿英就一直找、一直哭，脚上走得都是血。阿英从小就得干活，因为爸爸说："不干活不给饭吃。"阿英身体不舒服的时候也不能休息，爸爸还是那句话："头痛也得干活，不干活不可以吃饭。"阿英搞不懂为何爸爸对自己这样，爸爸对姐姐就很好，姐姐身体不舒服的时候还让阿英去照顾，给姐姐煮东西吃。爸爸对哥哥也不好，爸爸只对大姐和二姐好，给她们钱用。妈妈对每个孩子都是一样的，但是家里妈妈不管事，没有权力，爸爸说怎么样就怎么样。

阿英读到小学三年级就不读了，是她自己放弃的。那个时候一边上学一边干活：种田、放牛、上山搞柴卖，实在读不进去了。很怕上学，一动脑筋就头痛，倒是不怕干活吃苦，什么活都干，12岁就可以搬120斤重的东西。阿英和姐姐们上学的学费都是她们自己上山搞柴火卖了挣的钱，一斤柴可以卖2块钱，一学期的学费5块钱。阿英现在倒是很想读书，但是已经回不去那个时候了。大姐和二姐也都只读了小学。大哥读到初中。

不上学了以后，阿英继续干各种活，而且每天砍柴、担柴、晒柴、卖柴。早上6点就出门了，走路走几个小时，担柴到中午12点钟回来，然后下午再去。10多块钱、20块钱地挣，自己赚钱自己用。

阿英的父母在去年（2013年）先后去世了，相差两天。去世的时候妈妈76岁、爸爸78岁。他们在世的时候，妈妈跟阿英的小哥哥住，爸爸跟大哥哥住。阿英的哥哥姐姐们都在老家生活。按照阿英的说法，她们家乡就是这样的风俗，大的孩子跟爸爸，小的孩子跟妈妈，老两口不在一起住。记得一次阿英的爸爸中风了，阿英知道以后每个月寄300块钱给爸爸。在爸爸的脑海中好像并不知晓阿英所受的苦，阿英自己也无从说起，也没有怪过父母，但是，一提起自己的爸妈，阿英就落泪，觉得自己以前很可怜的，就想：自己为什么命这么苦？

无所不能

1986年，阿英15岁，开始外出打工了。

第一次去的是广州方川，做磁片，计件，一个月工资100多元，有时候还挣不到100元，刚刚够吃饭，有的时候饭都没得吃。那个时候两三块钱吃一餐，早餐五毛钱就够了。在那里阿英认识了一个好朋友阿云，阿云是方川本地人，在读初中，对阿英很好，两个人像姐妹一样，干什么都一起去，一起去逛街、一起去买东西。阿云的妈妈对阿英也很好，像对待自己的女儿一样，厂里没有饭的时候阿英就去阿云家吃饭。阿云家种甘蔗，阿英经常帮他们干地里的活儿。后来，阿云结婚还请了阿英去参加，彼此保持来往一直到现在。阿英在磁片厂干了四年。

然后，阿英在一家五金厂做了两个月。

1990年，阿英在一家理发店工作，做了一年多。阿英的工作是洗头。在这家理发店，阿英认识了她丈夫，阿强（化名）。阿强当时来给店里装有线电视，然后留下来一起吃饭，就这样认识了。两个人觉得彼此合得来，就交往了，也没有一见钟情，就是彼此喜欢吧。

1995年，阿英花钱租了一块空地，租了十年，自己花钱盖了一个小平房，开了一间小卖部。但是生意不是很好，就不做了，租给别人做，一个月收入500块房租，一个月还要支出300元地租。

1995年下半年，去做大排档，做了有半年左右。实在做不下去了，太累了，亏了1万多，就转租出去了。租给一个台湾老板，老板请阿英帮忙一起干，阿英做了一年，一个月工资2000块钱，包吃住。台湾老板做了一年多亏了30多万。主要亏在装修店面了，花了几十万装修店面，这个钱挣不回来啊。这位台湾老板很有意思，60多岁了，在广州这里亏了又去深圳开西餐厅，认识了一个30岁的广西女孩子，认她做干女儿，然后假结婚带她去台湾；去了台湾后，广西女孩说，为啥要假结婚，就真结婚吧，后来两个人还生了一个女儿。阿英说，那个台湾老头人很好，对每个员工都很好，有的时候他还亲自做汤给员工吃。

1997年，阿英和一个伙伴一起开了水果摊，在马路边上卖。每天早上8点开车去拿货，拿货回来就下午2点多了，再去卖，到晚上11点半收摊，回家睡觉的时候都后半夜1点多了，每天如此。伙伴说太累了，受不了，不做了。阿英又自己坚持了一段时间，后来也不做了。还是去打工吧。

1999年，阿英在"奶茶咕噜咕噜"里做了五个月，然后在一个面包店里做收银，做了两年多。

2002年开始在餐厅洗碗，一直做了十年，到2012年。

生生死死

阿英1990年认识了丈夫以后，就搬到丈夫住的地方来了。那个时候没有外出工作，而是在家里绣花，从外面拿活，在家里做。最多的时候一个月可以挣2000多元钱。

1991年，阿英和丈夫结婚。1993年生了女儿。

1995年，阿英又怀孕了，因为和第一个孩子间隔不够四年，违反计划生育要被罚款，那个时候要罚款1万多元。丈夫给阿英200块钱让她去做流产，给了两次阿英都没有去做。阿英用这个钱做路费回到了老家广西，阿英的想法是，如果生下来是女儿，就把孩子留在广西，这样回到婆家就没人知道也不会被罚款。在广西待到怀

阿英在伙伴们的祝福下结婚　1991年

孕八个月的时候,阿英去医院做B超,问医生是男是女,医生说:"无论男女都是你的孩子。"只好去问接生婆,接生婆非常肯定地告诉阿英,她怀的是儿子。既然是儿子,就要回婆家,阿英的妈妈给阿英准备了十只小母鸡带着。就这样,阿英一个人挺着大肚子,带着十只鸡,从广西出发,坐了一个多小时的汽车,又坐了三个多小时的船,回到广州。果然生了儿子,婆婆很高兴。

生孩子、照顾孩子、送孩子上学、煮饭,阿英很忙。到了晚上,吃过饭收拾好厨房,阿英就开始在灯下绣花,一直绣到半夜12点多。直到1998年前后,阿英才没有再绣花了。阿英虽然有丈夫、有婆婆,但是,感觉上完全是一个人把两个孩子拉扯大的。

阿英说:"十个男人里有九个不好,都会去找女人。而女人们晚上沉迷于打牌,就不用想自己的男人回不回家了。"阿英嘴里虽然这样说，但是一提到她丈夫总是赞不绝口："他是一个非常热心的人，爱帮忙，谁的忙都帮，什么活都会干。谁家电视坏了他去帮忙修，谁家电路坏了他去帮忙修，就是爱帮忙。当初我老公还去参与拆迁赔偿的上访，总被抓。他们先绕道去湖南，再绕道去北京，不敢住旅馆，住在地下室，我老公去了几次，都是自己出钱啊。他就是这样一个人。"阿英张口闭口说自己的丈夫，我自然要问他丈夫现在做什么，这时才知道，阿英的丈夫两个月前因肝癌去世了，才42岁。

吕途："昨天晚上我们聊天的时候我不知道你老公已经去世了，回忆你们两个人过的这一辈子，你觉得幸福多，还是痛苦多？"

阿英："结婚以前老公对我很好很好，结婚以后就不好了。什么都要自己干，孩子要自己管，很烦很烦。女人生了孩子需要单独睡一百天，女人没有问题，男人就不行了。男人出去干活一年又一年，女人独自守候就可以，男人就不可以。后来我老公生病了，他对我说，都二十多年了，他还能回忆起来刚认识我的时候。他还说：'现在房子也建好了，孩子也大了，自己有好日子过了，但是这样的问题却出来了。'我就对他说：'不要想那个，反正过去的就过去了。'"

一切都有了着落

阿英是外地来的媳妇，有当地户口，阿英从2005年开始拿分红，一个月950元。村子里也给村民们买了社保。阿英所在的村子，只要有户口的，人人有份。村与村不一样，有的村的分红是200元或者500元；也有不幸运的，有的拆迁户不想搬到更远的地方，在当地搭棚子住，被警察驱赶，把棚子拆掉，生了孩子也无法上户口，去上访还被抓，就什么都没有。

阿英家的二层楼房是去年（2013年）盖好入住的，在新房里过的年。2013年11月15日阿英的丈夫做手术，做手术的时候房子还在装修。建这个房子花了50多万，阿英老公在世的时候还管他妹妹借了一些钱，也借了贷款。拿房产证回来的那一天还是阿英老公签的字，也就在那一天，他去世了。房产证上是阿英公公婆婆的名字，没有阿英的份儿。阿英老公的生命保险赔偿有10万元，受益人不是阿英。阿英的老公把车子留给了阿英。

丈夫去世了，丈夫的那份分红归阿英，一个月1900元，再加上她自己那份和两个孩子的两份，阿英一个月可以有4000多元的分红。阿英做保洁工一个月工资有2000多元。每个月的总收入还是不错的。

不知道为什么

去年不再去餐厅洗碗之后，阿英做了保洁工，到2014年9月份，刚够一年。做保洁工是一份辛苦的工作，但是阿英辛苦惯了，身体也好，所以不觉得累。就是太晒了。

刚做了一年，碰到维权的事，阿英被选上做代表。U城二百多环卫工分5组管理，维权的时候每个组选3个代表出来。最后有18个代表，5个谈判代表。阿英不是谈判代表，是管财务的。阿英不想做，但是，既然选了她，不做也得做。阿英的看法是："做什么样都有人说，做得好有人说，做得不好也有人说。不想做。"

吕途："维权过程中也有比较紧张的时候，你有没有怕呢？"

阿英："不怕。"

吕途："为什么不怕？"

阿英："以自己的良心去做，也不做得太过分。不应该去拿的，不要强求去拿。自己应该得的钱就不怕。你对我好，我也会对你好，我自己是这样想的。"

吕途："说说你都管了多少钱啊？"

阿英:"二百多人每人收100元,后面差不多用完了,又每人收了100元。不过,最多的一个人捐了500元。我尽心尽力做事,还是被人骂了。我有时候都奇怪,我为什么那么努力地去做这个代表?为什么参加这个活动?我自己有的时候都不知道为什么。"

9月26日晚上,我住在阿芬家,晚上8点多了,我正在和阿芬聊天,阿英来了。这一天是阿英的休息日,阿英进城了,她开着她的私家车去广州番禺购物。阿芬问她买了什么,阿英站起来转了一个圈,新裙子,花了1000多元;又伸出圆润的胳膊,一条三金的手链。阿芬和阿英用当地话对话,我听不懂,但是我猜出阿芬开玩笑问:"是否是真金?"阿英从挎包里拿出来周大福家的发票,我一看,2750元。

1971年出生的阿龙

因为我们是正确的

9月24日那天,我坐地铁从市中心来到U城,因为听说U城当天所有环卫工人有一个聚会,我想访谈几位女工,觉得这是个很好的机会和大家认识,可以直接约会访谈对象。到了地铁站,两位穿着环卫工人工作服的女工开着电动车等着我们。然后载着我们穿行在U城美丽的街道和树影中间。把我们留在一个阴凉的地方以后,她们去和单位领导讨论协议的事情去了。等她们谈完了,我们继续在街道和树影中穿梭,最后停在一片竹林里,虽然是炎热的季节,但竹林映照着水塘,那么清新凉爽。我正在环顾欣赏美景,四面八方如同小蜜蜂一样一下开来很多电动车,骑车人都穿着清洁工的工作服,绿色的,和竹林辉映着。也就是不到十分钟的时间,上百名工友就聚集起来了,我都有点儿反应不过来。我心里充满喜悦,原来这个美丽的世界也属于环卫工人,以这样的一种形式属于他们。原来,刚才和领导谈话的工人代表要向大家汇报一下讨论的结果。

等大家的正事办完了,我和女工代表询问可否进行访谈,然后我们约定了第二天我可以过来的时间。

找到可以访谈阿龙的时间并不容易,阿龙做三份工作,一份是清洁工,上午下午都要上班,第二份是洗碗工,午休和晚上去给餐厅洗碗,同时,她和丈夫住在公厕负责打扫厕所,这样既多了份收入,也省了房租。9月27日下午,女工代表们请假外出参加社会活动,阿龙和我也都参加了,我借这个机会才有时间访谈阿龙。

阿龙是一个非常干练的人。黝黑宽阔的脸庞,结实而适中的身材,梳着马尾辫,缕缕白发夹杂在黑发中间,深深的皱纹更突显了她坚毅、严肃的神情。她不说废话,逻辑非常清晰。

在诸多不幸中长大

阿龙 1971 年出生在湖南娄底的农村。有两个姐姐、一个妹妹和一个弟弟。两个姐姐得了小儿麻痹症,先后去世。弟弟在 7 岁的时候被狗咬了,得了狂犬病,也去世了。只有妹妹还活着,在湖南老家生活。

阿龙的爸妈也早就去世了。爸爸是在阿龙五岁的时候得脑出血去世的,妈妈是后来自己想不开,自杀走的。

不幸中有万幸。阿龙的爷爷、奶奶和叔叔一直抚养着苦命的阿龙和她的妹妹,供她们读书,后来还帮助她们结婚成家。

不畏辛劳　终有收获

1989 年,在叔叔的操持下,阿龙认识了丈夫。阿龙的叔叔是村长,阿龙丈夫的爸爸是村书记,在村长和书记的安排下,阿龙和丈夫相亲认识了。两个人交往了三年,1991 年结婚了。阿龙的丈夫和婆家对她非常好。阿龙自幼失去亲生父母,公婆对她像对待亲生女儿一样,阿龙对公公婆婆也像对待亲爸妈一样。1992 年生了女儿,为了不违反计划生育政策,到 2003 年才生了儿子。

1999 年,阿龙和丈夫在老家建了房子,花了八九万,欠了好几万块钱的债务,在村子里很难挣到钱,养孩子也需要花钱。万般无奈,阿龙和丈夫双双来到广州 U 城做环卫工,孩子们成了留守儿童。来这里是因为当时已经有湖南老乡在做环卫工，说这里的工资还是有保障的。

让阿龙夫妻欣慰的是，女儿考上了大学，西安工业大学，现在都快大学毕业了。

U 城清洁工争取权益

2014 年 4 月，负责 U 城物业管理的某物业公司在竞标过程中出局，9 月将把物业管理移交给新的物业公司。但是，公司没有把这一情况告知负责 U 城环卫的两百多名工人，而是与他们签订了一份为期四个月的劳动合同，合同中将工作地点由原来的 U 城改为番禺、广州，或空白。8 月初，环卫工人知道了这个情况，产生了躁动，开始争取权益。维权的关键过程发生在 8 月 21 日到 9 月 11 日这二十多天的时间里。

8 月 21 日，两百多名环卫工在 U 城商业中心拉出横幅："日晒雨淋九年合同终止，不承认工龄，请政府帮帮我们。"

8 月 22 日，向物业公司、街道办、劳动部门提交《U 城环卫工诉求书》，希望得到下面四个方面的权益保护：

1. 去向问题。这个是环卫工人关心的首要问题，220 名环卫工人中，180 多名是本地人，家住在 U 城，新的物业公司如果把他们分配到其他地方工作，大家就可能因为无法照顾到家庭而被迫辞工，进而失业、失去社会保障。

2. 合同问题。之前与公司签订的合同工作地点五花八门，包括广东、广州、番禺等，没有具体的工作地点，工人们希望在合同里明确具体工作地点，同时，对 2010 年以来未签订"无固定期限合同"依法进行补偿。

3. 对不符合合同规定的工作量进行经济补偿。自 2010 年亚运会以来，环卫工数量不断减少，清扫面积不断增加，工人实际的劳动量增加了两到三倍，要求公司对2010年以来的超负荷工作给予补偿，每月至少补偿120元。

4. 工作内容和待遇。大多数环卫工从事环卫工作长达十年之久，大家希望继续就地从事环卫工作，并提高环卫工的待遇。

如此无助

阿龙夫妻2004年刚来U城做环卫工的时候，一个月工资690元，后来慢慢涨到810元，现在是1300元。工资太低了。2010年，在阿龙出租屋附近，建了公厕，需要有人搞卫生，阿龙就住了进去，每天清扫公厕卫生，也不用花钱租房子住了。

阿龙她们得知就职的物业公司没有中标以后，很焦急，去公司里询问，公司回答说，"不知道"；去街道，街道不理。没办法，9月1日阿龙她们去咨询家乡一位做律师的亲戚，亲戚说："请律师的时候要小心，你们职工斗不过企业，企业一旦知道你们请了哪位律师，就会去买通那位律师。所以，一切要秘密进行。"后来实在没有办法了，阿龙她们只好用静坐的方式表达诉求了，目的没有别的，就是希望公司能够给她们一个出路和解决办法。

环卫工与大学生

阿龙她们在黑暗中摸索，四处打听，发现了一份关于环卫工人的调研报告，用数据和实例描述了环卫工人的辛苦工作和微薄报酬，是中山大学一位大学生牵头写的，可是阿龙她们一开始找不到这位学生的姓名，也联系不上。后来终于联系上了，阿龙她们才觉得像有了依靠一样的踏实。

环卫工们选择大学生们开学的日子进行静坐，环卫工们相信学子们会关注和帮助无助的工人。虽然很多学生无动于衷地走过，但是，环卫工的遭遇还是牵动了一些大学生的心。胆子大的公开支持，胆子小的暗地里支持。环卫工人们得到了很多大学生的帮助，尤其是文字方面。同时，媒体和研究人员也开始关注环卫工们的合法权益。

当我们讨论到环卫工和大学生的互动时，阿龙说了这样一段话："我个人的想法是这样，我们本身要团结，团结就是力量。但是我们的团结如果没有外来人的支持，就没有现在这个结果。我们自己有一分热、发一分光，能做什么尽力地去做，别人遇到麻烦我们也应该尽量去帮助别人；当我们得到过帮助以后，就更知道要去努力帮助别人。"

阿龙继续说："你问我有什么体会，我想说的是，我们是正确的，我们有充分的证据，天下也不会一片黑的，不过我也真没有想到会有这么多好心人支持我们。"

本地人与外地人

9月9日下午，经过15天的各种努力和争取，新的物业公司同意了环卫工人的基本诉求，但是公司提出，不可以对外公布协议条款，如果公布，协议失效。

大家为这个消息而欣喜。但是，9月10日，当环卫工人们满心欢喜地前往新公司签约的时候，被告知：本地工人，男60岁和女50岁以下的，可以与新公司立即签约，下午就可以开工；而外地工人则要等候进一步通知。

220多名环卫工中有近40人来自外地，主要来自湖南和广西。18位起关键作用的工人代表中6人来自外地，而这6人又在整个过程中起到了决定性的作用。大家一致认为，这是公司对"刺头"的报复。

这个时候，几个当地人准备签约。如果大部分当地人和新公司签了约，外地人将面临失去工作的危险。几个勇敢的当地人立刻站了出来，呵斥那些想要签约的人，说："不要背信弃义，如果有工作就都要有工作，不分本地外地。"经过力争，终于所有人都如愿签约了。

回顾一个个惊心动魄的环节，阿龙对我说："我开始是工人代表，公司到家里找了我们几个代表，希望私了，说要多少钱让我们自己说，我们不同意私了。首先，我想在这里尽量把社保拿完，只差六年了，如果为了贪图眼前利益，把社保丢了，不行；第二，我们现在争取的是大家的利益，人家帮我们，我们也帮人家，团结就是力量，大家都是一家人。"

说到有的本地人不顾外地人利益想要签协议，阿龙说："各种情况都有了，有的受家庭条件的影响，有的是要退休了，怕公司不要他们，有的是新来的工龄短，跟着我们也没有多少补偿，但是，我看到，更多的是那些拼命要保护我们外地人的人，他们死活都不肯丢下我们。我们很感动，世界上好心人还是很多的，不通过这样的事情是不会了解人家的心的。"

吕途："当地人都告诉我，这次争取权益，如果没有你们外地人肯定成不了。这是为什么？"

阿龙："很多当地人已经被征服了，在心理上有很大的压力。这里征地拆迁已经近十年了，很多积累的问题都没有得到解决，都压着。本地人有本地人的身份，身家都在这里，又在本地工作和养老。我们不同，反正是打工，哪里都可以做，我们要争取的是我们应得的，我们又没有违法。"

1972年出生的丽英

一辈子做了这一件重要的事情

2014年10月3日上午,去丽英家访谈和蹭饭。丽英是广州S厂的女工,像丽英这样的女工,S厂有6000多位,再普通不过了。但是,作为丽英这个个体,没有人可以替代她的经历和体会。丽英住在广州番禺大龙街茶东。我打摩的到了丽英家附近的小广场,然后丽英从家里出来接我。穿过狭窄的几乎只容一个人穿行的巷子,我们来到丽英住的出租屋。一路走来,石板路面是干净的。到了丽英家,我们两个边择菜边聊天。这个时候,从邻居家传来戏曲广播,很大的声音,我

丽英家出租屋外干净的小巷

们两个说话都得提高嗓门。丽英说:"这是邻居家一位当地人,一位老太太。我们租当地人的房子,房东都不住在这里,少数住这里的房东都是老人家。外地人可不敢把收音机放这么大的声音。"

疾病加贫困:痛失两位亲人

丽英于 1972 年出生在四川广元的农村。1989 年,丽英初中毕业。当时丽英的爸爸在供销社工作,正好赶上供销社内招,这样,丽英初中一毕业就去供销社上班了。

丽英有一个弟弟、一个妹妹。丽英的妈妈在 2000 年 8 月去世,妈妈从生病到去世,丽英的爸爸一直没有告诉丽英真实的病情,等妈妈去世以后,丽英才被告知,妈妈得的是皮肤癌。给妈妈看病花了七八万,丽英那段时间每个月开了工资之后只留下生活费,剩下的就全部寄回家给妈妈看病,到妈妈去世的时候,丽英还欠着 2 万元的债务。

第二年,2001 年的正月,弟弟又去世了。2000 年 8 月之前,丽英的弟弟一直在电子厂打工,妈妈去世之后,丽英的弟弟回去照顾孤单的父亲。到了腊月,弟弟开始有感冒的症状,在附近的小医院没有看好,就去了一家大一些的医院,一检查就说很严重,必须换肾。换一个肾当时说要 20 万,医生还说,换了肾以后有几种可能性,或者身体好转,或者失去劳动能力,或者成为植物人。家里那么穷,为妈妈的病欠下的债还没有还清,丽英的爸爸就说:"放弃了吧!"从医院出来没到半个月,丽英的弟弟就走了。

在老家的日子

从 1989 年起丽英在供销社工作,开始的时候一个月 70 块钱。

因为是一份正式工作,就一直坚持干着。那个时候消费低,一个月只花20块钱,还可以存下50块钱。

1993年,丽英结婚。1994年生了儿子。她只有这一个小孩。

1995年的时候,供销社搞承包,那个时候时兴承包,丽英承包了供销社,每个月上交2000元。做了两年,竞争太激烈了,没有货,也没有周转资金,一个月也就能挣到500多元,干到1997年她就不干了。

初到广州S厂

丽英的老公1999年4月到广州,丽英2000年5月也过来了。2002年进了S厂。丽英对初到S厂的情况记忆犹新,那个时候天天上班、天天加班,每天除了睡觉就是上班。一个月只休息一天,开始的时候能挣到900元就不错了。不过那个时候消费也低,吃一顿饭才花五毛钱、一块钱。

刚进厂那阵子,车间里边的管理比现在松散多了。上班的时候大家嘻嘻哈哈的,可以聊天,也没有人催着赶任务,你做了多少就是多少。不像现在,上班说句话都不行。

被关到办公室里

2012年前后,广州的打工者逐渐知道了关于社保可以补缴的事情。打工之初,大家都没有想到会一天天、一年年积累下来,一下子就在异地他乡打工十多年甚至二十年。等积累到了这个年数,才萌生了相应的意识,一种非常朴素的要得到应得待遇的意识。对于丽英这样年龄的工友来说,补缴了社保就意味着以后的生活有了基本的保障,没有社保就意味着老无所养。所以,丽英她们争取社保的积极性和主动性是很大的。2013年7月，几个积极分子写了一个补缴养老保险的说明，愿意参与补缴的就签字盖章，女工们彼此通知。

9月的一天，十多名争取社保补缴的积极分子约好了8点半在厂长办公室旁边集合，好一起去找厂长。女工们走到有管理人员守护的打卡机器旁边的时候，被发现了，管理人员发现这些聚集在一起的女工不是这个部门的，就询问她们要去干吗，丽英她们说，去问一下厂长怎么补缴养老保险。这样一个回答，让管理人员慌张了，和保安一起把女工们全部拽到会议室，把门反锁了，不准出来，也不准其他人进去。估计管理者从来没有遇到过员工任何主动的行为，慌了手脚，也不知道该怎么做了。这个时候，还没有到8点半，陆续赶来的其他女工发现伙伴们被关起来了，也慌了，就造成了各种误会。被关起来的女工直接给厂长打电话，说："我们被软禁起来了！"厂长过了半个小时以后赶了过来，他五十多岁，平时对员工们很和蔼，这个时候就发火了，他说："你们这样子不信任我们。遇到事情我们应当像一家人聊天一样地去解决，你们这么做就无法解决了。"丽英她们说："知道厂里可以给大家补缴社保，我们希望有一个时间期限，一个星期或者两个星期之内拿出补缴办法。"双方僵持不下，丽英她们同意等一个月的时间，到时厂方拿出补缴方案。

但是，一等就等到了第二年，2014年1月15日，厂方的补缴方案下来了：从2002年以后开始补缴，分三年补完，第一年补两年，第二年补两年，到第三年把剩下的全部补完。女工们不满意，要求一次性补缴。双方僵持不下。

社保局的僵持

从4月到7月，女工们多次来到社保局请求帮助，都没有什么结果。2014年7月18日这一天,丽英等女工们再次来到社保局。女工们在那里耗了一天,什么结果也没有,还做了出格的行为,比如,把门堵住,不让工作人员出去吃饭。女工中有一位到2015年就满50岁了,如果从2002年开始补缴,她到退休的时候也不够15年,就没有资格领取退休金了,女工们希望社保局可以要求公司优先解决这位女工的问题,给她从入职之日起补缴社保,但是厂方不同意,社保局也站在厂方一边,有女工悲愤地说:"是不是跳楼才能获得赔偿?"这时办公室里有人不屑地说:"跳吧,跳了也赔不了多少,10万元都拿不到。"几个女工真的爬到那个栏杆上了,幸好窗户是全封闭的,没有出事,社保局的人还报了警。女工们说:"你们这样对待我们是不对的,如果你们监管得力事情就不会出现这个局面,如果是一家小厂你们监管不到位还可以解释,我们这么大一个厂,员工到过一万多人,大家都没有买保险,你们难道不知道吗?"最后,社保局的人还是被这一系列的行为触动了,到了晚上,社保局把厂里的人叫来了,厂长和管人事的管理人员都过去了。厂方决定给这些不安分的女工一点儿特殊的待遇:和其他人一样的地方是"分三年补齐";和其他人不同的是"如果离厂,就一次性补清"。并且要求丽英这些去社保局备案的二十多人签一个同意这个约定的协议。对于厂里其他六千多名员工,1月份公示的决定不变:从2002年开始补缴,三年补齐,中途离厂就不给补缴了。

提到备案,丽英她们受尽折磨。她们去稽查科申请备案的时候,工作人员说:"你们过了两年追诉期,不收!"后来用快递的方式把申请邮寄过去,他们就只好收了。然后给我们回复,写的是:"过了两年追诉期,自己去跟厂里协商。"

厂方和社保部门一直利用一个"两年追诉期"的法律条文,让女工们觉得:法律已经规定了,如果超过两年没有去追讨,那么就不可以再追讨了。让我们一起看看法律原文。2004年12月1日施行的《劳动保障监察条例》第二十条是这样写的:"违反劳动保障法律、法规或者规章的行为在 2 年内未被劳动保障行政部门发现,也未被举报、投诉的,劳动保障行政部门不再查处。"法律条文是严谨的,这里写的是"不再查处",并没有说"不可以追缴"。

说到法律、执法,再看看工友们每天的工作和生活,这中间到底是怎么回事,不说自明了。工友们无所依靠。

无奈之中签了协议

7 月 21 日,社保稽查科的工作人员来到 S 厂,希望给买社保未超过两年的员工补缴入职后的社保,但是,厂方阻挠了这个过程。在厂方的安排下,只允许那二十多个在社保局备案了的女工们和厂方签订上面那个协议:三年补齐 2002 年以后的社保,如果中途离厂将一次性补缴完成。

对于这个结果,丽英这些比较积极主动的女工们非常遗憾。丽英她们的第一目标是希望厂方给大家一次性补缴完成;如果第一目标无法实现,第二目标是希望所有员工都可以得到"中途离厂将一次性补缴完成"的承诺。而现在,她们不仅没有达成第一个目标,对于第二个目标也只有极少的女工得到。丽英觉得又内疚又无奈。当初丽英动员其他女工和她们一起去备案,但是绝大多数人都不愿意去,主要原因是怕出头以后受到报复,还有就是抱着一种侥幸的心理,觉得有其他人出头去解决问题,如果有结果,所有人都可以沾光。

据丽英观察,现在厂里的货都在往外移,还隐隐约约听到一个风声,好像最近这两年订单都会移走,到那时候这里就剩不了多少人了。如果那样,到时候没补齐社保的工人就补不齐了,走了就走了。正是基于这样的担心,丽英她们在 7 月 21 日那天希望厂方和所有员工都签那个协议,但是,厂方只肯和丽英她们这二十多个人签,不管其他人。丽英她们不忍心只顾自己签字,但是不签又担心这一年多的努力白费了。六千多人的心都是散的,丽英她们实在无能为力。当厂方人事经理说:"我们签协议现在是针对你们这几个人,不是针对全厂的,你们要签就签,不签就不签……"丽英签了,虽然在一定程度上获得了权益的保障,但是心中充满了挫败和遗憾。

被报复

去社保局备案的二十多位女工都在不同程度上受到厂方管理部门的报复,对性格比较暴烈的就报复得严重一些,对丽英这样比较温和的就报复得轻微一些。丽英以前在产线上做"拉头",相当于副拉长,也叫多能工,就是说,这个人可以做这个产线上的任何一个工位。丽英觉得做拉头挺累的,订单、表格、材料投入、生产日报、排加班等都由她一个人做。这些本来都应该由拉长做的,但是拉长让丽英做,丽英就必须做。现在,算是对丽英的一个报复,不让丽英做拉头了,丽英反而觉得轻松了,就做一个工位就行了。以前做拉头,稍微出一点什么事,组长就跑过来训斥一通。所以,丽英觉得这个报复不算作报复。不像菊兰和老赵,菊兰被不停地换岗,老赵被罚不许加班。

丽英在S厂打工这么多年,早就觉得上班很烦很烦。反正一上班就低着头在那里赶目标、赶目标,赶到下班就走人,就是那样。丽英说:"我们那个工作有什么乐趣?没有任何乐趣!天天上班就是拿着货在那里穿线,就是低着头在那里穿!"现在又遇到因为争取社保而受到报复,丽英就更觉得上班很烦了,很想一下子走掉算了,但是转念又一想,干吗要急着走啊,赖都赖了那么多年了,自己安慰自己吧。

好像做了人生中最重要的一件事

丽英她们 2012 年左右就听说社保可以到厂里补回来，当时不懂具体该怎么做，一个是不敢，还有就是自己什么都不懂。打工这么多年了，从来没有和外界接触，下班回来就是煮饭，看一下电视、玩一下手机，就睡觉了。放假了也就是出去买个菜就回来了。

以前丽英无论遇到什么事情，明明知道自己吃亏了，但是也就算了；即使过后知道别人忽悠你，但是忽悠了就忽悠了，也就算了。经过了这一年，丽英觉得自己懂了很多很多的东西，不要只看到自己眼前那么大一点天，而看不到其他的；要看得要远一点，要出去见一下世面啊，社会挺大的；遇到事情要大胆一些，敢于去问、敢于去找；不管怎样，只要去说了、去做了，多少都还是应该有收获的。丽英说："如果不是为了那个社保，我就晕头晕脑过一辈子啦，

丽英家住的出租屋

就过去了。这一年,很多波折,为了利益去争取,更重要的是获得了这个经历,觉得做了这辈子最重要的一件事。"

对以后的打算

这么多年了,一直住在出租屋里,丽英已经在这个房间里住了六年了。现在房租200元,电费很贵,一度1块5,家里什么都用电,煮饭、电视、冰箱,一个月电费至少150元。

以前经济比现在困难,2000年的时候,丽英给妈妈治病还欠了2万多元的债务。这些年一年年地攒钱,总算有了些积蓄。丽英的丈夫打两份工,一份是送报纸,另一份是送快递。每天早上,丽英的丈夫4点钟就起床了,去拿报纸、送报纸。等送完报纸,有时候9点多,有时候11点多,回来休息一会儿、吃个饭,再去送快递。

夫妻两人开始打算在农村老家盖房,后来改变了想法,打算在广元市买房。去年(2013年)听说每平方米4800元,后来又听说房价垮了,降到每平方米4200元。如果买,丽英他们打算买个97平方米的,因为他们只有一个儿子,买了也是为儿子。丽英的妹妹准备在成都买房,建议丽英也去成都买,所以,丽英他们还在犹豫。据说成都偏远地方的房价是每平方米4600元,市中心的房价肯定太高了,丽英不会考虑的。如果在成都买房,可能对儿子和孙子的将来有好处,毕竟发展的空间可能要好一点、大一点。

过几年退休了,丽英打算回老家。如果儿子结婚有了孩子,就给儿子带孩子,或者找一个适合老年人做的工作,她不喜欢闲着。

我和丽英聊天期间,丽英的儿子一直在电脑上玩游戏。我不好意思当着她儿子的面问他为何不出去工作。其实不问我也可以想象。他一直是留守儿童,上学期间就养成了玩电子游戏的习惯,现在来到广州，外出打工那么辛苦、钱又少。小伙子还是很有礼貌的，妈妈让他去买饮料他就去，让他摆桌椅板凳他就摆，让他去叫爸爸来吃饭他就去叫。对比一下丽英和她儿子，如果不去想办法改变，丽英儿子这一代是更迷茫的一代。当然了，事在人为，生活都在于人的创造。

1974年出生的辉兰

被宠爱的妻子

2014年10月2日、3日、4日,我访谈了六位女工。她们都在S厂打工,为了争取补缴社保而走到一起。10月1日这一天,我和这些积极争取补缴社保的十多个女工一起去郊游,大家玩得很开心,大多数女工都说,这是来广州这么多年第一次去广州周边游玩,有种终生难忘的感觉。结束了一天的郊游,在回城的大巴上,我和大家约了去访谈的顺序,一天去两家,上午去一家,然后吃中饭,下午去一家,然后吃晚饭。就这样,我访谈了六位女工,蹭了六顿饭。因为是假期,我也遇到了女工们的丈夫,每个家庭夫妻的关系和彼此说话的表情、态度是那么的不同。我非常感慨的是,这六顿饭中,三顿是丈夫做的,而且其中两对夫妻明确说,平时也都是丈夫做饭。

10月2日上午10点多,我到达旧水坑总站,这是我此次访谈的第一站。鄢辉兰和丈夫已经在站台处等候我了,丈夫左手拎着活鱼、右手拎着蔬菜。到了出租屋,大概有10平方米的空间,屋子狭小整洁,看到一个漂亮的鱼缸,没有鱼。辉兰告诉我,前几天两个人一起返回老家十几天,没有人照顾,鱼都死掉了。一进屋,丈夫就开始洗菜做饭了。

恩爱的夫妻在出租屋狭小的阳台上一起做饭

出　生

辉兰 1974 年出生在湖南常德的贫困农村，兄弟姐妹有七个，三个哥哥，三个姐姐。怀着辉兰的时候，当时已经开始实行计划生育了，辉兰的妈妈之前生了六个孩子了。那个时候生产队还没有解散，生孩子的时候不能参加劳动，不能记工分，而且养那么多孩子日子已经很辛苦，辉兰的妈妈不想再要一个孩子了，想去医院做流产。知道妻子这个想法，辉兰的爸爸大发雷霆，说："你把孩子留下，我不怕小孩多，你要是不要这个孩子，那干脆把家里的六个孩子都弄死算了。"等辉兰长大了，大家都开玩笑似的告诉辉兰，是爸爸保住了她的命。

从辉兰记事的时候开始，就记得家里粮食总是不够吃，每年总是有几个月粮食接不上，就在米里面掺点红薯，有的时候晚饭就只有红薯。辉兰从小就挑食，不肯吃红薯，妈妈就无论如何也要做点儿米饭给辉兰吃。虽然在穷人家长大，但是辉兰一直受到宠爱，没有干过农活，没有吃过粗粮，不会做饭。

家里七个孩子只有二哥念到初中毕业，其余的都是小学毕业，实在是太穷了。当时妈妈拼命劳动想让辉兰念书，看到父母那么辛苦，辉兰主动放弃了继续读书。

村子里的裁缝不赚钱

辉兰9岁上学，小学毕业的时候16岁。妈妈说没有文化要学点技术。辉兰就去村子里的裁缝师傅家当学徒。一年多的时间，辉兰免费帮师傅干活，同时学手艺。出徒以后，辉兰在离村子不远的集市旁边开了一个小裁缝店。那个时候在农村，多数人来店里不是做衣服，而是补衣服，一天忙得要死，也赚不了几块钱。如果细算，也许一个月可以挣到200元钱，但是，因为都是几块钱几块钱那样零散着挣，一天一点就零散着花光了，还要交房租，一个月下来就剩不下什么钱。这样干了一年多，辉兰就放弃了。

第一次外出打工：数着星星想家的日子

1992年的时候，村子里一个联络人介绍女孩子们去广州的一家工厂打工，说不是黑工厂，比较可靠也稳定。村子里五个女孩结伴，一起来到了位于东莞太平的S厂。那个时候没有休息日的概念，天天上班,每天工作 8 个钟头,工资很低,一个月 200 多块钱。一天吃一块钱多一点的伙食,两毛钱可以吃一顿早饭。花钱很仔细,有个本子,每天把生活费记录下来。

天天 5 点下班后辉兰就坐在草地上哭,天黑了,看着天空,看着星星,继续在那里哭。大家从来没有出过门,年纪又那么小,一个亲人都没有,几个人抱在一起哭。在那个厂子干了大半年,也不觉得辛苦,也不觉得累,就是天天想家天天哭。妈妈很想辉兰,每隔十天半个月就寄一包吃的东西来,妈妈自己做的熟的糯米粉,用开水一拌就可以吃。最后,妈妈太惦记辉兰了,辉兰也想家,就离开了。

恋爱　结婚　生子

1991 年的时候,辉兰相亲了一个男友。那个时候家家户户都很穷,相亲需要随礼,男方家拿不出订婚的钱,男友就决定外出打工。辉兰对男友说:"你不要出去,只要我们相处得好,没有钱也可以相处。"但是男友还是决定出去打工,辉兰脾气也很倔,不回复男友来信,两个人就断了。

辉兰的丈夫叫福生,两家只有几百米的距离,几乎每天都能看到对方。辉兰和别人相亲的时候福生也知道。那个时候辉兰开裁缝店,福生会找一些借口到裁缝店找辉兰,辉兰觉察到了福生喜欢自己,但是他不敢说,也没说,因为他不知道辉兰的想法。辉兰外出打工闲着没事的时候,给福生写了一封信,很平淡的一封信,福生后来告诉辉兰,收到信特别激动,但是回信的时候什么也不敢说,回信就也很平淡。

福生家找了一个媒人去辉兰家说媒,辉兰的妈妈没有同意,原因是两家离得太近了,担心相处不好。从小到大,只要是辉兰坚持要做的事情，家人最后都听从了她。辉兰对妈妈说："我也许以后很长时间在外面打工，我嫁得近了，每次回来就能看到你，不好吗？"其实辉兰的妈妈对福生也是满意的，因为福生聪明又可靠。

辉兰和福生1994年结婚。儿子1995年出生。因为计划生育比较严，两个人自己也不想再生，所以，就只有这一个孩子。辉兰在家里陪伴了儿子两年，然后和丈夫一起在广州打工。儿子和千万个留守儿童一样，由老人带大。

在旧水坑S厂打工近二十年

1997年，辉兰和丈夫在广州团聚，辉兰进了F厂打工。工作了半年，得知S厂工资高出一倍多，就自离后去了S厂。1998年2月4日进入S厂，到2014年就干了十六年多了。刚开始进厂的时候，从来没有休息日，而且每天都加班，早上6点多就开工了，经常做到晚上10点多，甚至到凌晨两三点。因为加班多，一个月的工资有1000多元。

到2010年左右，工资一个月可以拿到2000多元。这几年，底薪涨了，加班时间少了，最后拿到手的工资还是差不多。2012年之后，随着工资上涨，奖金没了，2012年以前，奖金分为A（130元）、B（100元）、C（80元）三个等级，每个月辉兰至少可以拿到B级，2012年把奖金全部取消了。以前，在公司工作两年以上的员工每月有服务费150元，2012年以后降为70元。奖金和服务费这两项，辉兰每月的工资就少了近200元。现在，底薪一个月1730元，扣医保69.7元，扣养老保险117.12元，然后，加班又不多，所以，一个月的工资甚至低于2000元了。

加班少了，据说是订单不足，辉兰听说S厂在广西南宁和湖南常德都开了分厂，估计订单都分到那边去了吧。听说还要移到泰国去。现在不比加班了，要比底薪和服务津贴了。现在很多人也不喜欢加班了。

争取补缴社保的艰辛历程

2013年年初，辉兰不想在S厂干了，但是，干了这么多年了，不能白干啊，不能就这么走了，不甘心。S厂从2011年才开始给辉兰买社保，到2014年才买了3年，而到2014年辉兰已经在这里工作了16年。这个时候，辉兰听说了这样一件事，厂里解雇一个大学毕业生，那个人很厉害，逼着厂里把社保给补齐了才离开。辉兰就想："我是这个公司的人，大学生是个人，小学生也是个人啊，我走之前也应该补那些东西。"

辉兰先去找到劳动局，劳动局说让辉兰找厂里，辉兰回来找厂里面，厂里让辉兰去找劳动局……就这样被踢球一样。辉兰去找政府的信访部门，工作人员接待了她，了解了情况以后又让辉兰去找劳动局，一个坐在里间办公室的年长的人说："你去找他补，可以补的，补得到的。"这句话鼓励了辉兰，一位工作人员说了这样的话，辉兰就有信心了。辉兰又回到了劳动局，告诉了从信访部门得到的信息，劳动局的接待人员说："是可以补，但是你过了两年追诉期了。"辉兰说："为什么过了两年？还不是你们监管不到位造成的？"辉兰精疲力竭，在政府门外用家乡话给丈夫打电话说明情况，这个时候一位老乡走过来，告诉辉兰，他遇到了同样的情况，然后给辉兰出主意。

辉兰明白了，一个人去求爷爷告奶奶，没有人会理会你的，需要大家一起去争取，而且合理合法地去争取。辉兰回到厂里，开始组织联名，虽然有很多人心存疑虑，但是，给工人上社保是得到国家法律保护的，名正言顺，而且这是实实在在的利益啊，很快就得到很多人的认可，尤其是在得到了几位底层管理人员的暗中支持以后,就更顺利了,因为这些底层管理人员和工人的待遇相差不多。2013年7月份的时候,获得了1200多名女工的签名。S厂一共有6000多名工人,大部分是女工。

  2013年9月份的一天,辉兰和十几个同伴商量好了,一起拿着集体签名复印件和补缴社保申请去找厂长,还没有走到厂长办公室,这些穿着普工工服的人的异常举动就被办公室的管理人员发现了,吓坏了,情急之下,把辉兰她们堵截到一个办公室里,把门锁上不让她们出来。辉兰她们开始还很紧张,被锁起来以后反而镇静了,直接给厂长打电话。厂长说:"有这种事?不用担心,半个小时之后我就来。"这个厂长在工人中间口碑很好,当员工和管理人员发生纠纷的时候,去找他,他都会帮忙稳妥解决。过了半个小时,厂长来了。辉兰她们说明了情况,拿出了事先准备好的一份计划和与工厂进行谈判的协议,希望厂长签字。厂长说:"我们都是一家人,签了这个就不是一家人了。我平时对你们这么好,每周二都开全厂例会,你们如果这么搞,我再也不管你们了。"的确,从那以后,厂长再也没有给全厂开例会。厂长的反应让辉兰她们明白了,这个"一家人"到底是什么意思,也坚定了辉兰她们争取合理合法利益的决心。

  终于,迫于女工们的压力,工厂同意和女工们进行谈判。女工们推选出了辉兰等二十多名谈判代表。得到女工们的信任,是辉兰感觉最幸福的时刻。第一次和领导平起平坐地走进会议室,辉兰感到从未有过的自豪。随后,发生了很多事情,女工代表们被分化、被解雇、被打压。女工们既害怕又气愤,同时,也没有放弃,毕竟关乎切身利益。

  2014年1月15日,厂方突然贴出公告,宣布给全厂职工从2002年开始补缴社保,分三年补完。这个补缴方案满足了工龄短的工人利益,这样,辉兰她们期望从1998年开始补缴的期望就无法得到实现了。为了防止工龄长的女工代表继续带头提出工厂不想满足的要求，厂方额外承诺，对女工代表可以一次性完成补缴。女工们提出的诉求主要有三个方面：(1) 补缴社保；(2) 补缴住房公积金；(3) 病假有工资。现在，只实现了第一条的部分目标。在这种情况下，女工代表中间出现了分歧，有人主张继续努力，有人主张到此为止。曾经团结互助的姐妹之间出现了猜疑。

辉兰说："假如我是老板，被弄了这么多钱出去，一定很生气，肯定恨我们，肯定要想办法惩罚我们。老赵被盯上了，给她一个没有加班的岗位作为惩罚，如果厂方也那样惩罚我，我也无怨无悔。厂方报复我们是错的，但是我们只能忍耐，我也不在乎，我只想要回我的社保，现在要回来了，不给加班就不加班吧，我现在老了，我不想加班了，就是收入少点儿呗。我们的位置决定了这一切。最简单的例子，如果我们通过法律程序要求补社保，人家首先要我们出示工资条。谁会把工资条留十几年啊。而且，即使留了也没有用，因为工资条上根本就没有写年份。拿出来也没用，人家工厂早就算计好了。

"无论如何，社保可以从 2002 年补起，虽然有些遗憾，但是我们已经尽力了。经历了这么多，同事很团结，那份感情很让人感动。以前我不知道维护自己的权益，厂里给什么就接受什么，不敢跟老板争取什么。这一年多学到了很多东西，以后无论去哪里工作，都要去争取自己应得的。"

丈夫对妻子的支持

辉兰的丈夫福生在 12 点多的时候为我们做好了丰盛的饭菜。辉兰说，这么多年了，从来都是丈夫做饭，有时候她下班早了，也要等丈夫回来。看辉兰对丈夫说话的样子，还像一个受宠的少女一般，她好像知道，在爱自己的丈夫眼里，自己永远不变老。看辉兰的表情,知道不会受到来自对方的任何委屈,在丈夫面前显得那么放松、任性和温柔。我和辉兰聊得差不多了,福生也收拾好了碗筷,坐到我们旁边,但是他并不插话。

我问福生:"你对辉兰她们这个过程是支持的吗?"

福生:"我肯定支持,如果不支持她的话,她可能都不知道从何开始。因为我在我们工厂有过一次维权经验,知道要去找劳动局和劳动监察大队,最开始都是我带她去那些地方。"

辉兰:"他一直支持啊,帮我充手机话费就充了很多次。我们想维权的女工也集资了,但是很快钱就花完了。"

福生:"我给他充电话费一个月都不知道充多少,因为她的电话是打的最多的。往外跑需要车费,准备材料还需要复印费,一复印就花几百块钱。还要邮寄,又花邮递费。出去办事还得请假,那几天就没有工资了。"

辉兰:"我最多一次请过七天假。"

福生:"她们想开个会啊也没有地方,就找个野地,连路灯都没有,黑咕隆咚的。我只要有时间就送她去开会,我也想听一下看一下。"

辉兰:"哈哈哈,跟看电视剧差不多。"

家

辉兰和福生2006年在老家村子里盖了房子,三层,花了18万元。那个时候这个钱也可以在县城买房子,但是,老人不喜欢住县城,一个是老家还有点地,还有就是觉得住县城不好玩。这么多年了,都是老人和小孩住。装了煤气热水器和太阳能,但是老人家不会用,跟没装一样。

老家几百平方米的楼房盖了八年了,夫妻两个没有住过几天,每天蜗居在广州 10 平方米的出租屋里，在这个小房间里已经住了十年了。房租一个月 100 多元，加上水电费用差不多 200 元。这个小小的简陋的空间，容纳的最多的就是一家人的温情。

吕途："那你们觉得，这里是不是家？"

福生："在我们心目中，老家才是家。"

吕途："那这里是什么？"

福生："怎么说呢，就是一个小家。"

吕途："也是家？"

福生："对，肯定的。"

辉兰："住了那么多年了，怎么不是家？也是家！那里是老家，这里是新家。每年都回老家，那里是自己的家，肯定有家的感觉。"

福生："回家才是自己的家，这里始终是别人的地方，租的。"

未来的打算

吕途："以后是什么打算？"

福生："以前是打算把房子建起来，后来希望供儿子读书，这些都完成了。现在我们想的就是社保的问题，真的就特别想把 15 年交齐。我估计是交不够了，就看她的了。"

吕途："儿子毕业了？"

福生："儿子读完了高一就不上了，他从小喜欢做饭，来广州学习厨艺。送他到广州最好的厨艺学校，南沙的'新东方'学习，学费一年 3 万，不包吃不包住。学习了两年，花了 8 万多了，刚毕业分配到广州大学城一家酒店实习，实习工资一个月 2000 元，据说实习期过了以后工资大概一个月 3000 多元。"

辉兰对我说："你要是昨天来就好了，我儿子就可以给你做饭吃了。"

吕途:"老家还有田地吗?"

福生:"就我一个人有点儿田,一亩多田。我们那里的地不种别的,就种橘子,但是她们没有地。现在我们老了,光靠劳动不行了。买了这个社保,买够15年,十年二十年以后,有一个保障,这也是工人应得的保障。生病方面我们在农村交了医保。"

辉兰:"我不想在这里干了,回去做个小生意。等着抱孙子。孙子孙女都可以,我们那里不重男轻女。有的地方不一样,我在外面打工看到,有的生两个女儿,还是要生儿子;生三个女儿,还要生一个儿子,压力就很大。"

1975年出生的正先

房子和孩子

10月4日的下午来到正先家,这是最后一站。正先的家位于出租房的顶层,六楼,走上来是个露台,很大的露台,水泥地面,干干净净的,可以眺望到很远的景色,炎热的天气里也有一点点微风。周围的景色不好,有丑陋的出租房和萧条的厂房,有个厂房的窗户顶端都被熏得黑黑的,玻璃都碎了,只剩下一个个黑黑的窗洞。楼下有个垃圾箱,里里外外都是垃圾。正先让我进屋,风扇拼命地吹着,位于顶层的房间被太阳晒得闷热。屋子里最主要的家具是一张单人上下铺,占据了大部分的空间。

S厂有6000多工人,我只访谈了其中六个人,微不足道。然而,花费三天时间,了解六个人的生命故事,于我又是很大的事情。访谈结束,写出来以后,我有一种感觉,她们六个人虽然从2013年9月到2014年9月经历了同一件事情,但是在她们身上却发生着不同的故事,没有一个人讲述的重点是一样的。

读书之殇

正先1975年出生于贵州省桐梓县的农村,家里有四个孩子,大姐、正先、一个弟弟和一个妹妹。父母现在都六十多岁了,爸爸身体还可以,妈妈身体不好。妈妈有风湿病,痛得很厉害,花了好多钱都治不好，估计是年轻的时候劳累过度了。

正先的爸爸是村支书，家里很穷。正先的爸爸是家里的老大，家里还有二叔、小叔和姑姑，爷爷奶奶也健在。1982年的时候，正先七岁，上小学一年级，为了让家里人住得开，爸爸开始给家里人盖房子。同时，爸爸还和爷爷奶奶一起去山里修坟墓，就是提前用石头把坟墓修好，等去世的时候，把留好的门打开，将棺材放进去就可以了。又建房子又修坟墓，家里一点儿钱都没有了。正先读了一年级，没钱上二年级，就停了一年；等家里有了点儿钱，直接读三年级下学期；等读到四年级下学期，家里又没钱了。就这样，小学只上了一年级、三年级下学期、四年级下学期、五年级下学期和六年级。在这种情况下，正先的考试成绩当然不会太好，每次重新上学都只能考二三十分，然后三四十分，然后四五十分，一点点追赶上来。但是，最多也就是考个六七十分。等到考初中的时候就没有考上，辍学了。

正先的大姐比正先读书还少，才读了三年级就没有读了，因为家里没钱。正先的妹妹只读到三年级，因为不想忍受老师的体罚。正先的妹妹学习成绩不好，老师叫她背诗，她背不好，老师打她，用一个竹片做成的棍子拼命打手心，手心打肿了，正先的妹妹就再也不去读书了。正先的弟弟初中毕业以后去读了一个党校，毕业以后在家乡的行政部门工作了两年，工资很低，他就不干了，来广州做面条批发，生意不错，从2004年一直干到了现在（2014年）。

结婚成家

正先小学毕业的时候13岁，辍学以后跟着妈妈一起干农活。爸爸每天应付各级领导来村里检查工作，农活都是妈妈干。干到17岁的时候，正先向爸爸要了400元钱，租卖服装的摊位。进货以后，去村子周围的集市赶集。一开始生意还可以,后来竞争很激烈,就干不下去了。

18岁的时候,经人介绍认识了老公。19岁结婚,那是1994年。1995年生大女儿,1998年生二女儿,2001年生小儿子。

正先丈夫的家里没钱、没房。两个人结婚以后一直在老家。2002年花了1万多元钱勉强盖起了两间平房。本来想盖三间,但是没有钱,也想盖二层,但是,又怕以后这个房子搞好了小孩长大了不住这儿。

来到广州S厂

正先2003年2月份来到广州。她好像和S厂有缘,两次进出S厂,第二次进去以后就一直做到现在(2014年)。当初正先来到广州的时候,她老公的大哥大嫂已经在广州打工十年了,看到正先夫妻在老家苦苦维持就劝她们来广州挣钱。正先2003年5月份进了S厂,正先的丈夫同年8月带着儿子来到广州,把两个女儿留在老家。2004年的8月,儿子出了事故,他玩耍的时候把凳子全部摞起来,然后爬到最上面,就摔了下来,脚别在凳子中间摔断了腿。正先离职后带儿子回老家治病养病,照顾儿子十个月,花了1万多块钱。

2005年6月,正先又带着儿子从老家来到广州。那个时候S厂很抢手,很多人想进去,招工的时候人多得不得了。结果6月的时候正先没有进去S厂,先进了其他厂子了。到了10月,S厂又有招工机会,正先才进了S厂,10月4日(9年前的今天)进去的。

合同和清单

合同、清单、政府部门,这一切对于从农村来的打工者来讲都显得分外陌生，对于正先也一样。在没有争取权益的想法和需要之前，工友们不会意识到这些法律文件的作用和重要性。正先在 S 厂打工的这些年和工厂签了多份劳动合同，一开始是半年一签，后来是几年一签，正先从来没有认真保存，几乎都扔掉了。开始争取补缴社保的时候才知道，只有提供劳动合同等文件，政府部门才会接待。正先找来找去、翻箱倒柜，居然找到了一份 2012 年签的劳动合同，是无固定期限劳动合同。就是因为有了这份劳动合同，正先已经把从入职以来的保险都补上了。老赵等其他人没有一次性补缴成功（见"1976 出生的老赵：二十年"和"1972 出生的丽英：一辈子做了这一件重要的事情"），因为她们过了所谓追诉期，正先没有过所谓追诉期，就一次性补齐了。

正先补齐了社保以后，去政府部门打印社保清单和医保清单，去打印这两样东西的时候，政府部门工作人员的态度还可以，这也是他们的职责所在。正先前几天要求厂里打印工资流水清单，希望从 2005 年入职起全部打印出来，工厂不给办，正先据理力争，但是厂方只答应打印最后一年的。被逼无奈，正先就告诉厂里办公室的工作人员，如果不给打印就去投诉，工作人员听了很不爽，最后没好气地说，需要正先提出申请，然后上交给主管才能决定，让正先 10 月 8 日国庆假期后再去询问。

就为出一口气

正先看起来不爱说话，看似也并不争强好胜，但是在争取社保的过程中，她和老赵是最大胆、最敢说话的，她们两个尤其爱打抱不平，也为此付出了代价。开始争取补缴社保的时候，正先并不是出头代表大家说话的女工，而是由其他几位文化程度比较高、比较年轻的女工来讲。后来，厂方把她们都解雇了。弄到这一步，正先被惹急了，她要为大伙儿争口气、要为被解雇的女工们出口气："解雇了她们还有我们！"

后来，光霞等四人被厂方发警告书（见"1985年出生的光霞：两个人创造一个家"），因为光霞、老赵和正先等二十多人那天请假去了社保办。但是，只有光霞等四个人被发了警告书，而且是公示。正先就很为光霞等人打抱不平。光霞她们自己没有顶撞管理人员，正先和老赵的脾气上来，去厂里替光霞她们评理。

厂里的管理人员开始的时候对正先和老赵很凶，结果正先和老赵比管理人员还凶，管理人员说："你们这个样子我们明天就给你们调岗位！"老赵就把劳动合同拿出来给他念："调动员工岗位的话，要双方达成协议一致才能调动。"正先拍着桌子质问："我们在现在的岗位上哪一点做得不好？！把你的理由说出来。"管理人员说："我们做的事情合理、合法、合情。"正先说："那把这三条一条一条解释给我听。难道我们在这个厂里面做员工的话，一点自由权都没有，你们叫我们干吗我们就干吗，那你叫我们去杀人我们也去啊？"管理人员说："对啊，叫你杀人你就得去，叫你去抢银行你就得去。"这时另一个懂法律的人跑过来阻止了争吵，对那个管理人员小声说："别再被抓住把柄了。"然后暗示正先她们可能带着录音设备。

事态的发展有可以控制的一面，也有出乎意料的一面。厂方对员工争取社保的行为自然是不满的，通过各种管理措施限制员工之间的交流，特别是限制员工和正先等几个比较爱出头的人接触。最后搞到连正先去上厕所都有人盯着。正先和老赵特别生气，觉得吃喝拉撒都被人监视着，实在憋着一口气。憋着憋着就走上了向上级工会申请成立企业工会的道路。她的想法比较简单："既然企业报复我们，那我们也报复企业。"因为一旦成立工会，企业必须给上级工会交会费，反正是日资企业，给中国的工会交钱不是很好嘛，反正工人们没有任何损失。当时真是被逼得没有退路了，太生气了。申请成立工会是受到法律保护的，只不过，普通打工者不会花费时间和精力去办这个事情，毕竟法律和现实还是有距离的。但是，当倔强的人被逼急了的时候就知难而上了。而且，有的时候，人做一件事情是有惯性的，走上了那条道儿，就有下不来的状态，就要争那口气！

正先和老赵申请成立工会，把厂里面搞得人心惶惶。S厂在中国建厂三十年了，从来没有遇到过这种情况。厂长和领导们真的有些气急败坏，但是又不得不面对，他们不能针对太多员工，只好针对正先和老赵这样非常不服从管理的。最后把正先和老赵调到了一个闲职，每周上班五天每天8小时，没有什么正经的工作岗位，工作地点也是被隔离起来的单独的房间。

双方不能协调的时候，就会产生"上有政策，下有对策"的状态。厂方这样"安排"正先和老赵，她们一个月的工资就只有1000多元钱。她们都有三个孩子要供养，如此低工资也会造成夫妻矛盾。正先和老赵又不想一走了之，因为心里憋气啊。多方打听，正先发现有这样一个例子，一个其他厂子的工友，请病假期间企业还是必须给买社保，正先和老赵就想请病假，这样在S厂的社保可以继续接续，同时去其他地方工作挣钱。这是无奈的办法，但是具体能否如愿以偿还不知道，所以不敢轻易去做。

面对委屈

当其他姐妹遇到难处的时候，正先和老赵往往挺身而出，替别人打抱不平。现在，正先和老赵身处逆境，正先觉得其他姐妹无所作为。对厂方，是气愤；对姐妹，正先觉得很委屈。

吕途："我觉得我理解你的感受。人跟人的性格是不一样的。我昨天和老赵聊天,发现她从小就是一个很有反叛精神的女孩儿,天不怕地不怕的。你的性格也比较倔强。有这样的性格特点为前提,即使在大老板、总经理面前,可能你们有话还是敢说。"

正先:"敢说!"

吕途:"但是有很多人,为了自己的利益也是不敢说话的,更何况为了他人哪?!所以,并不是其他姐妹不想为你们说话,或者没觉得不公平,而是周围环境和她们自身性格特点导致的。再加上,大家也都有经济压力和家庭压力,大家不想也和你们现在的处境一样,可能最后会被逼离职啊。"

正先:"是吧。不过,我们一起的姐妹里面也有有胆量的,但是她们也远离我们。吃饭的时候好像都怕看到我们,怕我们靠近,都往边边站,所以真的很难过。"

吕途:"嗯。也许其他人有一种适可而止的想法。的确,没有实现最理想的目标,甚至得到的承诺最后都不一定兑现,但是毕竟得到了想要的部分结果,也得到了承诺。这个时候就不想继续僵持下去了。你们受到打压,其他人肯定也难过,我确信这一点。"

正先:"9月30日那天我们一起出去玩,你也去了。我们漂流下来,然后吃饭,他们叫我发言,我有点想掉泪。想想真的很委屈。"

吕途:"发言的姐妹们都掉泪了。"

正先:"不过我也不后悔,没什么后悔的。"

房子与孩子

正先2005年2月来到广州,丈夫8月带着儿子过来,两个女儿2006年12月也来到了广州。正先的公公婆婆去世得早,即使父母健在,家里四个兄弟姐妹,各个都好几个孩子,也是无法照顾到。所以,正先夫妻只能把孩子们带在身边。正先的儿子和大女儿来到广州以后就再也没有回过老家，孩子们如果回去肯定不认识家、也不认识路了。

正先的大女儿在广州读的是私立学校，她2006年到广州来的时候上小学四年级，那个时候一学期的学费是2000多元钱，听说现在要4000多元了。然后继续在广州读了高中。如果想考一所不太好的大学，应该也可以考上，但是她决定不再继续读了，本来自己成绩并不理想，家里经济又比较困难，就不"浪费"钱了。

二女儿小时候学习成绩要好一些，考虑到外省人在广州无法考大学，二女儿在广州读到小学毕业后就回老家县城读初中去了，现在读高一了。回到老家无人照顾，只能住校，一年到头在学校。读初中的时候，一个学期要花费5000多元，现在读高中要6000多元，包括吃啊、住啊、学费啊。二女儿学习很用心、很听话，但是好像钻不进去，成绩不理想。在读书上，正先尊重孩子的意见，高中读完想继续读就读，不能让孩子以后埋怨父母没有给读书的机会。

正先的小儿子在广州读公办学校。外地孩子进入公办学校主要靠成绩，考试成绩够了再交钱就可以上；成绩低了，交钱也读不了；一个学期交800块钱。正先的儿子蛮聪明的，成绩也可以。语文老师说，如果他专心的话拿到班里第一名也是没问题的，但是他不愿意多努力；别人考试之前抓紧学习，他却不把考试当回事儿，一天到晚玩电子游戏。

当年因为经济困难才来到广州，在广州工作生活十年了，没有攒下钱，钱都花在三个孩子上学上面了，老家的房子也没有盖。别人家在外面干十几年都可以盖一栋房子或者去城市里买一套房子，比如老赵，三个孩子老人帮助带大了，房子也盖起来了。而正先夫妻干了十来年，房子没有，什么都没有，就养了三个孩子，供孩子们上学了。说起这些，正先显得很悲观。

正先家出租屋最显眼的位置贴满了儿子的奖状

听正先讲她和丈夫供孩子们读书的决心和苦楚，对照正先小时候的读书之殇，我对他们夫妻充满敬佩。正先夫妻把孩子们带在身边是无奈之举，但是这种无奈对于孩子们却是万幸。正先小时候，因为父亲要给爷爷奶奶修坟、要给家里盖房子，小学都没怎么读完整，而现在，正先为了孩子们读书，付出所有，只求对得起孩子们。虽然她羡慕别人把房子盖起来了，但是这并不会改变供孩子们读书的决定。

我和正先从下午2点一直聊到5点，然后正先开始做饭，我在正先家睡了一觉。广州的天太热了，我躺下就昏迷一样地睡过去了。晚上7点了，正先把饭做好了，但是丈夫还没有下班回来，正先叫女儿去外面迎一下，也把我叫醒了。7点半，正先的丈夫回来了，我们一起吃晚饭。我很开心地和正先的丈夫说话，结果他好像心里有些怨气，说："现在国家建设得越来越好，还有什么不满足的，任何进步都要一步步地来啊！"我被吓了一跳，说："我也觉得进步要一步步地来，但是，好像经济发展的步伐很快，而工友的进步很慢，

正先做的丰盛的晚餐

所以,就尝试争取稍微公平一些啊。如果你觉得很好、很满足,那也很好啊。"我理解正先丈夫的怨气,其实他一直很支持正先争取社保,但是后来事态发展超出了争取社保的范围,他就改变了态度。

吃过饭后,正先的大女儿坚持用电动摩托车送我回去。我个子比较高,她很娇小,电动车也很娇小,我都有些担心,但是她特别热心,我就欣然接受了。一路上,她说个不停,特别活泼可爱,对未来充满憧憬,说自己现在要多学、多锻炼,以后要过不一样的生活,不仅要游遍中国,还要去国外看看。

1976 年出生的老赵

二十年

2014 年 10 月 3 日上午 11 点多,我去老赵住的出租屋做客。老赵的出租屋用帘子隔成内外两间,每间有 6 平方米左右的空间,一张床几乎占满了里间,外间可以摆上一张地桌和几个小板凳。虽然出租屋如此简陋,看到屋里有自来水和一间微型的冲水厕所,我还是觉得很欣慰。10 月份,广州还是盛夏的温度,和老赵聊了一个小时,我浑身被汗浸透了好几遍。这时,老赵的丈夫从里间睡醒出来,

活泼可爱的老赵

推着他的摩托车出去载客挣钱去了，老赵需要做饭了，我又热又累，有点儿要晕过去的感觉，去里间唯一的床上躺下，没有窗户，比外间还热，我很快就晕睡过去了。

没有考上高中

老赵是贵州省道真人，1976年出生。家里兄弟姊妹四个，老赵最小。

老赵的家乡在贵州的大山里，很多人家粮食不够吃，老赵家还算好的，可以勉强填饱肚子。老赵记得，每年到2、3月份的时候家里粮食（大米）就吃没了，靠马铃薯度日，等到5月份马铃薯没有了，就等着收玉米，要熬到7、8月份才能收大米。

老赵初中毕业，本来很想继续念书，但是没有考上高中。1994年辍学的那年冬天就开始了打工生涯。

在广州S厂打工二十年

1994年的12月10日，老赵进入S厂打工，在那里打了二十年工。二十年的时光过去了，进厂的时候老赵是18岁的姑娘，今天老赵38岁，是三个孩子的妈妈。九几年的时候进厂很不容易，老赵在那个年代算是学历高的了，尤其是来自广西和贵州这两个地方的，很多人都是只读过小学，甚至有的人没有读过书。当年S厂招工的时候要出示初中毕业证。老赵进厂的那一天很多人排队应聘，而那天只招了包括老赵在内的六个人。她回忆刚进厂的情景，刚刚从农村出来，什么都不知道，特别害羞，处处受人欺负。老赵可以听懂普通话，但是不敢开口说话，因为从来没有说过普通话。

S集团是一家日资企业，成立于1956年，1984年在广州番禺旧水坑建厂，后来这里成为该集团最大的生产基地，员工数最多的时候达到1万多人，2014年的时候仍有员工6000多人，大部分是女工。

我访谈过很多工友，很少有人像老赵一样在同一家厂工作了二十年的。我问老赵，在同一家厂工作了二十年，在同一个地方生活了二十年，看到了什么变化。老赵很坚定地说："没有变化！"我觉得怎么可能没有变化呐，就一一追问：

食堂：老赵说，在她打工期间S厂一直没有食堂，据说1992年之前工厂有食堂，后来就撤了，现在工厂的食堂是干部食堂，普通工人不可以去吃。

空调：车间里一直都有空调，对于这一点，工人们心里清楚，享受空调是因为工人沾了产品的光，为了产品质量，保持车间恒温很重要。

工厂管理：对工厂管理的感受老赵想说的就太多了。刚进厂的时候，线上的工长倒不凶，不骂人，但是有一个多能工很凶，脾气不好，动不动就骂人；回忆当初，老赵说，真不知道自己是怎么坚持下来的，只能拼命埋头做事，做得快、做得好，争取少挨骂；那个时候工厂工人的数量不多，具体有多少老赵回忆不起来了；在线上干活的时候，大家也会有说有笑的，包括和线长、多能工一起说笑，但是说不定什么时候她们就会变脸，拿那种很凶的态度教训人，让人很难过。老赵也是一个有脾气的人，吃软不吃硬，都做好了如果还被骂，老赵会发飙，甚至有点儿粗鲁，慢慢地，大家都不敢欺负她了。后来的管理者素质越来越差，天天骂人。现在就更加压抑了，都无法用素质高低来评价了，对工人的管理特别严苛，就好像是在坐牢一样。

用餐：这一点还是改善很多。工业区里面可以找到各种档次用餐的地方，老赵她们刚来的那些年，每天吃饭的地方根本就没有餐厅的样子，就像是一个个帐篷，那种破房子改造成餐厅，很脏，旁边就是一个水沟，很臭。

用水：老赵住工厂集体宿舍十年，结婚以后就自己租房了。回忆起住工厂宿舍的日子，老赵记忆犹新，"宿舍条件很不好，什么都没有，水也没有。早上洗脸、刷牙都要跑到下面去。因为水龙头不多，住宿舍的人很多，会因为抢水而吵架。平时厂方把水闸开得很小，怕我们浪费水，只有晚上8点到10点的时候水流开大两个小时，我们经常为了接水冲凉和洗衣服排队，有时候要排到半夜。有一天我就因为抢水和人打起来了，那个女工排我前面，盆子里水都接满了还不让我接，她想占着水龙头把衣服洗完；我就想先接水泡下衣服，她不让，我就把她的水盆给掀翻了，我们就动手打起来了"。

宿舍：老赵回忆说，"我们那个时候，一间宿舍住18个人，放6个三层床，十年都是那样；经常搬宿舍，但是条件一样，我一层住过，二层住过，三层也住过"。

出租屋：出租屋的条件就是文章开头描述的那个样子。不是没有条件好的房子，但是老赵租不起。老赵现在租的这个出租屋，2010年的时候180块钱一个月，现在涨到240块。

恋爱结婚生子盖房子

老赵性格活泼，胆子很大，但是说到谈恋爱，老赵非常强调成熟和洁身自好。老赵从20岁开始谈恋爱，交过几个男友，有的交往好几年，但是从来没有同居过。最后选择现在这个老公有两个原因：一个是，两个人在一起脾气比较合得来，不太吵架；第二是，老公老家的村子离公路近，条件稍好。居住在交通极为不便的山区，交通便利就是条件好，因为老赵家里以前根本就没有公路，天天就是走路，连一个摩托车一个单车都进不去。

结婚十年，生了三个孩子，孩子们都是在广州出生的，等断奶了就送回老家由老人照顾。和老公结婚以后，两个人一般不吵架，好像吵不起来。两个人偶尔发生矛盾的时候，老赵的老公不跟她吵，而是摔东西，他发火的原因是老赵限制他去打牌。只要老赵抓住丈夫打牌，半年之内无论他是否再去打都洗不掉这个"罪名"。老赵的老公 2006 年花了 1 万元钱考了驾照，然后给老板开货车挣钱，他往往每年过年回家的时候就辞职，来年回来再找工作，暂时找不到工作的时候，就开黑摩的挣点儿零花钱，靠老赵这份稳定的工作维持着一家人的安稳。丈夫有工作的时候，每个月的工资都是如数上交给老赵，对老赵管家心悦诚服，也不敢不交。

老赵把两个人挣的钱都寄回老公家里盖房子了。老赵的丈夫家有三兄弟，丈夫是老二。老大、老二都结婚有孩子了，老三 30 岁了，单身。三兄弟彼此照顾，一起盖了三栋彼此依靠的二层半的楼房，把老三夹中间，老三就省了两面墙的钱。老赵家 2012 年起了房子，花了 20 万元，没有借钱，都是这些年老赵和丈夫打工挣的。不过没有做内部装修，因为如果装修了，十年八年不回去，就白装了。

这里不是家也是家

我问老赵觉得广州这里是不是家，豪爽的老赵突然纠结了："你这么一问，我都不知道什么是家了。如果直接回答你的提问，我不觉得这是家，但是你说我不觉得这是家吧，这又是个家。还有啊，我在这里待了二十年了，习惯了，回老家反而根本就不习惯了。"老赵说，她的口味变了，贵州人如果不吃辣，还算不算贵州人啊?！老赵已经不吃辣了，甚至猪油都不吃。老赵也不习惯家乡冬天的寒冷了，冬天回家穿那么多衣服，老赵说自己很不喜欢。还有啊，在家里面洗了衣服又不干，在这边，今天洗了明天就干了。

五年以后怎么办？

老赵和丈夫是同乡，两家离得很近，一个多小时的车程。老公家里还有三分地，公公、婆婆一个65岁、一个70岁了。老赵大女儿9岁、二女儿7岁、小儿子4岁多，都在老家让老人们照看着。再过五年，大女儿就初中毕业了，必须回家照顾吧。虽然有这样的想法，但是否真的能实现就不知道了。回去生活不习惯只是一个方面，关键是，回到家里到底能做什么，田也不会种，做生意一没底子、二没经验……

人生最精彩的一年

2013年9月到2014年8月，老赵参加了为期一年的S厂工人维权。可以说是历尽了艰难险阻和酸甜苦辣。一年过去了，维权结果虽然不尽如人意，至少厂方同意在三年内为所有工人缴齐2002年以来的社保。按理说，一家正规的企业，理应为所有员工缴纳社保，不按照法律缴纳就是违法，但是工人合理合法维权反而受到打压。开始的时候，老赵不是女工代表，后来，在第一批女工代表被解雇以后，老赵被大家推选出来。现在，维权被结束了，老赵被厂方安排到一个清闲的岗位上，每周五天每天8小时，这样的岗位在工厂就是一种惩罚，因为工人的工资基本都是靠加班挣出来的，被剥夺了加班的机会就没有钱挣了。老赵因为是工人代表，而且申请了仲裁，所以厂方和老赵等二十几名申请仲裁的工人签了协议：三年内补缴2002年以来的社保，如果离职可以一次性补齐社保。老赵她们当初维权的意图是希望为全厂职工争取到一次性补缴，但是大家心不齐，相信了厂方的苦衷：无法一下子拿出那么多钱。有人问老赵："为了争取大伙的利益，现在被打压，自己都挣不到工资了，

顽皮倔强的老赵

是否后悔?"老赵说:"我一点都不遗憾,真的一点都不遗憾。我就是为了大家争一口气嘛。我家里有三个孩子,负担很重,如果继续这样打压,让我挣不到加班费,我不知道是否可以撑下去。现在我在这里顶住打压就是为了要出一口气,管它恶气也好,什么气都好,实在坚持不下去了,走了也痛快。反正厂方现在发我2000元工资外加缴纳600元的社保。"

2014年9月30日那天,和老赵等工友去郊游和拓展,其中安排了漂流项目,有的女工吓得大喊大叫,老赵却兴奋得一直打水仗,往我们身上泼水。那一整天,老赵激动地参加各种野外拓展活动,蹦蹦跳跳跑在最前面,像个活泼淘气的孩子。10月3日我和老赵聊天的时候,老赵对我说,如果问她这一年的感受,那么这是她人生最精彩的一年;如果问她哪天最开心,漂流的那天不知道会不会是一生中最开心的一天,至少是过去的所有日子中最幸福最开心的一天。

回忆和老赵的交流,一个问题萦绕着我,老赵为何那么坚决地说,这二十年没有任何变化?我在想,也许发生了变化的地方跟老赵都没有什么关系:过去的 20 年,社会在变化,经济在增长,财富在增加,但是这些与老赵她们没有关系;而很多东西的确没有变化,对于像老赵一样在流水线上工作的工人来说,日复一日机械一般的动作,那是无聊、重复和没有变化的二十年,二十年的青春和血汗,也换不来在城市有尊严的地位和生活。更加悲哀的是,和老赵一样的女工从 1994 年甚至更早开始在厂里工作,工厂以前不给交社保,被逼无奈给女工补缴社保,却只从 2002 年补起,而且还要分三年补齐。榨取血汗的时候从来不嫌多,剥夺女工青春的时候毫不留情。

附:给孩子们的一封信

老 赵

亲爱的孩子们,今天妈妈为什么要提笔给你们写信呢?其实像现在这种社会根本就不用写信了。只是因为很多事妈妈在电话里不知该怎么给你们说,是妈妈亏欠你们太多了,只好写信来告诉你们。你们读了妈妈给你们写的信,能理解妈妈是用心良苦的。我也不得不告诉你们,孩子们,知道你们为什么有三姐弟吗?是因为父母太自私了,还是封建思想,一家必须要有个男孩,这样才有了你们三姐弟。

孩子们,是做父母的没能力,只把你们生下来,却没能力把你们带在身边养大,只好把你们送回老家给爷爷奶奶带。父母只能在外面打工挣钱来养你们长大。孩子们,你们还很小的时候,每次打电话回去，听不到你们说话，有时候奶奶还故意掐痛你们，让你们哭给妈妈听，这时候，妈妈心如刀割，好想回家带你们。但是，没有办法，为了生活，只好继续在外面打工挣钱。

孩子们，当你们长大了，去上学了，妈妈每次打电话给你们都要求你们专心读书。每年过春节回家，看到你们不听话的时候，还拿起棍子打你们，也是想你们听话专心读书，不要像父母这样没文化，在外面打工还挨别人的骂。但是，父母每次打电话回家时你们都不愿意接电话，这时父母就在想了，是不是根本就没资格说你们呢？因为都没有尽到做父母的责任。

孩子们，妈妈每次打电话都叫你们专心读书，还要求老大要教弟弟、妹妹读书写字。我还跟老大说："如果弟弟、妹妹不读书、不写字，你就用棍子给我打。"老大说："爷爷奶奶不让打。"我就说："你就说是妈妈叫你打，爷爷奶奶很疼弟弟，打弟弟是为了他多学几个字。"

老大，母亲真心告诉你，父母没在身边管你们读书，爷爷奶奶不认识字，只知道你每天去上学，并不知道你学了多少，每学期看你考试的成绩很差，母亲的心都凉了。但是没有办法，父母没能力，你能原谅父母吗？老大，就因为你的成绩不好，母亲才要求你要带好弟弟妹妹，管好他们，把成绩考上来，要让父母看到希望，不要跟你一样那么差的成绩。老大，你不要怪父母太自私了，等你长大以后应该能理解父母的心。

1976年出生的晨玉

自由与安全

阿慧的情感经历给我的震动很大（见"1968年出生的阿慧：人生的一场场苦恋"），她痛苦的经历和现在仍然承受的折磨让我无法释怀，也因此萌生了了解工友性生活状况的想法。在就性话题访谈工友之前，我非常认真地做了知识上的准备，主要是逐字逐句阅读了性学经典名著《金赛性学报告》，也阅读了中国知名性学专家潘绥铭老师的著作《性之变》。我的计划很简单，在皮村访谈三位女工友、三位男工友，年龄不限，只要是结婚了和有性生活经历的就可以。我知道，数量这样少的访谈很可能没有代表性，但是，真实丰富的生命故事的描述在经典著作的知识背景下，会产生不平凡的意义。我有一种体会，当我见识了大千世界之后，会更加能领悟一个故事如何折射出世界的模样。

2014年10月22日，在皮村我的房间，我和晨玉（化名）长谈，我做每一个访谈之前都会有开场白，给晨玉说的开场白尤其长：

吕途："我们的交流题目有点儿尴尬，所以很感谢你接受访谈。性的话题人人都感兴趣，但又是不能公开讨论的。性是一种很正常的需要，如同吃饭一样。如果不吃饭，饿一天行，饿几天可能就不行了。我们活着或者我们结婚不是为了性，但是性起到很重要的作用，或者说我们不能也不应该长期没有性生活。我接触到一些因为性和性生活对女性造成伤害的故事，促使我想去了解关于性的一些知识，有了这些知识又促使我想了解我们工友真实的性生活状况，所以找到了你。这本《金赛性学报告》是我读过的关于性学的最好的书，每个接受我采访这个主题的人我都会赠送一本，你要吗？如果拿回家不知道你老公看到了会不会介意？"

晨玉："没事儿没事儿，我接受采访的事情已经跟他说了，他没意见。"

吕途："太好了。这本书是一个美国教授写的。他用十五年的时间访谈了 16000 多人，是人类社会第一次如此科学地对待性的问题，这本书写得也非常好，告诉我们，男人是什么样子，女人是什么样子。这本书的英文版六十多年以前就出版了，但是中文版今年才出。读这本书，对我的教育特别大，觉得自己原来对性如此无知。"

晨玉："我本来说，我都这么大年纪了，不参与年轻人的事儿，约我访谈的你的同事说，各个年龄段都面临这个问题。所以，我就来了。"

晨玉是家庭妇女

晨玉 1976 年出生，马上 40 岁了，山东人，有一个妹妹、一个弟弟。晨玉初中毕业后没有考上高中，再加上家里妹妹和弟弟也要上学，经济困难，也就不再念书了。她说，她出生的那个年代家里很苦，而且还必须生个儿子出来。她觉得现在人们的思想已经发生变化了，估计不会理解那个时候人们的想法了。晨玉有两个女儿，生了大女儿以后，丈夫就说不再要了，是晨玉觉得一个孩子太孤单，坚持要了老二。大女儿 2001 年出生，在老家上学，由孩子的姥姥照顾；小女儿 2010 年出生，跟着晨玉夫妻，在皮村上幼儿园。

晨玉初中毕业后外出打工，那个时候 17 岁，在一个厂子里面上班，遇到了丈夫，他们是老乡，两个人恋爱了，22 岁的时候结婚了。

从认识了丈夫以后，晨玉再也没有外出工作过。

关于性的对话

晨玉是丈夫的第一个女人，也是唯一有过的女人；丈夫是晨玉的第一个男人，也是唯一有过的男人。晨玉回想一下也觉得诧异，怎么这么快二十年过去了，两个人"坚持"了这么长时间。

晨玉结婚的头十年一直在老家照顾公公，公公生活不能自理。晨玉每天照顾公公脱衣服、穿衣服等。晨玉感觉伺候老人是天经地义的，不管老人对晨玉好不好，晨玉都做自己该做的事情，那样心里很踏实。虽然尽心尽力照顾公公，但是公公从来不认可儿媳妇，他觉得儿媳妇花他儿子挣的钱，好像总有一天会骗他儿子似的。十多年了，晨玉真的是受不了，然后跟公公大吵了一架。丈夫向父亲询问具体情况，父亲承认是故意刁难晨玉，丈夫就把晨玉接到了北京。和丈夫分居的那十多年，丈夫有时候几个月回来一次，有时候隔一年才回来。夫妻两个人感情一直很好。现在夫妻团聚一起生活十年了，关系还是很好。

吕途："你什么时候知道月经跟怀孕之间的关系？"

晨玉："应该到十七八岁认识我老公以后。我们认识大概两年左右第一次在一起的。那时候挺年轻的，也挺好奇的，但是好像又很害怕。思想上很矛盾，想尝试但是又不敢的那种感觉。"

吕途："你想尝试是什么？有没有一个想象？"

晨玉："尝试两个人在一块儿的那种心跳的感觉。就是男人和女人接触的时候那种不一样的、说不出来的感觉啊。"

吕途："嗯。那你怕的是什么呢？"

晨玉："我怕的就是，如果两个人一拉手、一接触就可能怀孕啊。"

吕途："你们两个人在一起的时候会谈论关于性的话题吗？"

晨玉："以前没有。好像有了孩子以后吧，随着年龄的增大，就没有那么害羞了，就可以聊得多一点了。比如，我和他聊：'你要是找别人会是什么样的感觉？和跟我的感觉会一样吗？'然后他说：'我又没试过我怎么会知道。'然后我就说：'要不你去试试？'他说：'可以啊。'这样的对话是很无聊的。"

吕途："《金赛性学报告》上统计，50%多的男人看到有吸引力的女人的时候会立刻联想到性；但是，如果我没记错的话只有20%的女人会那样。"

晨玉："如果说只有20%的女人看到男人会联想到性，其他女人应该没有说真话。我看到一个有吸引力的男人我就会想到性。"

吕途："呵呵，那你就属于那20%吧。你既然那样想，你就从来没有去体验一下？"

晨玉："想过，但是只是在心里想，如果实际做的话，得找到一个比较聊得来，然后从心灵上能接受的人，并不是说所有的人都可以。而且还有一点，就是怕影响家庭。应该说是有很多的顾虑，很难迈出那一步。但是，我很理解出轨或者是一夜情，那并不一定是什么丑恶和无耻。"

吕途："那你老公可以满足你的性欲吗？"

晨玉："有时候好多天都看不见他人，而且他每天都是差不多睡觉的时候才回来，然后早上我和孩子还没起床他就走了。虽然说他天天回来，但是好像没有真正见面。"

吕途："那你们两个平均一周能有几次呐？"

晨玉："应该一周有一两次吧。"

吕途："《金赛性学报告》书里统计，20岁之前结婚的女人，性生活频率平均每周差不多3次；30岁降为2次多；40岁的时候一周1到2次；50岁的时候一周1次，60岁的时候2周1次。那一周1

到 2 次你无法满足是吗？"

晨玉："对。我需要时间。"

吕途："哦，就是每次不能那么匆匆忙忙的。那你们在一起的时候，爱抚的时间大概有多长？"

晨玉："我老公好像不懂这一方面吧，很少爱抚。"

吕途："《金赛性学报告》写道，婚前男女爱抚的时间比婚后要长，这是因为，婚后性生活很容易，就没有那么大的动力去取悦对方了；婚外情中的爱抚也比婚内时间长，因为婚外情的交往中一般需要更殷勤地追求对方。那你们在一起的时间大概多久？"

晨玉："应该在十分钟左右吧。"

吕途："那在他有时间的时候你有没有告诉他，就是你更希望他可以爱抚一下？"

晨玉："嗯，我说了，好像他也不听。我说，你看电视上人家两个人好像没有那么直接吧，我说你可不可以来点前奏什么的啊。然后他说：'哎哟，我太累了。'我理解他工作忙，但是他闲的时候又会为没工作发愁，他也就没状态了。"

吕途："那如果得不到满足，你会自慰吗？"

晨玉："嗯。"

吕途："第一次自慰是在什么时候？"

晨玉："这个就不记得了，是有了大女儿之后吧。我的第一次性高潮也是在生了孩子以后才有的。当你没满足过之前你不知道，但是如果你得到过快乐，你就会想那种。"

吕途："嗯，那你觉得自慰达到的那个高潮跟老公给你的那个高潮，哪一个更好？"

晨玉："如果老公能满足的话当然是老公的喽。"

吕途："嗯，那你自慰是不是会比老公给你的时候来得更快？"

晨玉："对。女人自己好像知道应该是什么个节奏、怎么样做。

男人不了解你,不知道你哪个地方需要满足。他不关心你那一套,他爱咋地咋地。他的心思 90% 都在工作上,其他的事情好像对他来说都不重要。不过,怎么说呐,我也挺知足的,因为他对我不管是在生活上还是其他方面都挺好的。我这个人吧,干什么什么不会,做什么什么不行,有他能关心我、照顾我,没有他,我可能会饿死。自从嫁给他之后,我就没工作过、也没接触过别的人,然后就感觉从前在父母跟前是个小孩,现在在他跟前也还是个小孩,一直被宠着的那种感觉。"

丈夫成功地开一家展览公司

晨玉丈夫开公司已经六年了,是一家展览公司,一家人住在北京皮村,厂子也在皮村,厂里有几名长期工,忙的时候再雇用临时工。在皮村有超过几十家的展览公司,当北京城里举办高大上的国际、国

北京皮村,林立的小工厂和小作坊

内展会的时候，各种精美的展台和布置很有可能就来自破烂偏僻的皮村，展会繁华之后的展览垃圾也往往回到皮村，堆在本来就很脏乱狭窄的街道上。丈夫的事业开始得并不顺利，一开始和人合伙办厂，厂子的经营还可以，但是最后被合伙人骗走了几十万元；晨玉丝毫没有责怪丈夫，鼓励他从头开始，因为两个人以前也一无所有。晨玉建议丈夫自己做法人，再找两个合伙人，三个人彼此牵制会让合作更牢固，丈夫听从了妻子的建议，现在公司运转基本正常。晨玉总是对丈夫说："我们不贪图挣多少钱，只挣一个心里踏实就行。"

"我很自由！"

晨玉告诉我，她觉得自己很自由，想去哪里就去哪里，想干什么就干什么，想用多少钱就拿多少钱，以前一个月生活费1000多元，现在都得花3000多元了。然后，她又告诉我，自己其实经常一个星期就待在屋子里，哪儿也不去，又能去哪里？因为每天要接送孩子去幼儿园。她又告诉我，她很想有自己的收入和自己的事情做，曾经开过一家小超市，但是在丈夫的劝说下又转租给别人了。她又说道，如果是零用钱她想用多少都可以，但是丈夫公司的收入和家里的存折都在丈夫手里。

我逐渐明白了她到底拥有的是什么样的自由。

"我很有安全感！"

聊天中，晨玉总会不自觉地夸奖丈夫的好，说："在我们家，我老公操心，里外都操心，所以我什么都不怕。他说我只要把孩子照顾好就可以。"晨玉还直率地说："我就是想出轨，都找不到理由啊。"我很感慨晨玉夫妻间的感受，问："那就是说，虽然你是家庭妇女，虽然你没有收入，但是，你觉得你和丈夫之间有平等的感觉？"

晨玉非常直率地回答我："有一定的不平等。"晨玉的丈夫一直不支持晨玉出去上班，理由是太辛苦。晨玉为此还和丈夫争吵起来，因为晨玉觉得花自己挣的钱心里才踏实。丈夫为了让晨玉觉得踏实，花了一些钱在老家给晨玉买了一间十多平方米的底商房，房产证上写的是晨玉的名字。看老公对自己这么好，晨玉有些内疚，对老公说："只要有你在，比有房子还安全。"丈夫也承诺说："我这一辈子不会对别的女人好，只对你们娘儿仨好！"但是，很快，不踏实的感觉又笼罩了晨玉。晨玉觉得自己什么也没有：自己快40岁了；没有工作、没有收入；老公长得又白又帅还有很好的收入。无论老公承诺什么，晨玉还是一点儿踏实的感觉都没有，而且安全感越来越少了。

我明白了晨玉到底有没有安全感。

刚刚开了网店

晨玉对丈夫说自己想开网店，丈夫就给了晨玉几千元钱，对晨玉说，只要不耽误照顾孩子，想怎么玩就怎么玩。

晨玉的网店销售的是化妆品，她的定位是她认为的高档化妆品，一件要卖几百元。她认为如果卖衣服或者卖便宜的化妆品就太大众化了，利润也低。晨玉希望慢慢经营，做出特色。

晨玉说："虽然说他对我挺好，钱也是我想怎么花就怎么花。但是慢慢就感觉不是我想要的。"

晨玉说："有一天他离开我也好，不离开也好，我只希望自己有一定的收入，我能养活我自己。我感觉开这个淘宝店给我的安全感比他给我的那种安全感大得多。"

1978年出生的如玉

生不出儿子怎么办？

我和如玉（化名）认识八年了。虽然见面次数不多，但是因为工作上的关系经常在网上沟通。有时，当如玉非常苦闷的时候，会向我诉说。如玉的诉说大都是家庭内部的纠结和内心的痛苦，我开始并没有打算把她的故事写出来，后来，我越来越感伤于如玉的命运，同时知道，有很多和如玉一样深陷痛苦的女性。当我问如玉可否把她的故事写出来的时候，如玉说："你写吧，希望给其他姐妹提个醒，不要陷入和我一样的境地。"

如玉是一个漂亮的女人，明亮的大眼睛，不高不矮的个子。喜欢和人交流，话语温和，带着甜美的笑容。当初丈夫看到了如玉和别人合影的一张照片，就开始了追求。如玉怎么也不会想到，甜蜜的相识会慢慢走向如此苦涩的生活。2016年2月25日，我和如玉做视频访谈，一转眼，七年不见，如玉的模样已经从年轻姑娘变成中年妇女了。

如玉的娘家

如玉的娘家在山东济宁的农村，1978年出生。有两个哥哥，一个姐姐。大哥30多岁时去世了，二哥现在快50岁了，姐姐比她大4岁。如玉的爸爸80多岁了，前几年诊断出癌症，二哥没有告诉爸爸真实病情,陪伴爸爸治疗,现在基本痊愈,身体还挺硬朗,还下地干活。二哥小时候背着如玉的姐姐上学,为了哄她入睡,哥哥经常站着听课,二哥只念到小学毕业,现在他的年纪虽然已经很大,但是仍然辛苦地在建筑工地打工,多次被拖欠工资。2003年,妈妈去世了,如玉突然意识到,自己是家里最小的孩子,从小不惦记家人,更不眷恋在农村种地和在家围着锅台转的生活,一心想飞到外面的世界,还没有来得及多关心妈妈,妈妈却已经离开了。姐姐念书到初中毕业,现在生活也很辛苦。

如玉初中毕业后,去济宁上了一个中专,学计算机专业,学制两年半,但是如玉学了一年多就离开了,一个是觉得学校没有教什么有用的东西,还有就是,当初心里着急去外面的世界闯荡,那时候流行"下海"嘛。

没有认识丈夫之前

1999年,如玉从学校出来去了杭州,当时她的二哥在杭州打工。如玉在一家饭店做了一年多的服务员。

2000年,一位在北京打工的同学介绍了一份在北京打字复印社的工作,如玉就去那里上班了。在中专上学那段时间,如玉每天疯狂练习打字,虽然是计算机专业,但是什么专业知识都没有学到,就学会了打字。

得到男友的栽培

如玉的丈夫叫福全(化名),在中国人民大学办的大专班学的计算机专业。福全在老乡家看到了如玉和同学的合影照片,一见倾心,请老乡帮忙介绍。那是2001年,在老乡的多次引见之后,如玉和福全见面了。第一次见面约在人大的校园里,两人在那里逛啊逛啊。如玉对福全的第一印象很好，他看起来很随和，很爱笑；第二次约会在动物园，福全还请如玉吃了一顿三十多元的午餐。那时候计算机热，福全人很聪明，是出色的IT人才，很有发展前途。如玉也一见倾心。

那个时候，福全的工资在打工族中是比较高的，可以达到一个月4000元。两人外出约会和吃饭的浪漫记忆只有两次，福全不喜欢在那些事情上花钱，但在同居之前他还是给如玉买过几次衣服。半年之后，两人搬到一起住了，住在北京通州。那个时候如玉收入微薄，福全就几乎承担了各种开支，包括房租和日用品。

2003年，如玉开了一家小超市，如玉没有钱，是福全出的，包括房租每月600元，还有进货的钱。如玉一个人又进货又卖货，不能天天按点开门，门面的位置也没有选好，结果生意不好，开了半年就关门了。

后来，如玉在一个网吧上班，工资很低。福全觉得两个人的生活主要靠他一个人，经济压力比较大。在这期间，福全注意到一个信息，说速记是一个新兴的职业，很有前途，就鼓励如玉学速记。福全花3000元钱给如玉买了一台速录机，鼓励如玉练习速记。如玉边上班边自学速记，老板不在的时候就练一会儿。这样练习了大半年，但是速度一直上不去。在福全的资助下，如玉去一个专业速记培训公司参加了三个月培训，一个月学费700元。如玉知道这样的学习机会来之不易，刻苦练习，速记速度提高很快。终于在2006年开始承接速记工作了。虽然一直没有结婚，如玉的全部生活都围绕着福全，一切都听从福全的建议和安排。从心理上，如玉觉得自己爱福全比福全爱自己多很多。

AA制的婚姻生活

如玉和福全在2006年结婚。为何同居那么多年才结婚呢？如玉说自己也不知道，稀里糊涂的，福全不提出结婚，如玉作为女方不好要求。再加上，福全的家人一直看不上如玉，觉得她学历低，而且是农村人。如玉自己没有多少自信，就是死心塌地地跟着福全，虽然福全很大男子主义，但是也没有影响两人的日常生活。

如玉开始承接更多的速记工作，慢慢地，一个月的收入可以达到 3000 元左右。那个时候两人在通州租了一个两室一厅的公寓，一个月房租大概 2000 元，把其中一个房间又租了出去可以节省房租 500 元，福全要求如玉承担剩下房租的一半，因为如玉的收入已经比以前高很多了。

2007 年，如玉怀孕了，丈夫焦急地找人看胎相，就担心生的是女孩。2007 年 12 月，大女儿出生，然后一直跟随如玉在北京生活。因为丈夫坚持要求两人共同承担家庭支出，所以，即使怀孕和生产期间，如玉也没有停止工作。如玉觉得这样的日子太辛苦了，对丈夫表露出情绪，福全就像列清单一样，一桩桩、一件件说出他对家庭的付出。由于丈夫紧紧相逼，如玉经常熬夜干活，突然有一天发现，青丝中间长出了白发。

如玉的丈夫

福全也是 1978 年出生，老家在湖北。福全的爸爸原来是农村户口，当兵转业之后办了"农转非"，就举家从农村搬到了镇上，也在镇上买了房子。福全有一个哥哥、一个姐姐，他是家里唯一一个大学生。

福全大专毕业后在一家做广告的网络公司工作，岗位是网络营销，主要业务是卖网络域名，也给别人做网页。

2010 年，福全开始迷上了炒股。知道丈夫炒股以后，如玉非常担心，经常晚上无法入睡，为以后的日子如何度过担心。丈夫把他爸爸给他做生意的 5 万元钱都输在股市里，依然无法自拔。他每天花很少的时间就把工作任务搞定，余下的时间就盯着电脑屏幕上的股市行情。

福全这几年也换了不同的工作，工资依然没有超过 5000 元。越没有挣到钱越想继续炒股，越亏就越想赚回来，这么多年过去了，从如玉了解的情况，丈夫从来没有赚过。

生二女儿：刻骨铭心的怨与痛

发现丈夫如此小气，而且夫妻在一起还要 AA 制承担生活费用以后，如玉对自己的婚姻生活产生了很大的怀疑。自己原来对爱情和婚姻生活充满幻想，也有一种想找依靠的想法。找到福全之后，自己全身心地投入到他身上，再无二心。而接下来的生活，就是一步步打碎如玉的幻想。因为处于这样的状态，如玉不想再生孩子。大女儿是她一个人带大，如果生了老二，一定还是自己拉扯，同时还要被丈夫逼着挣钱，太累了。

被逼无奈，如玉又怀孕了。怀孕以后，如玉回了娘家养胎。怀胎快三个月的时候，丈夫就开始提醒如玉去做 B 超，好知道是男是女。腹中胎儿在三个月大的时候有胎动了，如玉可以感觉到一个小生命的孕育，她就故意拖着不去检查，如玉担心检查出来是女孩，丈夫会逼自己去流产，她实在不忍心伤害腹中这个幼小的生命，就想着，无论男孩女孩她都要。四个月的时候，如玉去县城医院孕检，不是照男孩女孩，就是检查胎儿是否健康，医生当时随意说了这样一句话："你看现在这小孩多知道享受啊，把这一条腿跷在另一条腿上！"如玉听了当时眼泪就流下来了，怎么舍得抛弃这个小生命，心里就对自己说，一定要留下自己的孩子。然后一晃就怀孕六个月了，福全见如玉没有动静，就到山东老家亲自带如玉去县城医院做检查，检查结果是女孩。然后带如玉回到北京，又去几个地方做了 B 超，就很确定是女孩了。福全就说要去医院打胎。如玉每天流泪,非常难过,无处诉说,每天把自己痛苦的心情写到日记里,困惑人为何会如此残忍,想着和腹中的女儿一起走了算了!如玉实在太难过了,终于有一天鼓足勇气对丈夫说:"你要是不要,我就和她一起离开人间了。"

被逼无奈,如玉去北京通州妇幼打胎,她心如刀绞,一直在流泪。也许腹中胎儿可以感到母亲情绪的强烈波动,胎动也特别厉害。到了医院,医生说:"胎儿已经六个月了,而且第一胎是剖宫产,如果打胎,生一半生不下来就还得剖宫,否则大人也会有危险。"听医生这么说,福全也有些犹豫了,如玉趁机向福全恳求:"只要你答应把这个孩子留下来,我们以后可以再要,不管有多苦我都再给你生一个。"

怀孕期间,如玉像平常一样干活,因为白天还要照顾大女儿,就天天熬夜做速记一直干到怀孕八个多月的时候。要回老家待产的前一天,有一个文件要赶完,一宿没休息。那个时候那么拼命,一个月最多可以挣到7000元。

这一切都还不够痛,刻骨铭心的是,快要临产的时候,丈夫对如玉提出,剖宫产的费用一人出一半,因为剖宫产花钱多,要1万元左右。

2012年6月,二女儿出生了。怀里抱着这个弱小的生命,如玉眼泪不停地流,没有喜悦,也不是悲哀,也许是心痛吧。看着她,如玉心里想:"自己一生懦弱,没有主见,任何事情都顺着丈夫,至少不敢当面悖逆,也因此差点儿葬送了这个小生命。自己以后起码要坚持一些原则性的东西,不要随别人的想法改变。"

逼生老三

现在,福全跟家里人说如玉骗了他,因为如玉没有按照当时承诺的再生老三。福全的哥哥嫂子刚刚生了一个儿子，这更刺激了福全。福全的嫂子怀老二的时候，做了B超，发现是女儿就打胎了；等又怀孕，看出是男孩，这才生下来。福全对如玉说："你看我哥和嫂子感情多好！"如玉苦闷，难道不生男孩感情就不好？

如玉内心坚决不再生老三。如果再怀孕，万一又是女儿，丈夫一定逼着自己打胎，如玉是坚决不忍心伤害一个无辜的生命的；如果生了儿子，从丈夫现在对待自己的态度来看，即使有了儿子，关系也好不了。如玉的姐姐本来劝如玉再生一个，听了如玉的讲述、看到如玉的状态，她说："我看，你如果再生一个可能就疯了，没有人能够承受那种心理和身体的双重压力。"

发现如玉没有生老三的意思，福全说："你如果不那个，我们就离婚嘛。或者我在外边生。"听丈夫这么说，如玉什么话也说不出，就沉默着。如玉一个人的时候就自言自语："我怎么办？太累了，要是没有儿子估计这一辈子都是他一个心结，他会时不时找我的碴儿……这日子该怎么过哪？"

带着女儿们在昆明市生活

2014年年底，如玉开始带着两个女儿在昆明市生活。福全在昆明市区继承了一套小公寓，他舅爷爷留下来的。舅爷爷鳏居一生，没有子女，年纪大了以后就和福全的妈妈商议，福全给自己养老，等自己过世了把房产留给福全。2013年，老人过世，福全花了1万多元，装修了房子，买了家具。

如玉两个女儿的户口都落在了昆明市。福全的安排是，自己和他妈妈回昆明带孩子，如玉在外面打工挣钱。如玉怎么舍得离开女儿，坚持自己带女儿，就这样，如玉来到人生地不熟的昆明，只为了守着一套城里的房子，只为女儿可以在这里享受城市的教育和生活。孤独寂寞的如玉，实在痛苦难挨的时候就给姐姐和过去的朋友打个电话说说话。

福全觉得如玉太享福了，而这一切都是自己挣来的，心里很不平衡，时刻提醒如玉要知恩图报。现在，福全在天津工作，每两三个月回昆明看望如玉母女们一次。福全每次回来，都希望得到大爷一样的待遇，意思是，想帮忙干家务就干点儿，不想干就不干；做什么饭菜、吃什么水果也要顺遂他的心意。如玉照顾两个女儿已经忙得自己顾不上吃饭了，福全每次回来只会让如玉觉得更累。

没有生二女儿之前，如玉自己挣钱承担她和女儿的生活，几乎不向丈夫要钱。一是因为丈夫不给；二是，丈夫一直强调以前对如玉的栽培和投入，丈夫要求回报。如玉安慰自己："以前你付出得多，我现在就多独立多自立吧。"现在生了老二，出不去，也没有时间承接太多的速记工作，城市生活消费又很大，只好向丈夫伸手要钱，现在丈夫每个月给母女三人2000元的生活费，而这些是不够的，必须靠如玉额外挣钱才能维持三个人的生活。

夫妻关系对话

吕途："你觉得你们夫妻关系现在是什么状态？"

如玉："我们之间的夫妻关系很淡吧，他那么不关心我，他总说现在还年轻，多干一些。总希望我多干活、多挣钱，从来不说你累了、要多休息。我都不知道他把我当什么了，也许就是一个生孩子的机器。我觉得他就是无赖，他啥都看不到。"

吕途："我不太了解其他家庭有没有夫妻这样 AA 制的，特别是妻子需要照顾年幼的孩子的时候。你姐姐家什么情况？"

如玉："我姐和姐夫他们的钱是放一起的，她老公在外边打工回来之后钱都交给我姐。我姐家还欠着别人的账，但是我姐夫到县城里给我姐买了一个金项链，我姐舍不得，我姐夫就说，钱还能挣呢，慢慢还债呗。而我呐，我一直都很傻啊，我以为是一家人了，心应该在一起。直到前年我才醒悟，直到他那么严重地伤害我我才醒悟：一个人不可以把心全都放到别人身上。你对一个人越好会越受伤、越痛苦。或许是我的性格造成的，或者是他性格的问题造成的，或许就是我太能忍让了。"

吕途："你说他每两三个月回来一次，他一定是回来看望你们母女的，该如何解释呐？"

如玉："其实老二出生了以后我老公还是挺喜欢的，毕竟是自己的孩子嘛。他每天都愁眉苦脸的，唯一有笑容的时候是和孩子们一起玩的时候。他不关心我，但是可能还是有需要吧。"

吕途："那你有需要吗？"

如玉："也有，但是很淡。其实他每次回来我都觉得很累。有时候我自己都奇怪，其实很不希望他回来。"

吕途："你们之间关系不太好甚至很差，但是还是会肌肤相亲……他曾经要扼杀你们女儿的生命，而现在还是可以抱在怀里关心和喜爱……我不知道该说什么好了，感觉困惑和难过。你的身体怎么样？"

如玉："我心情不好，会有无名火，孩子们一闹，我就发火，我知道孩子们是无辜的，我尽量调整我自己。自己承受吧，自己忍吧，把事都忍在自己肚子里边，不应该对孩子们发火。我姐说什么事别压在心里，时间长了会生病的。我现在身体不好，经期很短，一天就没有了。想去看医生，但是一直没有去，好像有绝经的状态了，绝经了也好，就不用生了呵。吕姐，你说我该怎么办？"

如玉和我聊天的整个过程一直在落泪。而且，很多深深伤害了她的地方她会重复说好几遍。我们聊天快结束的时候，她的眼泪流得更多了。我说："我只能听你诉说，我没有答案。如果非要有答案，那就是，女人从来就不应该想着要去依靠男人；但是，这也不对，因为女人一旦怀孕、生育子女，就只能依靠男人。孩子是女人爱的果实，也是女人获得独立自主的障碍。现在，现实地考虑，第一重要的是你的身体，必须去医院检查；第二是孩子们，照顾好她们；第三是量力而行地工作；第四，你现在生活上只能靠丈夫支持，这是他的责任，他也不会不管。既然已经看清你丈夫为人处世和夫妻相处的做法，你就不要再心存幻想，没有幻想，心理上不依靠，伤害就少了一些。现在，如果他不改变，我看不到你们夫妻关系的美好前景。"

　　和如玉放下微信、电话之后，我把我写的艳霞的故事发给了如玉，并且注了一句："我不觉得现在这个阶段离婚是很好的选择，但是，艳霞的态度是你可以参考的。"如玉回信："读了艳霞的故事之后，我知道我该怎么做了。"

1978年出生的艳霞

离婚的代价

我和艳霞结缘是在2015年6月。当时,我所在的同心创业培训中心(简称"工大")正在进行工大第13期的招生。有一天,一位同事问我:"一位在烟台富士康工作的女工想报名参加学习,同时,希望给你打个电话,可以给她你的电话号码吗?"就这样,我接到了艳霞的电话,我们第一次通电话是在2015年6月30日。艳霞决定报名参加工大学习,她在报名表中这样描述自己报名工大的原因:"因为离婚时没争取到孩子的抚养权,心里一直很痛;更痛的是,拥有抚养权的那方从不让我和孩子单独见面。三年多了,没能和孩子一起吃过一次饭,没能为孩子量身买过一次衣服,每次都是我根据孩子的大约身高估摸着买了送过去;三年了,一直在思念和压抑中煎熬;三年了,折折腾腾,却一直在原地踏步,停留在只是吃饱穿暖的生活状态中。如果一直这样,争取孩子的希望真是一点都没有了!迷茫时,我从百度新闻中看到了'同心创业',看到'同心'后,感觉阴暗许久的心间好似有一缕阳光照射了进来;甚至有种迫不及待的感觉,想早点走进这校园,来好好地学习,学习为了梦想,也想知道自己以后该怎么活。"

刻骨铭心的亲情

艳霞1978年出生于山东省济宁市泗水县的农村。家里有大哥、大姐、二姐和她。2015年10月15日，艳霞成为工大第13期的学员，她37岁了。亲戚、朋友、同事没有人理解和支持她参加这样一个"莫名其妙"的培训，但是，艳霞坚定地来到工大。2015年11月20日，在工大"个人成长课"的课堂上，艳霞温情回忆她小时候的故事，在简陋的课堂上大家围坐着，特别安静，只听见艳霞温和、匀速和伤感的声音：

"小时候，我们那里以种地瓜为主。农忙的时候，我们一家六口都下地，我那时有六岁吧，也把我带着。地远的时候，母亲把锅和水桶都带着，在地里做点儿吃的，那是我最幸福的一段时光。我们六口人分工很明确，爸爸和哥哥弄地瓜秧、刨地瓜；我把地瓜分成堆；我妈和我大姐擦地瓜片；我二姐负责把地瓜片摆到地上，必须一一摆开，如果重叠了就晒不干，就坏了。

"有一次，地里活儿不多，只有我和我爸去了，我就是跟着去玩，突然刮来一阵大风，从来没见过那么大的风，土飞扬起来，我爹放下手里的活儿，过来抓住我，好像生怕风把我刮走了似的。我爹收拾了东西带着我赶快往家走，到了家，看见我大姐坐在门口借着外面的光亮纳鞋垫，那个时候节省，得天完全黑了才开灯；我妈也在屋里轻松地干着什么；我心里很不平衡，觉得她们没有跟我们分担那大风的恐怖，就坐在那里哭了，说：'我和我爹都吓死了，你们却这么悠闲。'我妈妈和大姐就笑话我。现在回想起来又温馨又可笑，想起爸爸对我的保护，想到妈妈和大姐笑话我。

"还有一次，二姐带我和小朋友去别人家看电视，很晚了才回家，家里锁着门。二姐说，是不是爸妈去地里了，说带我去找，我说我困了，我不去。二姐拉过一团地瓜秧，又铺又盖，我钻进去就睡着了。第二天早上醒来的时候，我已经睡在床上。前年（2013年），我和二姐都在大姐家住，我们三个说起来这件事情，二姐说：'咱爹妈太偏心了，他们找不到我们，急死了，回到家，不打你，只打我.'回想童年，那么幼稚，却那么快乐和幸福。"

艳霞从小就很乖巧，在父母和姐姐们的宠爱下长大。上小学的时候很顺利，没有心理负担，学习很好，以优异的成绩小学毕业。升初中那年，家里有了一些变化，哥哥结婚了，是喜事，但是因为花销大，家里经济更紧张了，让原本就不富裕的家庭陷入更大的穷困。父母在土地里挣钱，尽了最大的努力，每个星期给艳霞五毛钱放兜里备用，往往一个星期过去了，艳霞把5毛钱也尽量节省下来。每天上学从家里把饭菜带过去，穿的衣服和鞋子都是妈妈亲手做的。艳霞心理压力很大，尤其是每到学期末要交学费的时候思想负担就更重了。艳霞成绩好，老师鼓励她考高中，然后考大学。艳霞觉得家里经济困难，想考中专，以便早点参加工作，但是，心理压力太大了，担心考不上中专，浪费了爸妈辛苦挣来的钱，艳霞考虑再三决定退学，初中只念了一年半。有一次回忆起这个事情，艳霞的二姐说："如果那个时候你坚持一下，父母也坚持一下，也许就熬过来了，一切就不一样了。"

生活与工作

艳霞辍学了，父亲不舍得她出去打工。大姐、二姐都出嫁了，家里地很少，只剩下三口人的地了，父母不让艳霞下地干活，就在家里做饭，照顾外甥女，就这样过了三年。19岁的时候，艳霞强烈要求出去打工，就去了青岛耐克鞋厂，她太想家了，工作了一年半以后回家，不想再出去了。然后在本村一家私人工厂做织布工，在青岛的时候工资500多元，在村子里工资也是500多元，后来最多的时候有800多元。在村子里上班，每天中午和晚上妈妈赶着艳霞下班的点把饭做好，万一阴天下雨，爸爸总是打着伞在厂门口等着艳霞下班。就这样过了四年。

2002年，艳霞结婚，丈夫是本村的。2003年，宝贝女儿出生了，带给一家人满满的喜悦和幸福。2012年离婚的时候，艳霞没有争取到女儿的抚养权。

见不到女儿

艳霞回忆那让人彻骨寒凉的时刻："2012年，我离婚了，被净身出户，理由是：我父母生病时他帮我付了一些医药费，并且我还吃了他们家十年饭，穿了他们家十年衣，如果较真计算，我应该还欠他们家的钱！可笑！"

2007年，艳霞的爹娘相继去世，当初给女儿和给娘看病先后欠下了很多债务，经过前后七八年的努力才还清了。爹娘去世是艳霞永远的痛，责怪自己没钱多孝敬一下父母，只能在一边看着心疼他们。艳霞省吃俭用，在离婚之前，不仅还清了债务，家里还翻新了东西偏房，置办了一般农村家庭都能拥有的家用电器。

爹娘离去的伤痛无法平复，无法见到女儿的伤痛却刚刚开始，说起女儿，艳霞的眼神黑洞洞的，语气都有点儿像祥林嫂了："离就离吧，净身出户就净身出户吧，这些我都能承受，唯一不能承受的是不让我和女儿单独见面。我这人啊，三十几的年龄，也就十几岁的智商，签字离婚那天还说得很好，孩子爸爸说：'孩子终归是你的嘛，不会让她不认你的。'我太天真了，以为感情没有了，可应该还有亲情，就算什么东西都不给我，孩子应该还是该怎么着就怎么着吧。可结果呢，只能是我厚着脸皮去那个家看孩子一眼，要想领孩子出来吃顿饭，玩一会儿都不行，孩子的奶奶说了，除非我有能力去告她家，去打官司，要不然孩子一天也不可能跟我。有了她这句话，我没有理由不好好活着了！"

离婚以后，艳霞觉得自己是一个非常失败的女人，世界那么大,自己却没有片砖片瓦。她切断了和大多数亲戚朋友的联系,唯一不能割舍的是女儿。艳霞永远不会忘记离婚后第一次去孩子奶奶那里看望女儿的情景,孩子奶奶不让她见女儿,说:"她是我们家的孩子,没有你的份儿。"艳霞说:"如果没有我的份儿,她是从谁的肚子里爬出来的?"这样的争吵并不会带来任何有利于艳霞的结果。女儿要上初中了,孩子的奶奶为了防止艳霞找到孩子上学的地方、接近孩子,把孩子送到姑姑家(在曲阜)上学。而孩子自己没有办法,只能任人摆布。中秋节,艳霞请假回到老家,通过孩子的姑姑终于见到了女儿,她的眼泪哗哗流,孩子的眼泪也哗哗流,但是有姑姑在一旁一刻不离地监视着,孩子和艳霞什么话也没有说。艳霞一直对孩子重复着一句话:"你记得妈妈这句话:你永远是妈妈在这个世界上最大的宝贝。"

艳霞见不到女儿,就常常回忆和女儿在一起的事情。女儿小时候多病,住院三次,接到过两次病危通知。现在身体很好。艳霞在家照顾女儿到两岁多以后才出去上班,离家不远,每天上班12个小时,晚上一下班就赶紧去孩子奶奶那里接她回家,艳霞做饭、打扫卫生,女儿很懂事,一点儿都不耽误妈妈干活儿,在旁边喋喋不休地告诉妈妈白天发生的事情。

离婚的女人也就没有了家

自从离婚以后,艳霞最怕的就是被人问道:"你家在哪里?"艳霞已经没有了家。"回家"这个最常用的词带给她的是最大的悲伤。艳霞没有结婚的时候,是父母宠爱的小女儿、两个姐姐关爱的小妹妹。但是,自从嫂子嫁到家里,就带来了父母乃至全家的噩梦。各种事情都会引起冲突,当艳霞的姐姐替妈妈说话的时候,艳霞的嫂子会说:"你是从这个家门滚出去的人啦,你一点说话的权利都没有。"后来虽然分家了,但是和兄嫂住前后院,艳霞每天看见妈妈以泪洗面。无论三个女儿如何孝敬,都无法填补儿子不孝给父母带来的巨大失落和伤害。2007年,妈妈生病,三个女儿出钱治病也没有挽回妈妈的生命,爸爸在妈妈去世七个月零四天后也离开了人世。艳霞真的希望妈妈仍然活在世上,有妈妈在,虽然只是娘家,也算有个可以回去的地方。

为了生存,艳霞在济南做了家政工,辗转了几户人家,从2012年一直干到2015年,一个月的工资是2000多元钱,没有超过3000元的时候。2015年在烟台富士康打工。艳霞外出打工的希望是能掌握一些本领,把孩子接到跟前来,不依靠别人,不需要看别人的脸色,但是,做家政工和在富士康打工都不可能实现把女儿接到身边的目标。就像文章开头描述的那样,当艳霞陷入深深绝望的时候,在网络上看到"同心创业培训中心"。艳霞的希望是:要学习怎么活,将来给女儿一个家。

独立坚强地面对不确定的未来

在工大学习期间,有一天,社会课安排的是北京小毛驴生态农园的负责人黄志友的讲座,他的一句话深深地打动了艳霞:"我们农园没有打工的,大家都是同事。"艳霞梦想着可以返回家乡,和大姐、二姐离得近一些,但是回去自己能做什么呢?也许可以学习一下生态农业吧。工大毕业以后,2016年2月,艳霞去小毛驴生态农园参加了工作。

4月底,我和艳霞联系,问她工作和生活近况,艳霞告诉我:"说实话,2016年的春节我过得不怎么好,首先,待在姐姐家有些煎熬,我有种强烈的寄人篱下的感觉!两个姐姐对于我现在的所作所为非常不理解。我当时虽然难过、气愤,但更多的是理解,换作我

艳霞在小毛驴农园申请了一小块地种植生态蔬菜

是姐姐,有这样一个不争气的妹妹,也会不理解吧。

"春节后为了宽姐姐的心,我相了两次亲,都是离过婚的,一个有个男孩,一个有个女孩。聊天时我故意问到孩子和他们的妈妈现在有联系吗?回答都是不让孩子和妈妈见面。我问为什么呢?有儿子的那个说,离婚时孩子还小,现在可能都不记得自己的妈妈了。有女儿的那个说,见了不如不见,不见的话,孩子还挺好的,见过妈妈后,孩子会不舒服好几天。我和这两个相亲对象各见了两次后,我告诉媒人不愿意继续见面,我姐姐都对我无话可说了。姐姐们觉得对方都在县城有房子、有车,而且都比我年纪小,一个小3岁,一个小6岁,对方都不嫌我年龄大,而我为什么就那么多事?其实我拒绝的理由不是因为他们提到不让孩子见妈妈这一方面,主要的是我感觉对有些事情的看法有很大出入。比方说,我没问到对方是怎么来到见面地点的,而对方会有目的地问我怎么过来的,我说骑车啊,对方说自己是坐公交来的,其实家里买车了,但驾照没拿下来,怕被查到,所以没敢开。再明显不过了,唯恐我不知道他有私家车，所以兜着弯告诉我。越是这样，我反而觉得越是烦心。不过站在对方角度，我也得给予人家理解，现在大多数人的择偶条件离不开这些。"

吕途："我理解你的每句话。在这茫茫人海中，就没有可以珍惜你这块宝玉的人吗？"

艳霞："其实我很自卑，感觉自己没有一项专长。这次春节，我和孩子见面了，还是在她奶奶的监视下，我明显地感觉到孩子对我的故意疏离，我痛的不是孩子对我态度的转变，我痛的是可能孩子很怕她奶奶，为了表现出对方期望的样子，不太敢再和我说话了。"

吕途："孩子内心百分之百渴望和你多亲近，你要相信心灵之约。但是，孩子不是自由之身，而且，孩子年纪太小，她要依靠她身边的人，她无法依靠你，所以，她的痛苦和你是一样多的。"

艳霞："我38岁了，再有两年就步入中年了，此时的我，房无一间，地无一垄，上是父母去世，下是孩子不在身边，想想自己前方的路，感觉好难。可再难我也不想轻言放弃，为了孩子，我一定会尽最大的努力去活着，活好！希望有一天，我可以和孩子说上心里话，有机会让她知道妈妈是个什么样的人。"

2016年6月30日早上，收到艳霞的一条微信：

"有一个人说，但凡选择来小毛驴的，大多都是精神出了问题的人，而我则属于问题更为严重的那一个级别的，因为，到了我这个年纪，本该相夫教女，做好贤妻良母才对。并且还说，这世上，男女有分工，男人是负责抛头露面、赚钱养家的角色，还有不要怕男人花（本人愚笨，不知道这个"花"指的是花钱大手大脚的"花"还是花心的"花"，没问也不想问），只要能挣钱然后顾家就够了。女人的角色呢，是要好好地做家务，好好地照顾全家老小，最重要的是：风头不要盖过自己家的男人，不要阴阳倒置了。那样就坏了规矩了！而我想说：goupi，站着说话不腰疼！贤妻良母是一副地地道道的外表美丽实则沉重的枷锁，它还是千百年来被无数人编写的规范女性的一部剧本，它束缚着女性在这个枷锁内按照沿袭下来的这部剧本循规蹈矩地表演，稍有偏行，就被冠以这样或那样的罪名！我想告诉那个人这些话，但是我没说，因为我觉得他是那么无聊的人，说了那么些无聊的话，我要是去回应，岂不是显得同样无聊了！"

1979年出生的阿芬

美丽的烦恼

2014年9月25日，我拉着行李来到广州U城，和阿芬约好了6点钟在城中心的麦当劳门口见面。阿芬准时开着电动车来接我。和几个姐妹一起去吃了晚饭，然后阿芬载着我穿过U城美丽的林荫大道，越走越偏僻，不再美丽整洁，老旧的街道和破旧的房子展现在眼前。在一座正在兴建的高架桥旁边，阿芬停了下来，电动车无法前行了。我们拐进了小巷子，石板路面起伏有致，各家各户的旧式木门古香古色。阿芬家的门也是双开的木门，迈进高高的石板门槛，旧屋的阴暗扑面而来。是两室一厅的结构，有厨房和卫生间，有热水可以洗澡。阿芬领我去我住的房间，我环顾一下，感觉很像《哈利·波特》书里面描述的魔法师的房间，所有家具上都有一层很久无人触碰的厚厚的尘土，我不知道该把包放在哪里。阿芬去了楼顶，然后抱下来洗过又晒干的褥子、床单和枕套，给我铺好，带着阳光的味道。我去找了抹布擦了桌子，把包放下，屋里的灯管不亮，阿芬摘了下来去修。很晚了，我准备休息，阿芬又去给我拿来一台小电扇，放到我的蚊帐里面吹着。我洗漱完了，透过阿芬破旧房门的缝隙，看到阿芬还在尝试修理我房间的灯管，我心里充满了感动，屋子里那些让人不敢触碰的《哈利·波特》式的尘垢也变得温暖起来。我无法吹着电扇入睡，关了电扇，冒着汗，我入睡了。

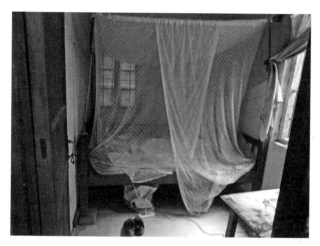

在广州 U 城的几日，作者住在阿芬陈旧却温馨的家里

9月26日晚上，阿芬下班回来就开始煲汤煮饭，从冰箱里拿出她老公专门给她买的一种补品，好像是青蛙卵晒干了做成的一种东西，说是对女人非常好，很贵。吃过饭，我和阿芬聊天。

在祸事中长大

阿芬于1979年出生于广东省江门市鹤山。有一个姐姐、一个弟弟。弟弟在14岁的时候出车祸去世了。那一天，村里一个人开车运猪，弟弟去帮忙，下雨了，车子刹车不灵，司机把车子停下来想去修刹车，后面一个车子撞过来把坐在车里的弟弟撞抛出去，紧接着车轮又辗过他的头，弟弟才只有14岁。

弟弟出事以后，阿芬的姐姐不知道怎么搞的，头脑出了问题，每天怪怪的，变傻了。接下来的二十年，姐姐一直在家里做手工，一边做，一边骂人，一边笑，治不好了。家里帮姐姐找过一个丈夫，是个正常人，是孤儿，他娶不上媳妇就找了阿芬的姐姐，还生了一个儿子。阿芬的妈妈帮着带这个外孙子。2007年有一天,大人没看好,孩子掉到池塘里淹死了;6岁的小男孩,大大的眼睛,很可爱,就那样死了。阿芬的姐姐都不去问自己儿子在哪里,估计她也不记得自己有个儿子吧,她彻底傻了。

也是在2007年,阿芬姐姐的儿子刚淹死一个月后,阿芬的爸爸死于癌症。

现在,阿芬的妈妈在老家,陪着阿芬的姐姐,带着阿芬的儿子。阿芬的妈妈58岁了,身体不好,头痛、脚痛,还是从早到晚干活。

阿芬上学到初二就没有继续读了,是她自己不想读了。数学考试得零分。初一的时候阿芬就不想念了,被妈妈骂着继续读到初二。老师上课,阿芬睡觉,就是没有心情读书,也不去参加考试,就是不喜欢读书。

美丽的女人

阿芬是个漂亮女人,苗条的身材、大大的眼睛,性格中同时融合着温婉、倔强和仗义。

1996年,阿芬不再上学了,那个时候16岁,去村里一家工厂上班,干了五年。开始的时候一个月工资300多元,最后有600多元。

那个时候就开始找对象了。找来找去的,总找不对。妈妈帮阿芬找的,阿芬不喜欢。后来阿芬自己认识了一个,家里不喜欢,嫌他太穷了,两个人性格也不合,就没有在一起。

2004年,阿芬婶婶的姐姐给阿芬介绍了一个对象,是广州U城当地人,见面以后,阿芬并不喜欢,但是家婆很喜欢阿芬,见阿芬不喜欢自己儿子就哭了:"你为啥不跟我儿子,他不抽烟,也不打牌。"阿芬想想也是,找谁都是找,就结婚了。谁知道,结婚还不到一年就打架、合不来,生了儿子以后没有几个月就离婚了。现在儿子虽然住在同一个村子里,但是彼此并不相认。

离婚以后阿芬继续生活和工作在这里,阿芬已经在U城落户,环卫工的工作也还可以。有一天,阿芬正在扫马路,阿芬公司的一辆垃圾车停了下来,阿芬正在诧异,穿着工装的司机走下来和阿芬说话。原来这位司机已经注意阿芬很久了,和别人打听阿芬的情况,知道她离婚了,才过来追求阿芬。他没有结过婚,人长得很帅气,脾气好、人缘好,是个沉默内向的人。阿芬就好奇了,如此内向的人怎么有这么大的勇气直接追求自己啊,就问他:"你什么时候开始喜欢我的啊?你为什么喜欢我啊?"他说:"喜欢就是喜欢,没什么好说的。"他是湖北武汉的,家里也没钱、也没房,阿芬从来就不太在乎这方面的事情,只在乎两个人是否合得来。离婚以后,阿芬很寂寞,这个人性格好,对阿芬很关心,两个人就在一起了。2007年3月,阿芬再婚。

后来,丈夫去外地工作。长期一个人在U城生活的阿芬经常遇到一些烦恼。阿芬告诉我:"我人长得不漂亮,不过追我的人很多。做女人有很多男人追求,多了很多烦恼,我真的不喜欢。"

生活　孩子　房子

阿芬清楚地记得自己开始做环卫工的日子,那是2004年8月19日,从那时到现在,做扫地的工作已经十年了。在这里生活十年,已经习惯了,如果要阿芬回老家,她反而不习惯了。幸好离老家比较近,每次放假都可以回去看看孩子。

阿芬的儿子一直由妈妈照顾,现在上小学一年级了,在镇上上学,很爱学习。阿芬的妈妈住在村子里,阿芬的儿子每天上学有校车接送,40分钟的时间。村子里以前有学校,后来就撤掉了,只能去镇上上学。阿芬儿子户口在广州U城,在老家就属于外地户口,在老家上学受到不一样的待遇，还需要专门去申请。

今年（2014年）6月，阿芬和丈夫终于买了房子，在阿芬老家的镇上买的，100多平方米，三室两厅，在六楼，离孩子的学校很近。买房子花了40万元，装修花了10万元，从阿芬妈妈那里借了10万元，从丈夫大哥那里借了5万元，从丈夫二哥那里借了10万元，阿芬和老公自己攒了20多万元。

阿芬不想回老家去，在这里十多年了，但是，儿子在家里，妈妈身体又不好，不回去不行。

美丽的品格

2004年，刚到广州U城做环卫工的时候，工资是600多块，不到700块。阿芬觉得，虽然不多，但是那个时候物价比较低，还可以。那个时候100块钱可以买很多东西的，猪肉几块钱一斤。

说到8月至今争取权益的事情，阿芬滔滔不绝。大家都想争取权益，但是谁都不愿意出头。阿芬不喜欢出风头，胆子也不大，但是大家选了她做代表，她也不退缩。阿芬她们一共220多名环卫工共同争取权益，她被选为18名代表之一，其中5人是谈判代表，她的任务是拍照和录像，无论发生了什么，阿芬都拍下来和录下来。

后来，由于各种原因，原来的谈判代表退了下来，大家叫阿芬顶上，阿芬就顶上去了。本地人都很怕出头，怕公司找她们麻烦；以后还要继续工作，怕老板针对自己。阿芬顶上以后，丈夫骂她，不让她搞，主要担心她一个人在这边不安全，万一被人报复都没有人在旁边保护。

从8月21日到9月11日，这短短的二十多天，她经历的事情很多。最激烈的一次是8月28日那天，阿芬受伤了。当时情况是，一个帮助阿芬她们争取权益的律师要被警察带走了；在警察面前，

阿芬在清扫马路,与作者合影

大多数人会胆怯,阿芬也一样;看到大家都眼睁睁地看着警察带走律师,阿芬不管不顾了,冲上去拉住律师;推搡起来,场面复杂,阿芬被捶、被打、被拉、被压着胳膊;最后,律师还是被拉走了。过后,为了全局考虑,也因为胳膊拧不过大腿,阿芬看着自己身上的伤,也只能咽下这口气。

9月10日,是问题解决之后大家到新公司上班的日子,但是,到了公司,外地人却被告知"不可以复工"。阿芬属于本地工人,但是阿芬坚决不复工。阿芬看到有本地人去签名复工,就站在那里骂:"你们摸摸自己的良心,如果不是外地人帮你们争取,你们有钱吗?现在人家帮你们争取了,你们居然不顾别人。"骂归骂,还是有几个人去签名报到了,阿芬她们不知道该怎么办才好。最后想出一个主意。当初和公司商量好解决方案以后,有一个保密协议,如果保密协议被公开,解决方案就作废。第二天,阿芬继续骂:"你们签就签吧,等我们把那个协议公开出来,让你们一分钱都拿不到。我看谁再签,我们马上把协议公布到微博上。你们如果不顾别人,别人为什么要为你们!钱都还没有拿到就不管别人了?"听到阿芬的这些话,就没有人再去报到了。

阿芬对我说:"我很佩服她们外地人,为大家做了很多。如果后来真的不要外地人了,那我也就不干了,公司就是要我干,我也不干,我做人就是这样的。没有拿到钱的时候靠着别人,叫别人冲上去;现在拿到钱了,人家没有工作了,你们个个不理人家。换作自己被这样对待会怎么想!"

阿芬长得漂亮,招人喜欢。回顾阿芬的恋爱和婚姻经历,阿芬从来没有把物质条件作为前提。阿芬虽然也会抱怨自己老公穷,一直买不起房子,但是阿芬同时非常明确地告诉我:"一个男人条件再好,如果他对我不好我也不会跟他。"阿芬待人无比真诚,她的真诚让她的旧屋在我眼里变得那么温暖。阿芬爱憎分明,充满正义感,宁可失掉工作也不愿意背弃帮助过大家的人。一个女人因为美丽,可能徒增烦恼,这是美丽的烦恼;一个人,因为热爱正义而受伤,这也是美丽的烦恼。

1981年出生的阿坚

祸福相倚

2014年9月28日,我经历了一场别开生面的系列剧。那天晚上,为了庆祝U城清洁工最终获得了应得的权益,大家决定一起去聚餐。已经定好了餐厅,是阿英中午经常带我去吃饭的餐厅。下午4点,餐厅突然被贴上了封条。阿英带我到餐厅门口,让我在外面等待,她们几个人过去交涉和联络。5点的时候,阿英告诉我,一会儿有人带我去新选的餐厅。5点半的时候,一个穿着清洁工绿色工装的女工朝我点点头,如同对上了暗号,我背着包跟了过去,她什么话

为了参加聚餐,需要坐轮渡渡海

也不说，开着电动车载我去了轮渡码头。一路上，每到一个路口就看见更多穿着绿色工服的女工、男工开着电动车聚集过来。到了轮渡码头，轮渡来了，好像为我们准备的，上面都是穿绿工装的。到了对岸，大家显然都得到了通知，都开向同一个地点。

庆祝活动开始了，阿坚站在餐厅的舞台上，穿着黑色连衣裙，上面点缀着亮晶晶的装饰物，闪烁着美丽的光彩。阿坚和另一个人主持了晚上的聚餐活动。

前一天，9月27日的中午，利用阿坚午休的时候，我对她进行了访谈。

等猪养大卖了交学费

阿坚1981年出生在广东罗定的农村。那个地方很偏僻，也很穷。她有一个姐姐、一个哥哥。阿坚看牛到7岁，然后读一年级，读到初中毕业。家里很穷，为了交学费，每年都要抓两头猪，每次该交学费的时候跟老师说："把猪卖了才有学费交，再等等，等猪养大些。"初中毕业，阿坚不想读书了，姐姐不同意。哥哥和姐姐都是初中毕业就不上学了。姐姐在外打工挣钱，愿意出钱供阿坚继续读书。阿坚知道，姐姐挣了钱自己要生活，还要给家里。阿坚看着自己家的泥砖房子，想着如此困难的家境，还是放弃了。

姐妹齐心为父母盖起楼房

1998年，阿坚17岁，来到罗定一家电子厂打工，一个月工资500多元。每个月自己留点儿生活费，剩下的全部拿回家。

1999年，阿坚跟着姐姐去东莞一家电子厂打工，做了三年。姐姐在厂里主动申请天天上夜班，因为夜班有补贴，每个月可以多挣几百块钱。阿坚也跟姐姐一样，天天上夜班，上了三年。姐妹俩每个月发了工资以后，留下伙食费和生活费，剩下的准时寄给老爸，两个人每个月都给爸爸邮寄1100多元。一个月的工资就那么多，为了省钱就只能在伙食上节省，偶尔才吃点儿肉菜，尽可能吃最便宜的饭菜。

终于，家里盖起了两层的楼房，当时钱还是不够，问阿坚的舅舅借了钱。后来，两姐妹继续挣钱把欠债还上了。

后来阿坚又跟着姐姐去深圳，做酒店用品推销，包括：床、牙膏、牙刷等日用品，做了有一年多。然后，姐姐结婚了，阿坚就开始一个人闯荡。

阿坚在广州一家化妆品厂做了一年多的库管文员，记录化妆品仓库的出货、入货。

不想嫁回农村老家

一转眼，阿坚23岁了。村子里这个年龄的女孩子早就结婚生孩子了。阿坚的想法不一样，如果找个对象还是自己家乡的，她宁可不谈婚论嫁。小时候的贫穷给她的印象刻骨铭心。看牛看到7岁，放牛回来吃早饭，早饭只有稀粥；吃了稀饭上学；放学回来洗衣服，帮助做饭，农忙的时候帮助收割。阿坚不想回去。妈妈让她回老家相亲，阿坚不去。

阿坚的表姐嫁到了广州U城，阿坚请表姐帮助说媒，看看是否也可以在这里找到婆家。第一次相亲，表姐在U城她婆家的村子找了一户人家；阿坚表姐的妈妈是阿坚的亲姨妈，阿坚的亲姨妈和阿坚的妈妈一起到对方家里做客，对方的父母冷淡到极点，只给递了一杯水就去睡觉了，很瞧不起阿坚和阿坚的家人。阿坚她们坐在那里，都没有人跟她们说话，一点人情味都没有，就没有继续交往了。

第二次相亲，表姐介绍的是她婆家隔壁村的一户人家。相亲之后，两个人通了两次电话。然后，两个人又见面聊，在公园里聊天，这个男的开始动手动脚的，阿坚从来没有谈过恋爱，慌了，打了那个男人一巴掌，就没有继续谈了。后来，还听到闲言碎语，那个男人的父亲造谣说阿坚都和他儿子睡觉了。

一转眼，又一年过去了，阿坚24岁了。她觉得反正自己年纪越来越大，心意已决，是不会凑合着嫁回老家的。这个时候，阿坚在广州南川上班，是一份绣花的工作。一个同事做媒，介绍阿坚认识U城一位村民，他是一位残疾人，叫阿顺。阿顺小时候发烧，把脚部神经损伤了，从此走路不稳，经常跌倒。阿顺人长得高大，相貌也好，脾气也好。阿坚见了阿顺以后，内心很不平静。阿坚一个人的时候就想：难道自己一辈子就跟这样的人过了?！她礼貌地回绝了阿顺，并且说："你去找别人吧。"阿顺的父母对阿坚说："如果认识好心的姑娘帮忙介绍一下，哪怕年龄大一点也无所谓。"阿顺的父母请阿坚的姨妈去家里做客，对阿坚的姨妈非常热情，还带阿坚的姨妈去U城逛了逛。阿坚的姨妈回来对阿坚说："阿顺这一家人很好，如果他的脚不是这样，人家肯定早就结婚了，也不会想找外地人吧！"阿坚又仔细斟酌了一番，想想小时候家境的艰难，又考虑如果以后有小孩子会是什么样子，还是在这里条件好些啊，就同意和阿顺先相处一下。阿坚告诉阿顺："我还没有想好。"阿顺说："不用先决定，先交个朋友就可以。"

阿坚和阿顺去了南川公园，就是她打了第二个相亲对象一巴掌的地方。两个人聊天，阿顺很懂事、很礼貌，一点儿都不轻浮，而且两个人有种无话不谈的和谐。中午阿顺主动请阿坚吃饭，两个人就相处下去了。阿顺经常叫阿坚来家里吃饭，每次阿坚过去吃饭，阿顺的父母都事先把汤煲好。阿顺的父母让阿坚体会到当地人的那种淳朴和热情。

一转眼，阿坚25岁了，自己家乡的穷姐妹们早都结婚了，她是村里岁数最大的老姑娘了。阿坚和阿顺交往也快一年了，她想："既然不想嫁回老家了，就嫁给阿顺吧，将来小孩有好一点的生活，就这样吧。"

祸福相倚

2006年，阿坚25岁，阿顺30岁，两个人结婚了。为了参加阿坚和阿顺的婚礼，阿顺的哥嫂耽误了工作专程从打工地北京回来，一家人对阿坚非常好。

阿坚怀孕的时候，妊娠反应很严重，吐得做不了事。婆婆沉默寡言，不会说什么，但是每天煲汤给阿坚喝。阿坚养胎不能做家务，婆婆从来不会对邻居讲一句阿坚的不是。2007年1月，儿子出生了，全家人如获至宝，欢喜之至。阿坚生了小孩以后，家婆三个月不让阿坚沾水，阿坚住在二楼，家婆每天把吃的东西端上来给阿坚吃，都是好吃的，家婆自己不吃，专门煮给阿坚吃。阿坚觉得很幸福。

阿顺和阿坚结婚之后，身体居然出现好转。结婚以前，阿顺的脚几乎没有什么力气，稍不小心就会摔倒，身上往往有很多摔伤。结婚以后，也许是因为心态放松了，身体也好了起来，脚有了力气，就不怎么摔跤了，跟正常人差不多了。有了力气以后，阿顺就想着可以做点儿什么力所能及的事情补贴家用。U城的大学很大，学校里有球场，学生们运动的时候无处买水，阿顺就萌生了卖水的想法。阿顺去村里申请摊位，没有获得批准，无奈之下，只好无证经营。阿顺买了冰箱，阿坚每天帮丈夫把装满饮料和冰块的冰箱推到操场，然后自己再去上班。刚开始一天挣十多块，后来慢慢收入多了些。城管也去管过，但是没有动粗，对残疾人还是留些情面。别人也发现这是个挣钱的门道，他们有门路办证正规经营，阿顺只好从大球场转移到小球场，不图挣大钱，挣点儿零花钱就满足了。阿顺和阿坚两个人互敬互爱，都长胖了，阿顺个子本来就高，一下子胖了10多斤，阿坚也胖了。

生完小孩5个月后，阿坚又开始上班了，家婆帮助照顾孩子。阿坚和经理商量，每天上午回去给小孩喂一次奶，下午再喂一次。

儿子3岁的时候，阿坚的家婆66岁。阿坚发现家婆很瘦，每天坐在椅子上不吭声，她带家婆去医院看病，拍了片子，说没事。但是每天看着家婆那么不舒服，肯定有事啊，邻居建议去广州的大医院看看，阿坚就带家婆去了广州第一人民医院。一去，主任说："住院检查。"家婆说："没带够钱，不住院。"阿坚说："我带了2000块，咱们住院。"一检查，是肠癌。阿坚听到这个消息自己在楼梯里哭了很久，哭得自己都累了。阿坚的家公一直是高血压，阿坚丈夫的大哥又刚出车祸做了手术，自己丈夫行动又不方便，阿坚无法找到可以来帮助她的人。为了防止误诊，阿坚带家婆去了另外一家医院，也确诊是肠癌。必须做手术。从做手术一直到出院，一个多月的时间，都是阿坚一个人在那里照顾。阿坚都没有把家婆得癌症的事情告诉家公，怕他血压升高出危险。做化疗很痛苦，家婆浑身抽筋，阿坚用油给家婆按摩手掌。家婆痛苦难挨，对阿坚说："不想活了，很辛苦。"阿坚耐心细致地照顾家婆，给她活下去的勇气。家婆有医保，手术治疗一共花了十几万元，自己出了几万块钱，剩下的都报销了。这几万元都是家婆自己出的，她不让儿子和媳妇出钱。

阿顺和阿坚结婚以前，一直领取低保补贴，结婚后却申请不到了。扫地的工作并不轻松，一个姿势干，手压得很痛，阿坚每天早上醒来的时候手都伸不直，要慢慢活动才能伸直。在路上扫地的时候，有人会问她："你年纪轻轻，干吗干这个活？怎么不去做别的？"阿坚说："我没办法，家里老人年龄大了，孩子又小，都需要照顾，做这个工作离家近。"还有人给她介绍照顾老人的工作，一个月可以挣 3000 多元，阿坚回绝了，再高的工资也不行，首先要照顾家人。后来，阿坚就开始做兼职，每天中午去一家饭堂洗碗，中午可以做一个半小时，最多的时候做三个小时。开始的时候一个小时 7 块钱，现在升到 10 块了。在饭堂里做事，把学生吃剩的饭菜拿回来养鸡，鸡下蛋给儿子吃。

阿坚说，这个 U 城什么都不好，只有一点好，就是给村民们都上了社保，老人们退休金高。现在两个老人每个月的退休金合起来将近 4000 元，所以家里吃的用的老人们都不让儿子媳妇花钱，让孩子们把钱存起来。另外，阿坚所在的村每年也分红，每人每月 130 块钱，所有人都有份，阿坚的儿子也有。

2011 年，阿坚家盖起了楼房，两层半，花了 10 多万。一楼自己住，另外一层租给大学生。

现在，家婆基本康复了，每年都复查。每两个星期阿坚去一次广州城里给家婆拿药。每天家务都是家婆做。现在（2014 年）儿子 7 岁多了。这么多年了，阿坚的家公家婆对她一如既往，按照阿坚的话，和亲生父母一样。

扣分扣出的反抗

阿坚她们清洁工被分为五个组进行管理。一组、二组一个老板，三组、四组、五组一个老板。很多时候，三、四、五组的人都下班回到家了，一组、二组的人才去公司签名准备回家。一组、二组管理得严，而且很苛刻。

有一次，阿坚和一个同事一起在外环路拔草，同事的手被毛毛虫弄得很痒，她在那里拼命抓挠，阿坚说："你不要抓，越抓越痒。你快一点去厕所弄湿了擦一擦。"阿坚陪同事一起去了厕所。出来的时候，组长说："你们进去了 40 分钟，扣 2 分。"阿坚说："我们进去的时候刚刚 5 点 13 分,我们出来的时候 5 点 25 分,没有 40 分钟。"但是,组长不听她们解释。周围做绿化的阿姨也看到她们没有进去那么久啊,但是,阿坚还是被扣 2 分,差不多就是 20 块钱。

阿坚清理中环路的卫生,发现那边有很多长期没有处理的垃圾,很多头发粘在入水位那里;很多广告贴在楼梯两边,一下雨就变黑了,太脏了。阿坚一个人处理不了,需要人手帮助,但是一直没有得到处理。最后,老板扣阿坚的分,扣了 5 分。

一次"六一"儿童节,阿坚跟别人换班去参加儿子的亲子活动,结果又被扣分。

而且还会无缘无故被骂,有一次卫生大检查,阿坚的路段被发现有垃圾没有清理干净,阿坚说:"我已经清理过了,又有卖东西的人扔了垃圾,我没有办法啊。"但是,还是被骂了,心里很不舒服。

一次阿坚给家婆预约了去看医生,请求提前休息一天,班长就是不批准,说:"明天马上就有你的休,干吗提前休?"让人心里很不舒服。

反正,一组和二组有各种各样让人生气的事情,还随便扣分。所以,当需要维权的时候,敢出头说话的代表多数是一组和二组的。

在和公司谈判的时候,阿坚是第二发言人。公司就派人去阿坚家里,拿着水果去的。家婆对阿坚说:"你现在搞这个维权,不可以收他们的礼物。"第二天,阿坚就把礼物拿回去还给经理了。家公、家婆其实很怕阿坚做维权代表后被抓进去坐牢,对阿坚说:"如果你被抓进去了,小孩怎么办?我们扫地的斗不过别人的。"虽然这样说,但是两位老人从来没有真的阻止阿坚做代表。

第二次,老总级的人来到阿坚家里。阿坚对老总说:"我现在是为了大家这个集体,我也不会多说什么话,我也会跟你聊,但是,我不希望你来我家里,因为我家两个老人身体都不好,如果真的发生什么事情,你也负担不起。不是我们要闹事,有些人通宵加班,给了我们多少钱？亚运会那么大的工程，我们加班加得要死，都没给我们什么钱。平时我给家公、家婆拿药，我带小孩去看病，都不给调假。你们管理级这样为难我们，让我们怎么办？"老总说："确实，我们管理层有问题。"

祝　福

吕途："我听你的故事，特别感动。我觉得你丈夫虽然不像别人那么完全的健康，但是，两个人的幸福最重要的是两个人的心。他对你好，家里人对你好，是不幸中的幸福。"

阿坚："真的是这样的。两位老人帮我很多。我用他们的，吃他们的，我自己的这份工资全部都存起来了。"

吕途："你们家里，老人身体不太好，你老公身体也不太好，但是，反而家庭和谐幸福，丈夫对你好，婆媳关系也好。"

阿坚："有些人家拿了钱去赌。有的人家老公去找娱乐。我们也出去玩，全家人一起去，有说有笑的。"

吕途："祝老人健康长寿、夫妻和睦、孩子快乐成长。"

1981 年出生的彩云

只有傻子才能够为大家做点事

彩云是工人大学（北京同心创业培训中心）第 14 期学员。工大第 14 期采用网络教学的方式，学制半年，分 6 个单元，每个单元 4 讲，一共 24 课，就是 24 个教学视频，一周学习 1 个教学视频。学员分成学习小组，每组 6 到 12 人，各组一周开一次网络周会，各组有小组辅导员。我是工大教学的总辅导员，对参加我们学习的 45 名学员都有所了解。彩云是一名学习非常认真的学员，每次网络周会上，学员都会对教学视频发表自己的学习体会，也可以结合自己的日常工作进行分享和发表看法，彩云的发言引起我特别大的兴趣，她从 2014 年开始在村子里面的一家公益机构工作。彩云从 2016 年 4 月 1 日开始参加工大的学习，到现在（2016 年 5 月 30 日）已经两个月，每次在周会和周记中都可以听到和读到她工作中的收获与烦恼、欣喜与困惑，我对彩云的工作越来越感兴趣。2016 年 5 月 28 日上午，我对彩云进行了电话采访，我希望可以记录一位农家女投身乡村建设的朴实而多彩的故事。

超生的小生命

彩云 1981 年出生在甘肃省平凉市四十里铺镇的一个贫困的村子里。家里已经有了五个孩子了，彩云的大哥、二哥、三哥、大姐和二姐,妈妈在45岁的时候又怀了彩云。当时家里人的打算是,无论生出来的是男是女都送给别人。等生下来父母看到彩云的时候,却舍不得送人了。

彩云从生下来就体弱多病,一年四季打针吃药。家里经常没钱,去看病的时候经常要赊账,彩云还记得爸爸跟医生说,把药费记上,等有钱了再还。彩云饭量特别小,大夫说是贫血,需要打一种针剂,后来屁股上打得全都是针眼,晚上妈妈经常用热毛巾给彩云敷屁股。彩云吃过最苦的中药,她不想喝,被家人摁着往下灌。父母也找了很多土办法,有一次父母给彩云找到一个偏方,把馒头在火里烤糊了之后弄成末,再把盐炒熟了,将这两样混在一块冲水喝,又苦又咸。

彩云属于超生,要交2000元才给上户口。家里连吃饭都困难,哪儿有钱啊?家里只有爸爸一个劳动力,在公社里做会计,挣很少的工分。天天吃不饱饭,到地里挖野菜吃,衣服都是老大穿了老二穿,然后老三接着穿。彩云5岁的时候,爸爸借了800块钱交了罚款,彩云才有了户口,但是没有土地。彩云印象很深,从小到大别人都叫她黑人,因为她没有户口,后来有了户口但也没有土地。

辍　学

彩云的爸爸有文化,字写得特别好,还会写毛笔字,家里书特别多,彩云小时候经常翻看爸爸的书籍。妈妈没有上过学。大哥上到小学三年级就辍学了,大姐上到小学毕业之后就结婚了。二哥、三哥和二姐都没有上过学。

彩云家的村子里当时有一所中学,附近村子的学生都过来上学。彩云记得那个时候学费是一个学期60元,冬天取暖费20元,书本费大概80元。彩云学习成绩一直挺好的。上初二的时候,该交书本费了,家里没钱,交不上。在甘肃农村重男轻女的情况很严重,村里人对爸爸说,一个女孩上那么多学干什么,上两年就行了,反正最后还是成为别人家媳妇。爸爸就不让彩云上学了。彩云和爸爸吵了一架,然后给嫁到河北的二姐写信,让姐姐把自己带到河北去。过了几个月,当二姐回来把彩云接走的时候,爸爸站在门口看着彩云离去,彩云头都没回。从那以后,彩云几乎再没有和爸爸说过话,彩云觉得是爸爸剥夺了她上学的权利。

打 工

1997年,彩云16岁,跟着二姐来到河北省正定县的农村。姐姐在村子里的一家饭店给彩云找了份工作,在厨房洗碗。干了快两个月的时候,她胳膊被开水烫伤了,就不做了,在二姐家休养了一段时间。姐姐家种地,彩云恢复了之后,帮着做农活。

几个月以后,二姐托人在镇上的一家饭店给彩云找了一份工作,当服务员。干了没一个月,彩云干不下去了,有男客人在喝酒之后动手动脚的,彩云无处诉说和求得保护,只好辞职。那个时候在饭店打工一天10块钱,一个月300块钱。

彩云的大哥从18岁开始在河北正定县打工,大嫂在县城一家饭店帮彩云找了个工作,什么活儿都要干,每天只能睡四五个小时。如果半夜有客人过来吃饭,彩云也必须起来干活,有时候凌晨两三点休息,有时候凌晨四五点休息。干了两个月。有一天晚上,彩云很疲倦,走在马路上,靠着边儿走,后面来了一辆车,把彩云撞倒了,司机酒驾。彩云被送到医院几个小时以后才苏醒过来,幸好伤势不重,法医鉴定是:脑震荡和腿部轻微骨折。在医院住了一个礼拜,肇事者始终没有出现,只是支付了500块钱住院费,没有受到任何处罚,因为他是当地人,有社会关系。彩云出院以后,无法走路,在姐姐家休养了半年。

彩云身体恢复以后，大嫂帮彩云在县城一家蛋糕店找了一份工作。彩云学会了做蛋糕，干了两个月，快过年了，就不干了。

相亲和结婚

1999年春节前后，二姐开始给彩云介绍对象。介绍了几个，从中彩云认识了丈夫，两人相处半年之后就结婚了。丈夫家的村子和二姐家的村子离得很近。

吕途："你为什么义无反顾地离开甘肃老家？"

彩云："小时候我看到爸爸打我哥哥、我姐姐，打我妈妈，从小在这个影响中长大的孩子，有一个心理反应是不回家住，我必须待在河北。"

吕途："你爸爸会把妈妈打伤吗？"

彩云："会打伤，有一次把我妈打得鼻青脸肿的，躺好几天起不来床。姐姐说，我是家里最享福的人，没有挨过打。我二姐有一次看到同龄的孩子穿一双凉鞋特别好，让我爸给她买一双，我爸没有给她买，还把她打了。"

吕途："现在爸爸、妈妈还在吗？"

彩云："我妈2002年去世的，我爸是2005年去世的。我20岁多一点双亲就都没有了。"

吕途："现在你原谅你爸爸了吗？"

彩云："我爸爸去世之前，我姐打电话过来说我爸快不行了，我就跟二姐回家了。我看到爸爸的脸特别瘦，心就软了。我想，我爸的那些行为也许是环境造成的，是那个时候的经济状况给他太大的压力了。我二哥、三哥一直没有结婚，家里穷，本身又是文盲，一辈子都没有外出过，一直在村子里务农。"

吕途："为什么这么坚决地嫁到河北这里？"

彩云："因为我老家特别传统，男尊女卑思想严重。我看河北这边的人比我们甘肃的开放一点儿，起码对妇女比较尊重一点。生活条件也比我们甘肃要好一点，从那以后我就下定决心再也不回甘肃老家了。"

吕途："我也认识挺多甘肃人的，觉得大都很纯朴，当然纯朴不等于不重男轻女。"

彩云："对，他们人是挺善良和纯朴的，就是受传统观念的影响，一代影响一代，重男轻女。女的必须在家里，必须服侍男的，我从小看我妈给我爸洗衣、做饭，饭做好之后还要盛到碗里，吃完之后我妈还要给他添饭，还要端过去，我就看不惯这样的做法。女人活得特别没有底气，必须是男人的附属品似的。"

吕途："你从小看着就觉得不舒服，还是说长大以后慢慢看着不舒服？"

彩云："长大上了学之后才觉得不舒服的，从书本上看到的，那些做法都是男尊女卑的思想观点导致的。"

婚后的工作和生活

彩云夫家在正定县南楼乡南楼村，村里 700 多户，3000 多人，东边有一个小学，西边有一个初中。平均每人 1 亩 1 分地。村里人也种地、也打工，在村子周边打工。村子里几乎没有留守儿童。村子里有人种地，也有人把地租给别人种，一亩地一年的租金大概 780 元。除了种家里的地，彩云的丈夫还租了别人家的地，一共种了十多亩地，家里有辆农用车，除了自己家用，丈夫也给别人家干活挣钱。彩云家现在生活不是很富裕，但是解决温饱还是没有问题的。彩云觉得能够照顾到孩子比什么都强。结婚以后，彩云帮助丈夫干地里的活儿。儿子出生以后，除了照顾孩子也会想办法挣点儿现钱。

彩云的大儿子 2002 年出生，二儿子 2009 年出生。

孩子大点儿之后，彩云跟着村里的妇女去给别人家锄地，一天干 8 个小时可以挣 15 块钱。还有一次去别的村子挖树坑，挖一个坑是 1.5 元，那天彩云挣了 120 块钱。还有一段时间去县城一个板材市场卖过板材，干了两个月以后，开始起疹子，去医院查的时候医生说是过敏造成的，估计是板材里面的甲醛造成过敏。

2013 年，彩云到隔壁村的药厂里干了半年。厂长觉得彩云干活认真实在，提拔她当质检员，刚干了质检员一个月，老公和婆婆都要去县城打工，无法接送孩子上学放学，彩云只好辞职回家了。

加入乡村建设的行列

2014 年，彩云加入了本村的一家民间公益机构：河北省石家庄市正定县美丽乡村社区服务中心。机构现在只有负责人和彩云两名正式工作人员。机构负责人从 2010 年开始从事相关工作。

彩云在南楼村

2014年10月，机构在民政局正式注册成为民办非企业机构。彩云她们的工作得到了一些相关机构的支持，包括中华慈善总会等。

2010年，机构负责人在村子里开办了农家女书屋，农家女书屋是北京农家女文化发展中心支持的，机构这里提供场地，农家女那边提供书籍。机构负责人和村委会协商，在村广场上找了两间屋子作为书屋。现在大概有6000本图书，每周六、周日免费开放。

2010年机构开始给村子里的孩子们开设暑期班，北京梁漱溟乡村建设中心给机构选派大学生支农志愿者。暑期班为期一个月，上午四节课，下午三到四节课，授课内容有国学、语文、数学、体育、美术、音乐、舞蹈、手工等。2013年出了一次事故，一个孩子玩单杠掉下来把胳膊摔折了，花了几万元，都是机构等相关人员自己掏钱赔偿。2014年，彩云和机构同事认为必须收费，而且给孩子们上保险，招收了40多名学生。

2015年，在北京农家女文化发展中心帮助下，开办了女童性别安全知识培训，讲授的知识包括：男孩和女孩生理期方面的知识、小孩是从哪里来的、儿童自我保护等。在学校里给老师和学生讲，在村子里给爷爷、奶奶、爸爸、妈妈们讲，效果很好。这个话题在学校里老师不讲，在家里父母也不讲，当孩子问大人自己是从哪里来的时候，有的家长回答说：从马路上捡的。在培训中，教师向学生们讲解：孩子是爸妈相亲相爱，然后爸妈的精子和卵子结合而来的。那些课件做得特别好，通过放映PPT图片，孩子们一看就明白了。

机构还在做一个乡村建设的培训班。培训内容包括三本书：第一本是《构建一个繁荣与和谐的社区》，第二本是《构建一个繁荣与和谐的社区——农民角色》，第三本是《在小块农田试验农业多样性的效力》。2015年招收了60多名学员，每个周一、周二、周三晚上7点到9点上课，大家都坚持下来了。过去，都是机构负责人讲课，现在，彩云也可以独立承担授课任务了。在授课中，彩云她们提倡的是：共同学习、共同进步、共同探讨。三门课程的教学任务完成之后，学员并不是各自散去了，大家还会经常聚会，讨论是否可以合作做点儿什么，探讨是否可以做一些经济项目。2014年，大家合作成立了养老互助资金，彩云等四个发起人每人投5000元，后来有20多个老人加入，每人入股2000元。2015年年底，互助资金搞了一次分红大会。

现在，彩云她们正在筹划做一个亲子班。亲子教育必须是家长陪同孩子一起参加，不是幼儿园，不是看孩子。计划是，每周上三次课，每节课2个小时，一期招收15个孩子，要收费，开始由机构负责人和彩云做老师，然后慢慢地从妈妈中培养老师。

机构的工作任务很多，可以做的事情也很多，但是招不到工作人员。主要问题是工资太低。彩云刚入职的时候工资1000元，现在是1600元。

用愉悦开放的心态来做事

彩云对工作非常投入，也非常忙，以前还能够帮助家里干农活，现在从周一到周五，从早忙到晚。开始的时候家人并不太支持，说挣得太少了，每天看不到人，晚上很晚才回到家，家里的事情什么也不管。后来，彩云坚持继续做，家人也就习惯了。对于彩云来说，选择做这份工作的原因有两个：第一，这是一件对大家有利的好事；第二，做这个工作可以弥补彩云没有上学的遗憾，彩云很愿意多学点知识，这个工作提供了一个平台，让彩云有更多的机会学习和增长见识。

前段时间，彩云她们去乡里参加一个桃花节，发了一些机构的宣传页，彩云很怀疑这样的宣传有什么效果。过了两天，有一个大哥给机构打来电话,说看了机构的宣传单,觉得挺有意思的,希望一起谈一谈。彩云和机构负责人一起过去了。那位大哥开了一家婚介公司,彩云向他讲解公益和慈善的区别,那位大哥挺认同的,愿意和机构合作,说可以在他们那边开展学习和培训活动。彩云觉得,这份工作充满了惊喜,可能碰到不同的人,可能有意外的收获。

村子有什么改变

吕途:"你为什么这么热爱这份工作?"

彩云:"我们是公益机构,以建设和谐社区为目标。从2014年开始,我们邀请村民们来参加学习,希望改变大家的思维模式,改善村民之间的关系。我们要团结互助。建设和谐的乡村不是哪个领导的责任,而是我们每个村民的责任。"

吕途:"参加机构工作两年了,你看到你们工作的效果了吗?"

彩云:"村子里的人看到我们都特别热情。孩子们看到我们也特别热情地打招呼,老师好!也听到村民对我们说:'你们做这个事挺好的。'"

吕途:"你和你们负责人都是外来的媳妇,大家如何看待你们扎根在村子做这个事?"

彩云:"他们用异样的眼光看待我们,悄悄议论:'这两个人都是外地的,嫁给这边做媳妇,却为村里的建设在奔忙……为什么?'"

吕途:"他们有答案吗?"

彩云:"他们觉得我们俩好像有点傻似的。"

吕途:"看来只有傻子才能做好事。"

彩云:"精明的人都去挣钱了,只有傻子才能够为大家做点事。"

附：两篇周记

工人大学第 14 期第 7 周周记[1]

彩 云

第 7 课的阅读文章中说："亲密友善的村民现在成为一盘散沙，随着经济的发展，贫富分化越发明显，有钱人越发强势，贫穷者越发弱势。老百姓没有把自己当成村子中的一员，而只把自己当成一个过客，只图眼前的利益，不管村子以后的发展，不为子孙后代的利益考虑，有的人说：我过好自己的生活就可以了，哪有时间去管别人和村子的事。老百姓没有主体意识、没有把自己当成村子的主人。"

我觉得我们村子需要有好的带头人来带领大家往前走，所以说，现在的农村急需有志向的青年才俊回乡创业，为老百姓干一点实事：成立合作社、生态种植、做教育、团结经济等，结合我们当地的资源把我们家乡的经济建设搞上去，为我们的家乡和村子做一点我们力所能及的事情。我们不管到什么地方都不能忘记我们的根。我们的乡愁、我们的根在哪里？我们要把它找出来。我们现在要做的就是把老百姓的思想和观念转变过来，让他们意识到合作团结的力量，然后大家共同学习探索一个可持续发展的模式，我们自己把村子建设得更加美丽、繁荣、和谐。我们也知道，在农村做一件事情很不容易、特别的难，需要克服各方面的困难，还有一些我们预料不到的状况，即便如此，我们也要去做啊！难道我们指望别人来做？！让我们自己来建设我们的家乡和村子吧！我们的命运我们自己来主宰！

2016 年 5 月 22 日

---

[1] 工人大学学员每周需要上交学习周记，这是彩云所写的两篇。

工人大学第 14 期第 8 周周记

彩　云

　　昨天下午去我们村附近的村子做学习培训，结束之后又去了另外一个村子，因为前一段时间这个村子发生了一件事情，一个男的三十多岁生病死了，看病期间向亲戚、朋友借了好多钱，大概二十多万。在这男人死后的第 21 天，他的媳妇上吊自杀了。所以我们去拜访这家，了解到的情况是：现在家里有二十多万元的外债，两个孩子，男孩 13 岁，上小学六年级，女孩 10 岁，上小学二年级，两个老人七十多岁。家里的男人死后，有些人开始来要钱，让他们还生病所借的欠款，还有就是，丈夫生前对自己的媳妇特别好，两个人的感情很深，各种原因都有吧！这个女人承受不了生活的压力和对丈夫的思念，所以选择了自杀，可是她没有为自己的两个孩子考虑，从此以后孩子变成了孤儿，在这个世界上无依无靠，虽然有爷爷奶奶，可那是不一样的，这是自私的选择。我们去是想尽一点绵薄之力，看有什么我们能做的事。两个孩子可以到我们暑期班去上学，到时候免费，交通远的话我们可以免费提供食宿，尽量给孩子提供一些学习的环境和积极乐观的生活环境，我们能做的也只有这些。

2016 年 5 月 28 日

1985年出生的段玉

共同成长

2016年5月8日,母亲节,在我看来是段玉蜕变的标志性的一天。她写的"段玉给女儿的一封信:我希望你是女权主义者"于5月7日在"尖椒部落"网络平台发表。同期,段玉和其他两位女性组建了女性主义乐队"九野组合",在"五一"前后多场演出中演唱《再见萤火虫》《面包与玫瑰》等女工歌曲。

在爷爷、奶奶的陪伴下长大

段玉1985年出生于辽宁海城市,是独生女。儿时的故事段玉并不会经常回忆,点滴中透露出她是那么无拘无束和备受爷爷宠爱。有一天,爷爷从外面回家,发现大门敞开,从屋里冒出浓烟,小段玉却不见踪影,原来,段玉学着大人的做法想把炉子点着,玩了一会儿火没有完全着起来,弄了一屋子烟,段玉就跑出去玩了。等妈妈来看段玉的时候,爷爷说:"你家小妖精都快把屋子点着了。"

学幼师

妈妈陪伴段玉的时间虽然不是特别多,但是从小到大,妈妈有形和无形地影响着段玉的身心成长和学业选择。2000年初中毕业,妈妈为段玉设计了一条学业捷径。先念了一年为成人考试准备的补习学校，2001年参加成人高考，是全国统一的考试；报考鞍山师范的成教院，有专门为幼师专业准备的考试，属于艺术类，录取分数线很低，段玉顺利入学，一年学费1000到2000元；上学两年，幼师专业大专学历，2003年9月毕业。这的确是捷径，以最快的速度获得了大专学历，但是，现在回想起来，缺失了高中基础课程的学习。

毕业以后，她自然希望去幼儿园工作，却发现，比较好的幼儿园不会聘任刚毕业的学生。段玉找了几家小幼儿园，发现在那里其实就是做阿姨照顾小孩，学的知识完全用不上，就没有去。

卖汽车配件

在老家闲待了一个月。有个三姑在沈阳卖汽车配件，让段玉去跟着学学做买卖。在那里一条街都是卖汽车配件的，桑塔纳、捷达等车辆的汽配应有尽有，需要熟记上千种配件的名称。店铺天天开门，段玉每天在店里打杂，没有休息日。楼下是店铺，晚上就在楼上休息。段玉无法适应，没有休息日、环境不好、味道很大，段玉又记不住那么多配件的名称。工资一个月400元，干了两个月。三姑介绍段玉去北京她开的另一家店。段玉对北京很向往，北京是全国政治文化的中心，很神秘。

100元的车票钱，大巴车把段玉从沈阳带到了北京，第一次一个人出行这么远，段玉内心充满好奇和期待。到了四惠枢纽站，段玉下了长途车，拎着箱子一个人坐公交车辗转到了二姑家，二姑住在劲松。从二姑家的窗户望出去，段玉很纳闷，为啥看不到天安门？二姑回来了，带段玉去饭店吃饭，然后开车送段玉去三姑开的汽配店。段玉望着窗外，一路从繁华的都市到了荒凉的郊外，位于顺义的汽配城建在国道旁边，孤零零的，离旁边的村子都很远。店里只有三姑的老公公和一名雇工，段玉被安排在附近的村子里住。一个月工资400元，没有休息日，每天早上8点上班到下午5点下班。每天面对的是买汽车配件的顾客，没有人可以说话，不敢一个人出去。第一次到北京，来到了一个"没有人烟"的地方，很寂寞。上大专的时候段玉学过音乐基础知识，也学过吉他演奏的基础知识，她去顺义城里花400元买了一把吉他。这个时候，段玉第一次在音乐中体会到了排解忧愁的滋味。段玉在顺义汽配城干了两个月。

做幼师

段玉和初中同学取得了联系，同学住在东三旗，告诉她城里有很多幼儿园。段玉搬到同学那里，在东三旗村子里找到一家为打工子女办的幼儿园，条件比较差，段玉教学前班，带8个孩子，一个月工资500元。做了一个月，段玉被派到附近的分园，又做了两个月。管吃管住，早餐的米粥一勺子只能捞上几个米粒，中餐只有素菜，一周休息一天，前三个月不给工资。

路过天通苑，段玉发现那里一个条件很好的幼儿园招人，就应聘上了。段玉负责日托班，带6个孩子；孩子不是打工子女，是城里人的孩子；工资一个月800元。终于在一家环境好的幼儿园工作了，找到了一份算是工作的工作，但是段玉有一种魂不守舍的感觉。

2004年11月底，通过亲戚介绍，段玉去应聘北京师范大学的附属幼儿园（望京），通过了考核和面试，段玉终于在正规的幼儿园工作了，工资一个月1100元。段玉觉得找到了一份适合自己的工作。随着工作进入正轨，段玉发现自己并没有动力去认真学习幼教知识，而且，这样程序化的工作，让段玉有一种看到了头的无聊。段玉第一次开始思考自己到底想要什么。工作之余，段玉弹琴唱歌，这种时候她感觉找到了自己，做其他事情的时候总是觉得那不是自己。

断断续续参与北京工友之家的各项工作

2005年6月,段玉的好友康雨在电视上看到打工青年艺术团的演出。当时艺术团的办公室在东坝,她们专程拜访,几次接触后,逐渐认识了艺术团的成员。有一次,许多请段玉参加了艺术团在肖家河社区的演出,那是段玉第一次的公开演出。和艺术团的接触,让段玉第一次找到了自己的存在。在幼儿园上班的时候,段玉压力很大,不敢跟家长说话,不知道该说什么,和艺术团的伙伴在一起,有一种可以沟通交流的轻松的感觉。

孙恒说要在皮村办打工子女学校,暑假期间段玉参与了皮村同心实验学校的建设。当时康雨决定来同心学校的学前班当老师,段玉觉得自己如果不加入将来一定会后悔,就在2005年10月也来到皮村同心实验学校,当时工资一个月500元。康雨和段玉在皮村租了一个房间,一个月租金50块,两个人一起带小班,40多个孩子。

段玉按照自己以前在城里幼儿园的教学经验,带着幼教的理念在皮村工作。学校的条件不好,孩子们也很顽皮,老师只有通过大声喊叫和训斥,孩子们才能安静下来。一次,一个孩子磕到了,家长很有意见,说老师没有看好孩子,段玉反驳说:"我不是看孩子的,我在做幼教。"矛盾重重,段玉也觉得委屈。艺术团和学校丰富的活动给了段玉创作的灵感和空间,段玉根据学生的一篇作文创作了歌曲:

小小的渴望

词曲:段玉

我住在一个村庄,但这里不是我的家乡,
从小随着父母四处飘荡,风餐露宿习以为常。

我有着明亮的眼睛，也有着无尽的渴望，
满面的尘灰朝着天空，也没有美丽的衣裳。

哇哇！哇哇！这是弟弟的哭声在响，
哈哈！哈哈！这是妹妹的笑声在响，
啊啊！我在渴望，憧憬那美好在远方。

不久后我将离开村庄，再次随父母去远方，
我将离开欢乐的校园，为生活奔波飘荡。

哇哇！哇哇！这是弟弟的哭声在响，
哈哈！哈哈！这是妹妹的笑声在响，
啊啊！我在渴望，憧憬那美好在远方。
啊啊！何时能不再飘荡。

2006年3月，段玉辞职离开了皮村同心实验学校。虽然不承担具体工作了，但段玉还会参加艺术团的演出。段玉在人才市场上找到一份"神奇画布"的销售工作，做了两个月，又回到同心实验学校，负责社区夜校的文艺课。夜校从周一到周日晚上都上课，人多的时候教室满满的，人少的时候就几个人。负责了一个学期的艺术课以后，段玉的内心又觉得不安定了，因为很多空余时间不知道用来干吗。

2006年10月，段玉去一家杂志社工作，工资一个月1000块左右，地址在双井，每天下午3点下班。段玉白天在杂志社上班，晚上在皮村给夜校上课。干了两个月以后，每天坐公交车单程都要两个多小时，这样来回跑，太累了，身体就坚持不住了，开始月经不调，就辞去了杂志社的工作。

2007年10月，段玉去一家专门为家政工服务的公益机构工作，同时参加了艺术团的全国巡演，增长了很多见识。2008年8月，家政工的项目结束，公益机构也就维持不下去了。这期间和从事家政、物业服务的女工有很多接触，创作了歌曲：《我的名字叫金凤》、《电梯姑娘》和《小时工》。

我的名字叫金凤

词曲：段玉

那一年我离开家乡，在一家工厂打工
长长的流水线，流走了我的梦想
双手每天都在忙碌，在那针线中
经常加班到深夜，在那工作两年整

哎嘿依而呀儿哟！哎唉嘿依而呀儿哟！
他们称呼我的名字，他们叫我打工妹
哎嘿依而呀儿哟！哎唉嘿依而呀儿哟！
我有自己的名字，我有自己的名字。

不甘于生活的繁重，我就去学了美容
学习的日子很愉快，但工作却不是那么简单
我要起早贪黑地把技术练，唯独是梦想着
创造一片属于自己的天

哎嘿依而呀儿哟！哎唉嘿依而呀儿哟！
他们称呼我的名字，他们叫我打工妹
哎嘿依而呀儿哟！哎唉嘿依而呀儿哟！
我有自己的名字，我有自己的名字。

可天不遂人意，让我再一次地离去
对生活热情的心，也跟着迷离

后来我又去了饭店，做了普通的服务员
被别人呼来喝去地使唤，不能有任何怨言
觥筹交错的是杯杯的辛酸
盘盘碗碗承载着多少梦幻

哎嘿依而呀儿哟！哎唉嘿依而呀儿哟！
他们称呼我的名字，他们叫我打工妹
哎嘿依而呀儿哟！哎唉嘿依而呀儿哟！
我有自己的名字，我的名字叫金凤。
哎嘿依而呀儿哟！哎唉嘿依而呀儿哟！
我有自己的名字，我的名字叫金凤。

啦……啦……
我有自己的名字，我的名字叫金凤。

2008年8月，段玉原来的同事开办了一家从事幼儿科学教育的培训公司，段玉去当了培训师。段玉一直全职做这份工作到2011年1月，底薪每月1500元，每节课80元，后来底薪涨到每月3000元。

参加"梦想秀"的打击

2009年年初，旅游卫视为了庆祝新中国成立60周年，举办了一个叫"2009我的梦想"的选秀节目，最后要选出60个有梦想的人，评选标准是这些人的梦想也为观众所认同。段玉被安排到"演艺梦"

这个组。初选中,段玉站在舞台上对观众说:"我的梦想是:创作出歌曲,为了劳动者歌唱。"台下坐着很多年轻人,据说是从某职业技术学校拉来的观众,主要是学习美容、美发专业的学员。段玉介绍完自己,说完自己的梦想,台下观众按支持率,结果第一拨就被刷下来了。段玉很受打击,自己拥有一个为大多数人歌唱的梦想,但是观众却不支持。段玉对大众和工友很失望,变得消沉。你的梦想明明是为了大多数人,但是大多数人却不理解你;当大多数人都不认同的时候,还去不去追逐这个梦想?段玉缩回到自己的个人世界,想着:自己即使不能赚大钱,也可以挣工资养活自己,何必去追逐不被认可的梦想。这个打击过去了几年以后,段玉可以冷静地反思当时的状况,她说:"绝大多数人,觉得梦想应该是距离自己比较远的、比较高的想法。台下学美容、美发的年轻人的梦想是当化妆师,即使毕业以后立刻进入打工群体,也意识不到或者不想承认自己是底层,即使意识到了也会把自己的梦想提高到化妆师的层次。他们一定觉得别人的梦想更像梦想,而我的太接近现实了。"

成　家

从 2008 年开始,妈妈就开始催段玉交往男朋友。

2009 年年初,段玉来皮村参加一个社区演出,那一次我印象很深。她为了上场方便坐在第一排,我坐第二排。段玉心情郁闷,无法专心看演出,一直转头和我说话,段玉说:"在老家的时候,妈妈安排我相亲。妈妈找的那个人有房、有车,房子不是多好的房子,但是起码在市里面,是那种联体的二层楼。车也不是多好的车,但是有车。"

吕途:"那你和那个男人相处了吗?"

段玉:"见了面。我怎么觉得那么别扭哪。凭什么你有房、有车就觉得想找谁找谁?！我跟了他的话，到底是嫁给了他还是他的条件？我真的能忍受在老家生活吗？在那里，没有人可以沟通，没有人可以理解我。"

2009年10月，段玉接到了小马的电话。2006年段玉在同心实验学校工作，小马在皮村马场工作，两个人就认识了。当时小马追求段玉，段玉没有同意，不为别的，就是因为小马长得太黑了。段玉说："我本来就黑，小马比我还黑，生个孩子出来得多黑啊！"时过境迁，小马去浙江一个马场工作了，段玉看到来自外地的号码，问是哪位，小马说："我是你最不爱搭理的那个人。"就这样，两个人开始经常打电话。段玉觉得自己也到了该结婚的年龄，妈妈那边的压力也越来越大，如果自己再不结婚，母女两人的关系将越来越紧张。小马负责马场的管理，离不开，段玉决定去浙江见面。

2010年清明假期的时候，段玉去浙江海盐小马所在的马场，两个人确定了关系。2010年暑期，段玉又过去待了两个星期，相处愉快。年底，两个人结婚了。2011年3月，段玉搬到马场，开始了新生活。小马负责的马场在海盐县的风景区里，有5名工作人员，管20匹马。

结婚对一个女人来说是一个很大的转折点。在女人的世界里，结婚以后家庭会占据很大的比重，但是男人不一定有同样的变化。段玉也想过，结婚后是不是应该在马场附近找个工作，像"真正"组成了一个家庭那样，每天上班、下班、过日子？段玉去附近溜达看了各种招聘广告，可以选择的工作有超市售货员、文员和工厂工人。段玉觉得这些都不是自己想做的事情。

参与"苏州工友家园"的工人文艺工作

在苏州，有一家为打工者服务的公益机构"苏州工友家园"，位于外来工友聚居的吴中区木渎镇的沈巷。段玉从 2011 年 5 月开始参与那里的工友文艺工作。从海盐到沈巷，交通大概 3 个小时。最后商定，段玉隔一周来苏州工作一周，这样，一个月有两个星期在家园参与文艺工作，有 1500 元的补贴。

段玉很喜欢发呆，无论在哪里都需要一个心理上的独立空间。发呆的时候，或者什么也不想，或者会反思一些事情。段玉意识到自己一直处于游离的状态；自己没有更高的梦想，但是也没有踏实地做某件事情。段玉逐步能进行独立创作以后，更加热爱文艺工作，她也想过是否可以从事演艺工作，比如，可以从在酒吧唱歌开始。段玉了解了一下在酒吧唱歌这个行业，自己也亲自去观察了一下，发现自己完全不适合、也不喜欢。比如，去酒吧唱歌，为了挣钱必须去迎合客人，需要靡靡之音，穿着也必须暴露。思来想去，现在，虽然自己没有在公益机构长期做全职工作，但是自己一直没有脱离，而且一直坚持做基层的文艺工作，这是自己的感情所在，也是自己的认同所在。有了"苏州工友家园"这个空间，段玉开始踏踏实实地和工友一起开展集体创作。

头半年，如何做好文艺工作处于完全没有头绪的状态。到了下半年开始有了一些探索，一周安排三次固定的活动：周二和周六乐队排练，周日文艺小组活动。一部分工作面向普通工友，主要是为了娱乐，中间介绍一些音乐知识；另一部分面向工友中的音乐骨干和工作人员，注重歌曲的主题、训练节奏和技术。

段玉还总结了三种集体创作的形式：

第一种，段玉先去掉几个音，然后大家排列剩下的音，段玉讲讲音与音的关系，跨度大的给人高亢的感觉，挨得比较近的给人细腻、柔和的感觉。歌曲《追寻》就是这么创作出来的。

第二种，段玉先问大家想要什么感觉的音乐，比如：明亮、忧郁、飞扬等，然后段玉弹一个和弦，然后根据和弦的走势来写歌。

歌曲《这里不是我的故乡》就是这么创作出来的。

第三种，用哼唱的方法进行创作。看着歌词，然后去随便唱。后来发现，这样做大家往往唱的都是一个调。后来就分成两个组，两个组就会唱出不同的曲调。《我的时间哪里去》就是这么创作出来的。

从2011年年初到2013年9月，段玉除了在马场和丈夫相聚，一半的时间投入工人文艺工作中。培养了工友文艺骨干，也组织集体创作了多首歌曲，段玉从思想上也成长了很多。段玉以前认为，一个人可以做很多事情，现在意识到一个人必须依靠一个组织才能做很多事情。她也逐步形成了自己对文艺的认识：文艺的题材来自现实生活，身边的大事小情就是文艺创作的题材；工人文艺不讲个人奋斗，而是关注这个群体的喜怒哀乐；工人文艺工作者不是为了当明星，不是为了追名逐利，而是把工人群体真正的想法表达出来。

虽然有了这些思想认识，但是如果让段玉全职去做这个工作，她觉得自己无法承担；但是如果让段玉离开这个工作，她会觉得自己的心就被放空了。她把用工人文艺来宣传工人文化作为自己的使命，这不单单是为了别人，也是为了自己；虽然有了这样的使命感，也在做这些事情，但是段玉始终希望自己有个可以脱离的空间，可以把工作和生活分开，希望自己的生活不至于那么辛苦，也需要一个不受打扰的、可以发呆的时间和空间。

女儿出生

2014年4月30日，女儿出生。从2013年8月怀孕一直到女儿出生，段玉几乎没有参与工作。

段玉虽然学的是幼师专业，也做过多年的相关工作，但是她并

段玉和女儿

不是很喜欢小孩。工作中接触过各种小孩,有可爱的、有顽皮的,但是从来没有特别地喜爱。怀孕期间也没有强烈的做妈妈的感觉。

孩子出生以后,每天日夜悉心照料,体会到了做妈妈的辛苦。每当女儿哭闹的时候,会有一种莫名的焦急,有一种被她打倒了的感觉。看到她每天细微的变化,都会牵动妈妈的一些心情。或宠爱,或无奈,各种感受都随着每天的相处慢慢积累。段玉意识到,从孩子开始在身体里面孕育到孩子现在成为一个独立的个体,妈妈和孩子在共同成长。段玉仿佛觉得女儿是另一个自己,有一种想把自己曾经的缺失补偿到她身上的冲动。下面这两首歌是段玉写的作为家庭主妇和妈妈的感受。

一个女人不跟你联系，不是她死了，就是生孩子

词曲：段玉

家务永远都做不完
刚整理好又一团乱
洗衣做饭，围着锅台转
带孩子，拖地收拾房间

当一口饭还没下咽
小宝宝看见他不干
急忙抱起小宝宝
咽下饭把活干

没有经济来源让我苦恼
没有工作也让我心烦
精神上困惑，胡思乱想
身体上疲惫，心灵孤独

一个女人不跟你联系
不是她死了，就是生孩子
我每天忙来又忙去
蓬头垢面，丢失了自己
丢失了自己，我没有了自己

家庭主妇是一件伟大的工作

她集合了多种职业
收拾房间拖地洗碗是清洁工
洗衣做饭带孩子是保育员

教育孩子是教师
还有很多杂事是库管
就这样无奈地变成 super woman
承担了家庭社会的重担

家庭主妇为社会做了很大的贡献
却一直被视而不见

我是你的土壤

词曲：段玉

你出生在浙江
杨梅熟了挂在树上
妈妈带你住出租房
房间空空形孤影只

你的外婆在东北老家
那是我远方的故乡
妈妈要带你去远方
没有归属四处飘荡

孩子啊孩子，你在我的怀里进入梦乡
可知道妈妈内心彷徨

孩子啊孩子，抱着你我必须坚强
妈妈你是成长的土壤
妈妈你是成长的土壤
妈妈你是成长的土壤

窗外的细雨连绵不绝
滋润着大地
我，是你的土壤

驯马师、马夫和马匹生意

2014年6月9日，我去浙江海盐看望段玉母女，第一次见到段玉的丈夫小马。小马是一名退伍军人，高大健壮，当兵的时候在内蒙古大草原上驯马。现在是名出色的驯马师，是那家马场的马房经理，管理和培训其他驯马师，也负责照料二十多匹马。小马爱马，懂得照顾马匹，驯马技术也很出色，在这个风景优美的马场工作，每个月的工资也比普通工友高出很多。6月8日晚上，一位北京老板到访，这位老板的一番话打破了小马相对平静的状态。

小马："马场本身没有盈利的。老板投入上千万，一年盈利最多几十万。投入马场的老板不指望马场赚钱，就是把这里当作一个俱乐部，笼络资源，摆摆排场。

"我是一个特别喜欢马的人，我天天骑马，因为我是马术教练，马术是一门技术，它也需要像上学一样认真学习和训练。照顾马就像照顾孩子一样细致。有客人来的时候，我要把对马的感觉赋予客人。我每天和我养的马相处，熟悉每一匹马的性格，有时候下班了还在惦记它们。一直以来，当一个最出色的教练是我的志向。

"昨天和这位北京老板见面，他好像把一切都戳破了，给我很大的打击。这位老板是经济学硕士毕业,他是做房地产的,还经常去其他企业做顾问、做培训,经过他一调整,企业就提高了生产效率。在他那里,套路都是一样的。他把这种商业的观念和经营的思路教授到我脑子里。他说,我现在把工作做得再好也就是一个马夫。我做这一行做了14年了,他这样说给我特别大的打击。本来我心里是这样想的,老板买了一匹马,我要好好去养、好好去调、好好提高马术技术,参加比赛的时候可以拿冠军。北京老板质问我:'你想不想实现个人的理想?你想不想赚钱?当你的马拿了冠军的时候,你拿到了什么?你跟老板是什么关系?'

"他说,他从国外进口一匹汗血马将近二十多万,在国内可以炒到将近三十万、甚至四十万。北京这两年的确如此,马匹都是有钱人玩的,都炒得价格非常高,普普通通一匹马都可以卖到四五十万。北京老板说:'这个马场里没有人比你更懂马,但是,你没有把自己放在一个经营者的位置上,所以,你只是在做最专业的马夫。'"

吕途:"你是一个劳动者,你用你的劳动和技能养活马、训练马,并且为客户提供服务;从马的角度来讲,你懂得马,在和马的互动中让马成为训练有素的马,甚至成为冠军。但是,从资本家的角度,所有这些价值如果无法用金钱衡量就都不是价值。这就是资本家和劳动者的对立,资本家和马的对立。在资本家眼里,你和马都只是赚钱的工具。你如果不用马去赚钱,你就只是个马夫。哎,劳动者在北京老板的眼里……"

小马:"我认为劳动最光荣,我一直是认为劳动者最光荣。"

吕途:"但是在老板的眼里不是的。除非你转变为老板,你就会站在他们的角度上去说了。"

小马:"这两天就在想,我变还是不变?我怎么去变?站在资本家的角度去看待事情,也不错啊。"

吕途:"或者劳动者光荣,或者资本家正确,是对立的,不可能两个都对。"

小马："不可能两个都对？"

吕途："他这么伤害你、鼓动你，他到底希望你做什么？"

小马："他有一匹好马一直在这里由我照顾，他对我的技术很满意。他想做马的销售。他去德国考察过了，他可以投资，从国外买马，搞繁育，提高马的动作、状态和体力；搞比赛来提高马的价格、发展马的市场。希望将来在中国，如果谁要买最好的马就会想到去找他，他需要我这样一个懂技术的人。他说，他希望培养我，也是在帮我，希望我可以提高思想觉悟。找合作、看市场、发现商机。"

吕途："真是生意人啊，明明需要你帮忙，到头来却说成是他帮你。那你怎么想？"

小马："现在就出来一个矛盾了，思考我的性格和我的生活，我做一个啥样的人好呢？我希望赚钱，如果想赚钱就得走北京老板说的那条路子。要是自私的话，我就在这儿生活，在这儿养马，我也喜欢。现在开马场的越来越多，都需要像我这样的人。但是，北京老板的话的确触动了我，我可以和他合作，成为一个不一样的人，可以给妻子、女儿提供更好的生活。我们现在连房子都没有。"

吕途："你有养马和驯马的技术，你有值得人信赖的品德，但是，你没有雄厚的资金和做生意的圈子，你更没有商业谈判所需要的那种狡诈。其实，我有些难过，当你把马当作赚钱的工具以后，你对马的爱就变质了。这就是残酷的现实，对马的真爱赚不来钱。"

小马："的确挺残酷的。如果我真的那样做了，多少年之后我再来回顾我做了什么，不知道自己会怎么想。"

蜕　变

段玉把 2016 年 1 月 1 日标记为自己人生发生重大变化的一天。

2015年年底,她收到了"深圳市绿色蔷薇社会工作服务中心"的邀请,去做一个女工音乐工作坊。2015年12月29日到2016年1月3日,段玉在深圳和"绿色蔷薇"的女工、工作人员一起度过,这是她性别意识提升的重要日子。经过几天的交流和讨论,段玉发现,自己心灵的窗户被打开了,终于明白了自己长期以来痛苦挣扎的原因,这都是源于自己作为女性角色所带来的束缚;同时,段玉也在这里找到了集体的力量,是她之前从未感受到的力量。

段玉回忆,2007年写《电梯姑娘》和《我的名字叫金凤》的时候并没有女权的意识,有的是女性的视角,当时接触了女工和她们所从事的行业,只是想写女性歌曲,想表达女性的东西,但是不知道到底想表达什么。2009年在北京木兰花开做志愿者的时候,虽然木兰是一家专门为女性服务的机构,但段玉当时在思想意识上并没有产生共鸣,因为自己在成长过程中并没有觉得受到过明显的性别歧视。让段玉深刻体会到身为女性的痛苦是源于后来发生的事:一个是被妈妈逼婚,还有就是生完孩子成为家庭妇女的时候。

孩子出生以后,虽然时断时续有妈妈和婆婆帮忙,但是,段玉24小时和孩子在一起,每天围着锅台转、围着孩子转,她完全被封闭在家庭之中,累了也不能休息,想找个人说说话也找不到,每天积累了很多消极情绪,唯一的期盼是等丈夫下班回来可以说说话或者分担一下家务,但是,丈夫工作一天回来了也很累,帮不上什么。而且夫妻还会因为无法理解对方而产生摩擦,丈夫觉得,如果她每天的事情只是照顾孩子,应该开开心心的才对,为何回到家面对的是妻子愁苦的脸和低落的情绪。对于这样的局面,段玉想要改变,想要出去工作或者散散心,这个时候丈夫更加不解,有了孩子就应该相夫教子,为何还要外出?为了不引起夫妻之间更大的矛盾,段玉尝试改变自己,做一个丈夫期望的妻子。但是,这样的牺牲和付出,换来的并不是和谐的家庭生活,而是更大的封闭、压抑和牺牲。段玉不仅失去了工作的机会、演唱的舞台,也失去了生活的热情和乐趣。段玉发现,牺牲换来的不仅不是平等的对待,反而是更大的不公平和束缚。段玉想着,哪怕不再维持这个家庭,也不想再牺牲下去,再也不想过那样的日子。段玉觉得丈夫处理夫妻关系的很多做法并不是故意不为妻子着想,而是他作为男性在成长中自然而然形成的,他觉得夫妻和家庭就应该这样。当夫妻双方出现摩擦、彼此折磨之后,丈夫也很困惑,也希望有所改变,毕竟后院起火的滋味很不好受,这也是丈夫同意段玉去深圳做文艺工作坊的原因。

回忆自己在"绿色蔷薇"办工作坊的体会,段玉说:"那里完全是女性的氛围,活动室里面有关于女性主义的宣传资料,我阅读之后提升了很多。我理解的女权的意思是:生活中女性受到束缚,女权要消除这些束缚,推动性别平等。我意识到,我个人在生活中的体验原来都是女性在生活和工作中受到束缚而产生的。女性受到束缚,也会给男性带来压迫;我没有工作,在家里照顾孩子,经济重担就压在丈夫身上,他也很辛苦;丈夫在外面挣钱,当然回家对女性有所要求。如果能平等对待的话,女性可以外出,可以有收入,也能减轻丈夫的压力。婚前,我是一个追求无拘无束的感觉的人,后来一下子进入家庭主妇的状态,特别难受,我就在想,为什么是这个样子?现在找到了答案。"

段玉在深圳做工作坊期间,丈夫小马在北京照顾孩子,虽然有父母帮忙,但是老人们毕竟年纪大了,小马又照顾孩子又做饭。段玉从深圳回到家的时候,不知道是自己变了还是丈夫变了,丈夫对她说:"带孩子可真不容易,不仅累,还需要有很大的耐心。"

从深圳做女工工作坊回来之后,北京工友之家的许多和中科院的卜卫老师找到段玉,要为2016打工春晚改编和录制歌曲《挣脱枷锁》,这是一首反抗针对女性暴力的歌。录制过程中,段玉认识了卜卫老师的学生熊颖,后来在皮村社区演出现场又认识了小提琴手马薇。三个人一拍即合,"九野女性民谣乐队"诞生了。这样的一个契机,让段玉完成了一个转变:从为女工歌唱,到为推动男女平等歌唱,也就是说,这个组合不仅是一个女性组合,更是一个有着明确方向的组合。

段玉不仅理解丈夫的辛苦和付出,也感激丈夫对家庭的经济贡献。但是,痛定思痛,体会到做家庭妇女的无法忍受的痛苦之后,段玉也很坚决,即使自己出去工作丈夫就不在经济上支持自己,那么她也不会为了维持家庭而放弃自己的工作。可以放弃家庭,但是不能放弃工作,段玉可以自己带着孩子出去工作,相信也可以维持自己和孩子的生活。

现在,段玉兼职在北京木兰花开社区活动中心做女工文艺工作,"九野乐队"有演出的时候段玉也会带着孩子参加。外出工作以后,段玉心情豁然开朗,思路清晰之后,她的心态也完全不同

打工春晚录制现场,段玉演唱《爸妈在哪,家在哪》 2016年1月24日,朝阳文化馆

了。段玉的改变也带来了夫妻关系的改变，他们不再折磨对方了，她在家的时候承担起各种家务，段玉需要外出的时候丈夫也很支持。段玉说："我现在感觉蛮有力量的，度过了灰色的阶段，也许因为体会了'死去过'的感觉吧。我明确了我为什么要做这个事情了，也变得自主和强大了。虽然经济上主要依靠我老公，但是两个人不会因此而产生太大隔阂了。成立这个乐队，我们三个成员经常讨论，我们要做推动性别平等道路上的行动者，一个是直接参与女工的活动，再一个是在歌曲中倡导性别平等。为了女儿，希望这个世界越变越好。我找到了原因，找到了力量，也找到了未来。"

爸妈在哪，家在哪

词：同心实验学校学生集体创作，曲：段玉

在这个大大的城市边
有一间出租屋是我的家
我的家不太稳定
但是我很爱它

妈妈料理家务，工作，还要加班
爸爸每天也是早出晚归
放学后等待你们回家
等待既是甜蜜也有孤单

搬过了几次家，走过了几座城
跟随着父母飘啊飘，我已经记不清
我们停在这里，又可能会离去

只要和爸爸妈妈在一起，就是一个温暖的家

你们说有空带我去游玩
我高兴地希望哪一天
其实不奢求带我出去玩
只希望你们陪在我身边

在那温暖的灯火下
爸爸妈妈一起做着晚餐
一家人围坐在一起
这是我最幸福的时光

搬过了几次家，走过了几座城
跟随着父母飘啊飘，我已经记不清
我们停在这里，又可能会离去
只要和爸爸妈妈在一起，就是一个温暖的家

1985年出生的光霞

两个人创造一个家

2014年10月4日，我来到S厂女工光霞住的地方，那是位于她丈夫单位的厂房里面的一间宿舍。原来，光霞丈夫所在的厂子生意日渐萧条，员工越来越少，厂房还在，事情不多。光霞丈夫得到老板的信任，替老板守着厂房，住在厂房的宿舍里也不用交房租。光霞带我进来，我们路过老板的办公室，从落满灰尘的窗户望进去，偌大的房间布置得富丽堂皇，和室外乱七八糟的灰暗的空间形成鲜明的对比，屋里巨大的办公桌上空空如也。办公室的外面有一个巨大的鱼缸，至少有2米多高，里面还有几条大鱼在游动。光霞指着其中一条鱼告诉我，一条就值几万元。

和光霞丈夫的老板的价值十几万的大鱼合影

光霞和丈夫温馨的小屋

来广州一个星期了，都10月份了，天气还是非常炎热，我每天都是大汗淋漓的，工友的出租屋里没有空调，晚上借住的地方也没有空调，半夜经常被热醒。走进光霞的房间，一股冷气凉爽地吹来，第一次来到有空调的房间，太舒服了！房间收拾得非常干净整洁，墙上挂着装饰品，桌子上铺着淡雅的桌布。房间也比其他出租屋大很多。

丈夫做饭，光霞看着

我和光霞聊天的时候，光霞丈夫在门外的电磁炉上给我们做饭，大汗淋漓。中间，还给我们送来了煮好并且放凉了的绿豆汤。光霞的脸上显得那么安静和踏实。

备受宠爱的小女儿

1985 年光霞出生在重庆大足县的农村，是家里的小女儿，上面有两个哥哥。父母都健在，60 多岁了。2001 年，光霞初中毕业就没继续上学了，一是学习不是很好，还有就是想去外面打工，想闯一闯。

回忆上学的时光，还是给光霞留下了一些美好的记忆，小学的时候记忆最深刻的是过六一儿童节，可以唱唱歌跳跳舞；上初中学校就没有组织什么活动了，最留恋的是几个同学约着去爬山。光霞还记得自己最喜欢的一位老师是数学老师，他挺关心学生的，周末的时候还会去光霞家的鱼塘钓鱼。

光霞的爸爸在家乡做建筑包工，比如在老家有人要盖一栋自己的楼房，爸爸就承包下来，负责把房子建起来。现在，光霞的爸爸老了，不再干了，光霞的两个哥哥继续做建筑包工。一般盖一栋两三层的房子要两到四个月的时间。干建筑这一行很辛苦，夏天太阳晒，冬天冷风吹。不过，相比外出打工，光霞的两个哥哥还是愿意选择在老家包工，可以经常回家，看到家人和孩子。

光霞的爸爸妈妈很疼爱唯一的女儿。爸爸在外面给别人家盖房子，每次完工的时候请客吃饭，会有糖果招待，光霞的爸爸总会专门给光霞留一些带回来。光霞初中毕业后在家待了一年，妈妈每天下田地劳动，从来不让光霞去，只让她在家煮饭、喂猪，帮助带一下大嫂的小孩。

和老公走到一起

光霞的丈夫叫大钢（化名），大钢的阿姨和光霞的堂嫂是邻居。有一次，光霞去堂嫂那里玩，被大钢看到了，心生喜欢，就请阿姨当媒人介绍认识。光霞觉得大钢很实在，务实，比较靠谱，说到这里，光霞又顽皮地笑着说："如果我很注重外貌，就……不一定选他了，他是个胖子。哈哈。"两人见面十几天以后，那是2004年的1月，两家就订婚了。相亲的时候，大钢的家庭条件并不好，光霞觉得只要这个人好，其他方面都不是那么重要；反过来，其他条件都好但是人不好，那么那些条件也都没有用；人好点儿，其他东西以后都会有的，大不了辛苦一点，共同去奋斗一下。

2004年4月的时候，光霞到了广州，两人走到了一起。那个时候光霞19岁，还不能领结婚证。大女儿2005年4月出生，小儿子2006年8月出生。两个孩子都生在广州，婆婆来广州帮助光霞照顾孩子。2007年年底，婆婆要回去照顾身体不好的奶奶，就带着两个孩子回老家了。孩子们走了以后，光霞进厂打工，和打工相比，光霞觉得带孩子更辛苦一些。

进S厂打工

2007年，光霞进了S厂。当时光霞更想进另外一家日资厂。那个时候招工，找工作的人真是人山人海的，人踩人的，上车被拉走的时候也不知道被拉到哪里，等下了车才知道。第一次，光霞被拉到S厂，她就离开了，再重新去招工的地方，下一次又被拉到S厂，光霞觉得也许是命中注定吧。她被分配到产线上，线长居然是光霞的老乡，同一个县的，光霞觉得还蛮亲切的，慢慢就在那里做了。

S 厂从 2014 年 1 月才开始给光霞买社保。光霞和厂里的工友都知道辉兰、老赵、丽英等从 2013 年 9 月就开始为厂里所有工友补缴社保的事情在奔波（见故事"1974 年出生的辉兰：被宠爱的妻子"，"1976 年出生的老赵：二十年"和"1972 年出生的丽英：这一辈子做了这一件重要的事情"）。

光霞是拉长。拉长、班长、工长、线长大概是一回事儿。对于 S 厂的层级管理来说，拉长上面是组长，组长上面是部门的主管，主管上面是 Lida，然后上面是经理。员工分成不同的级别，从零开始，像光霞这样的拉长属于二级，组长基本上都是三级或者四级，主管至少都是五级或六级，Lida 应该是七级或八级。

光霞和丈夫商量补缴社保的事情。大钢从 2002 年就为现在这个老板打工，是一家小厂，老板对他不错。他人长得比较胖，不太容易找到其他合适的工作，所以大钢很希望光霞可以把社保争取下来，两人中间只要有一个人老有所养，日子就好过些。两人算了一下，如果从 2007 年入职开始补缴，到 2014 年就有 7 年了，按照光霞的年龄，怎么也可以干够 15 年。后来，听说厂方要分 3 年才给补齐，感觉时间拖得太长了，万一不在这里做了怎么办？在这种担忧之下，光霞逐渐更多地参与到争取社保补缴的积极分子中间了。光霞上面的组长发现之后对她说："你别去搞那些，让别人去搞就可以了，你就坐着等着就行了。"但是，光霞没有听组长的话。光霞是积极分子中比较年轻的，而且比别人会用电脑和智能手机。大家就主要依靠光霞来查资料，发信息什么的。

7 月 8 日被发"警告书"

7 月 8 日这一天，光霞等四个人向厂里请假之后来到社保办。社保办的一位科长说："你们厂的工人已在 6 月 30 日与厂方进行了协商

（其实并未谈妥），稽核流程只针对购买社保不足两年的职工，至于购买社保超两年的人不适用于该流程，请服从厂方的补缴方案。"光霞她们不满意这个答复，双方一直僵持到中午。光霞她们饿着肚子等到下午两点半社保办上班，但工作人员仍只为未买两年社保的人员做调查笔录，不肯受理买社保超过两年的人员。双方一直僵持到晚上十点半，这期间警察也来过，厂方主管也来了。工人要求从入职之日起开始补缴社保，厂方说只能从 2002 年往后补缴，因为 2002 年之前的资料已经无法找到。最后，社保办答应本周到厂内与工人、厂方一起协商此事。

第二天，光霞去补班，领导说："昨天你请假就没有批，属于旷工。"光霞觉得很不公平，请假单已经填了交上去了，这种情况也并不是没有先例，过后补班就可以了。光霞感受到了来自领导的压力，领导不希望光霞参与争取社保的事情。就没有同意光霞补班，到了 20 日的时候，给光霞等四人发了"警告书"，并让光霞她们在上面签字。光霞她们不肯签，因为觉得不公平。领导说："你签不签字都不重要，我们只是作为一个形式告诉你，你不签字我们就把这个警告书张贴出来。"果然，下午 3 点钟找光霞谈话，下午 5 点钟把警告书贴出来了。

工厂的管理本来就日渐严苛，出了补缴社保的事情以后，厂里的气氛特别紧张，已经到了不允许大家随便说话和走动的地步了，光霞感到特别压抑和不公。有一次，光霞正坐在拉头那里做事，一个工人过来问光霞一种联络书该怎么写，是工作上面的事情，刚好被组长看到了，她就说那个人："你在这里干吗？别人在这里你不可以问嘛，你可以问我啊！"厂里在制造一种氛围，把光霞她们隔离起来，怕影响了其他工人。

光霞可以理解组长的处境，组长肯定也在承受来自上级的压力。没有补缴社保事件之前，组长们也没有如此经常被叫去开会，现在组长去开了会回来就对光霞没有好态度："我把一条拉交给你带，而你却给我找麻烦。你以后就不要去找事儿吧，到时候也都可以补上。"光霞说:"我们自己都不去争取,那谁帮我们争取啊。补缴社保是应得的权益啊。再说,我把工作都尽心尽力做好了啊。"组长听了更生气了:"等着吧,不让你带这条拉了,要不把拉上的人都给带坏了。反正我已经跟你说过了,到时候有什么后果,不要说我怎么样对你。"

两个人创造一个家

光霞和丈夫2000年在老家盖了房子,和弟弟合盖的二层楼,两兄弟各用一边,楼梯是公用的,上了楼梯各住一边,楼下各有各的客厅;楼下其实也没分得太清楚,兄弟之间关系很好,不会太计较的。一共花了10多万,光霞他们当时还欠了几万元的债。2005年刚把债还上,全家人就开始为大钢弟弟娶媳妇攒钱。到了2007年,两个人才开始有积蓄,两个人一个月工资合起来5000多元,寄回去2000元给父母和孩子用,自己存2000元,慢慢攒钱。

光霞偶尔觉得女人挺辛苦的,不过有时候换一个角度想一想,男人其实也挺辛苦的,光霞生孩子和带孩子期间就靠丈夫、丈夫的弟弟,还有老公公挣钱养活。女人辛苦,男人也辛苦,互相照顾的话就过得去。

考虑到两个孩子将来上学,光霞和丈夫在2013年又在镇上买了房子,一共花了44万元,欠着20万元的债。两个人没有被欠款压着很发愁的样子,钱都是找亲戚、朋友借的。两个人觉得,每个月有收入,钱是可以慢慢挣的。

聊到这里的时候,大钢大汗淋漓地从外面进来,端上一盘盘非常高大上的菜肴,包括粉蒸排骨、水煮鱼这种在餐厅里才可以品尝到的特色菜。我们三个人边吃饭边聊。

吕途:"因为社保的事情,我感觉比较积极争取的人都感受到了很大的精神压力,但是,你好像状态还可以。"

光霞:"每个人面临的压力不同。我老公很支持我搞这个,大不了让我走人,我也可以去其他厂做事。其他人可能年纪大了,怕厂里面一旦打压不好再找到工作,她们的小孩可能也正在用钱的时候,我们的小孩现在还小。如果我老公不支持,我就不会搞这个;如果我老公反对的话,我感觉做着就没劲了。"

吕途:"你们买房子的镇子叫什么?"

大钢:"龙水镇。"

光霞:"我老公家在石马镇,我娘家在玉龙镇,从我老公家到我娘家要经过龙水镇嘛。我们就买在中间,比较近。"

大钢:"不是因为近,主要是为了以后。我们那个镇没有发展前途,一个企业都没有。龙水镇发展得很好了,做生意也容易,打工也很容易找到工作。"

吕途:"光霞,你真的等到孩子上小学五六年级就回去?"

光霞:"真是这么想。"

大钢:"我们辛辛苦苦挣钱都是为了小孩,如果小孩读书成绩差了,你说你挣再多钱都没用。"

光霞:"如果小孩没人管,真的有可能成绩很差。你看我朋友,她小孩子从小一直都没怎么管,现在大了特别不听话,爷爷奶奶管不住,考试成绩没有哪一科是及格的。"

大钢:"电视里面或者新闻里面老是说留守儿童,并不是说我们想这样。在家里挣钱根本养不活两个人,而且家里的消费比这里还高。随礼的钱很多,我们在外面还可以免掉一大部分呢。"

光霞:"还是想让孩子上学,多学一点还是好一点,只要他们有那个能力学。"

大钢:"是啊,希望不像我们,十四五岁就出来打工了。那个时候没有学习氛围，就说大学吧，好像觉得遥不可及一样，整个村子也没有几个大学生。"

吕途："那万一回去不太能挣钱怎么办啊？"

大钢："她先回去，看看能不能做个小生意，毕竟做生意比打工稍微强一点点嘛。只要有一个人能挣到钱了，那我就不用再担心钱的问题了，我可以晚一点再回去慢慢找好一点的工作。这也是为什么我支持她搞社保的原因。两个人中只要有一个人有保障，就好很多。"

光霞："嗯，得一个人先回去，如果两个人突然全都回去了，万一生意不是很好呢，到时候一家人就没有生活来源了。"

吕途："那夫妻分开也不太好啊。"

光霞："先分开一段时间做做看吧。"

吕途："那你觉得现在在这儿，这是家吗？"

大钢："算是一个啦。真的，如果说现在让我不在这里住，我还真舍不得。我在这里十多年了，十多年的感情。"

光霞："有感情了。走的时候肯定舍不得的。"

大钢："但是也没办法，知道这是个临时的家。反正迟早都要离开的。"

1986年出生的凤霞

说不清的性与爱

2014年10月19日和20日，在皮村我的房间里，我和凤霞（化名）一共聊了六个多小时。聊的时候我告诉她我要写出来，但是不用她的真名。她对我的信任超出了我的预期，不过，我要坦诚地告诉读者，经过这次访谈之后，我再和凤霞见面的时候是有些尴尬的，因为她告诉了我太多的隐私。我也没有途径消除这种尴尬，毕竟我

北京皮村，2万多打工者的聚居地，房屋不断拆和建，人们不断来和走

北京皮村，四季变换，世事变迁

和她不是闺蜜。这和我就性生活话题所访谈的三位男性形成了鲜明的对比。三位男性也对我坦诚相告，甚至说了很多让我瞠目结舌的情感经历，现在他们仍在皮村，而且我们在工作中接触很多，彼此的深入交流不仅没有让我们产生距离，反而增加了相互的信任。

有一段时间，我会关注凤霞的朋友圈，她经常自拍，关注自己胖了、瘦了、黑了、白了，并且推荐女性护肤和保健的产品，也发一些振奋自己的心灵鸡汤类的文章。后来，凤霞离开了皮村，她也把我从她的朋友圈里拉黑了。我只能默默祝福她了。

凤　霞

凤霞1986年出生，老家是河南农村的。她家有两个女儿，她是老大。凤霞老家附近村子里都是男多女少，特别是单身男性很多，一个村庄里可能就有几十个 20 岁以上的单身男性。即便如此，凤霞还是没有觉得身为女性有什么好处，如此比例失衡，人们还是想要生男孩。

凤霞初中毕业。她妈妈当初因为家里穷、孩子多，小学都没有读完，非常遗憾，所以给自己两个女儿上学的机会。按照妈妈的想法，考上学以后可以找好一点的工作，不用在家里种地受累。凤霞是因为没有考上高中才不继续读书了，妹妹在读大学。

2002 年凤霞初中毕业，那年 16 岁，去了郑州一家服装厂打工，厂里一百多人。她婶娘在那个厂子里，也是给别人打工，厂长不在家的时候就是她当家，一直做到 2007 年凤霞结婚，就不再上班了。

相亲　结婚　生女

凤霞的妈妈对凤霞从小管教很严，小时候不许多看电视，怕被熏陶坏了。外出打工的时候只允许她在她姨妈的厂子里，不许在外面结交男友。凤霞结婚之前相过几次亲，有一个相亲之后还相处了一年多，后来那个男的在外打工受伤，虽然治疗了，但是凤霞的妈妈担心有后遗症就退了亲。

凤霞和丈夫 2006 年 2 月相亲，当时丈夫在新疆上班，相亲以后两个人电话联系，没过几天凤霞妈妈询问相处得如何，凤霞说两个人交流得很好，双方家长就自行给他们订婚了，到 2007 年 3 月就结婚了。丈夫比凤霞大两岁，也是初中毕业，上初中的时候不爱学习，完全是混过来的。

结婚后，凤霞陪丈夫去打工地待了一个月，就怀孕了，妊娠反应很严重，不能做饭干家务、不想吃饭、天天在床上躺着，丈夫就把凤霞送回家了。然后两个人就一直处于分居的状态，凤霞在老家生孩子、照顾孩子，丈夫在各地打工挣钱，直到 2010 年初凤霞才到丈夫的打工地团聚。

凤霞的丈夫非常希望凤霞可以生个儿子，按照婆婆的说法就是传宗接代，丈夫也更喜欢男孩。因为第一个生的是女孩，家里还给凤霞找到一种偏方说可以生男孩，花了几百块钱拿了一瓶药水和几个药丸，但是，一直没再怀孕，就更不用说怀男孩了。后来去看医生，发现有妇科炎症，进行了治疗，还有一段时间用试纸来测试排卵期，但是一直没有怀上。

老公不让上班

2010 年凤霞和丈夫团聚，那时丈夫在河北打工。2014 年，丈夫因为工作原因来到北京皮村，凤霞也跟了过来。

结婚以后凤霞几乎就没再上班，只有过几次短暂的打工经历。一次是在一家小服装厂工作，离住的地方还挺近的，但是上班没有几天丈夫就不愿意了，丈夫每天回家的时候希望凤霞在家。凤霞自己还是想上班，虽然工作条件不好、工资不高，但是在家待着每天没有事情做，其实很难熬。凤霞后来又找到一份超市的工作，但是因为不符合丈夫的要求也没有做几天就不做了。丈夫要求凤霞的工作符合这些条件：不能加班，不能压工资、不能太累、工资不能太少。凤霞这样描述自己的感受："我老公他不太喜欢我跟外界有接触，还是把我当成封建社会的人，就是家庭主妇，除了洗衣服就是做饭。我不想这样，我不想天天就是这样，很无聊，很无趣。"

凤霞的丈夫之所以这样要求凤霞，可能因为他工资相对较高，凤霞的丈夫有手艺，虽然每个月收入不固定，但是平均可以挣到 9000 元左右。

皮村的生活

凤霞夫妻搬到皮村以后就把女儿接来住了一段时间。凤霞带着孩子没有什么地方可以去，唯一去的就是工友之家办的社区活动中心，在那里和工会其他工友的孩子们在一起，但是凤霞的老公不愿意她带孩子出去玩，不放心。凤霞和丈夫商议让孩子在皮村上学，但是丈夫觉得孩子在皮村太受罪了，因为他们租的出租屋没有厨房、没有厕所、没有洗澡间、没有暖气、没有空调。还有就是，丈夫经常换工作，而孩子上学需要稳定。

虽然住的条件很简陋，能省就省，出租屋一个月的房租300元，但是丈夫还是在几个月前买了车，裸车价格就十多万元，上的外地牌照。凤霞觉得买车是浪费，丈夫在皮村上班很近不需要开车，买了车就得养着它，但是丈夫还是坚持买下了。

走在皮村狭窄肮脏的街道上，经常可以看到车辆停靠在垃圾堆旁，把路堵上，连摩托车通过都不容易。如果花1000元租个公寓房，带厨房、厕所、卫生间、暖气和空调，那么十多万可以租十年！为啥拥有一辆车的欲望完全淹没了对每天日常生活质量的要求？的确，有车就是富有和成功的标志，而住在舒适一些的出租屋里谁又能够看得到呐！

在皮村生活的这几个月，凤霞最喜欢去的地方就是工友之家工会的社区活动中心，凤霞很喜欢参加工会组织的各种活动，还参加过几次摄影班和文学小组课，但是大多数活动都是在晚上举办，她基本无法参加，因为丈夫在家的时候凤霞就不敢出门。凤霞回忆在社区活动中心的点点滴滴都很开心，比如有时候帮忙贴个海报，就是举手之劳，感觉很幸福；和大家一起做事，开个玩笑，很开心。说起丈夫不让自己上班，也不让自己外出，凤霞很不满："他就是以他自己为主,上班,挣钱,没事的时候喝酒聊天的,太无聊了。我觉得一个人应该试着做一些事情丰富自己,让自己成长一点,工会组织的事情让我感觉很不一样。我挺讨厌我老公那样的生活的。"但是毕竟家庭最重要,为了避免两个人发生矛盾,几乎大部分时间里凤霞把自己关在10平方米的出租屋里,守着电脑,上网聊天。

性的对话

月经。凤霞上初三的时候开始来月经,她初一的时候看到有的女同学上厕所会流血,觉得很新鲜和好奇,而且奇怪自己为什么没有,回家问妈妈,妈妈不直接回答,只是模模糊糊地说:"到时候你就知道了。"后来凤霞来月经了,妈妈告诉了她月经周期和注意事项,但是,凤霞并不知道月经和怀孕的关系,生了女儿以后凤霞还是不知道,直到治疗不孕的时候凤霞才从医生的指导中明白了这个道理。

性意识。吕途:"《金赛性学报告》的调查发现,男性的青春期开始的比女性要早,男孩平均在12岁,女孩稍晚,不过也有案例发现小女孩还没有上学就有性欲萌动的。在你结婚之前有没有过性的感觉,或者是对男人有什么想法?"凤霞回答:"结婚之前看到过我姑父来看我姑姑,两个人牵着手,我就想那样挺好,没有往深里想,会想象男女互相拥抱一下。我记忆中自己好像没有那种强烈的欲望,因为那个时候总是加班,一天上班超过12个小时,比较忙的时候甚至会加班到半夜11点,根本受不了,每天累得要命,回去之后几句话都说不了就睡着了,根本不会想任何其他的。偶尔不加班的时候一群伙伴出去玩,回来就睡觉了。"

自慰。我问凤霞:"你知道自慰这个词吗?难听的说法也可以叫手淫。"凤霞答:"听过这个词,但是具体不太懂。我问过我老公,他不跟我说。这个词一般都是用在男人身上。我从来没有自慰过,我觉得那样影响健康,那种行为也不太好,所以不会去做。"我说:"如同性欲是正常的,那么自慰也是正常的,跟道德没有关系。有了性意识的人都有释放性能量的需要,而如果是单身或者伴侣无法满足,可以通过自慰来释放。根据《金赛性学报告》的调查统计,自慰行为不会影响和性伴侣的性生活。我没有别的意思,就是把我知道的告诉你。"

性生活。结婚之前,凤霞对房事几乎不了解。小时候,凤霞看到两只小狗在一起,就很纳闷它们在干吗,每次看到凤霞都以为它们在打架,就好心地把它们分开,直到结婚以后才知道小狗在交配。凤霞告诉我,她一个星期平均和丈夫同房两到三次,每次大概10分钟。刚结婚的时候丈夫还是比较体贴的,现在就不太照顾凤霞的感受了,很直接,很少有前奏。虽然凤霞对这样的情况不是很满意,但是不会告诉丈夫,一个是因为他们几乎不会用言语交流性方面的话题;还有就是,丈夫每天上班已经很累了,凤霞不好意思对丈夫提出过多的要求。凤霞很少主动,特别是看到丈夫工作劳累的时候。凤霞从来没有拒绝过丈夫同房的要求,她觉得自己每天也不上班,没啥事,如果拒绝丈夫就显得不和谐,所以即使有的时候心里不愿意,行为上也不会拒绝。这样说了以后,凤霞又强调:"我老公也不是特别地光为自己考虑的,但是我这样的女人希望别人多在乎自己一点儿,甚至一个小小的眼神和动作都会希望有人关心。"我说:"《金赛性学报告》的调查显示,在性欲上,男人和男人之间的差别很大,女人和女人之间的差别也很大,但是有一个平均值,你们这个年龄的伴侣一般一周平均两到三次性行为。"

凤霞的外遇

了解到凤霞的生活主要是围绕着家庭和老公,而且婚前她妈妈又看管得那么严格,我以为凤霞只有过她丈夫一个男人,所以,当她告诉我曾有过外遇的时候，我还是比较吃惊的，也感谢她对我如此坦诚。凤霞是通过 QQ 聊天认识的这个男人。她在 QQ 上聊天已经很久了，但是很少和网友见面，这个男人是在他们聊天几个月以后才见面的。他们聊天的时候，凤霞感觉他像知心朋友那样，有什么烦恼的事都可以告诉他，时间长了就信任了这个人，就见面了。两个人约会了五六次，那几次见面让凤霞迷糊了，甚至搞不清楚自己是不是爱上了这个人，因为有时候感觉那个男人对自己比老公对自己好，但是又怀疑自己是因为和老公一起时间长了、不新鲜了才会对别人产生爱意。很多时候，凤霞真的很喜欢和这个人相处，感觉很好、很轻松，他会耐心听凤霞述说，慢慢开导她；而丈夫就不会那样，丈夫只会让凤霞不要胡思乱想。还有就是，和这个人在一起过性生活的时候，他很温柔，不像丈夫那样速战速决。当凤霞开始设想与丈夫离婚然后和这个人结婚的时候，她突然"清醒"，并且决定不再和那个男人见面。他的家乡离凤霞家有点儿远，凤霞认为，活着不能只为自己考虑，要考虑父母，凤霞的妹妹已经嫁到外地了，自己不能再嫁到别处；更要考虑孩子，离婚会对孩子造成很大的伤害，让孩子在心灵上承受不了。凤霞觉得不再和那个男人见面对自己是残忍的，但是她必须那样做，虽然现在有时候在网上还会碰到那个男人和他聊天，但是坚决不见面，因为凤霞知道，见了面会更痛苦。

不能简单评价对婚姻的满意度

我让凤霞给自己的婚姻打分，满意度从 1 到 10 分，凤霞打了 9 分。凤霞说："不能简单地去评价一个婚姻的满意度，有的地方会很满意，有的地方会不满意。我老公很疼我，虽然有的时候可能不是很细心、很在乎我，不过男人大多数都是很粗心的，而他比其他人要好很多，有什么事我们两个都是商量着来，并不是他自己一个人说了算,其实我做主的事情比较多。我对老公大部分地方还是都挺满意的,毕竟两个人没有什么矛盾,不像好多人天天吵架,我们很少吵架。我老公限制我可能就是太在乎我了,但是又一想,这种在乎不是为了我,如果为了我,就不会那么控制我;真正为了我,如果不喜欢我一个人外出,或许他也会陪我一起出去。我跟他很难沟通,我觉得他这个人太自私了,我这样说还是跟我的自由有关系,他讨厌我跟别人在一起玩,但是如果我完全被限制了,我真受不了。"

听凤霞的述说,虽然不是没有道理,但是很大程度上她在试图说服她自己,她不能让自己对婚姻和老公不满意,因为除了老公和家庭,她再没有其他的世界。在我和凤霞聊天的开始,我问凤霞觉得今天的妇女地位如何,凤霞说:"旧社会的妇女地位很低,裹小脚,不让上学,不让出门。今天的妇女只要是自己有能力,学习好,可以一直上学,可以外出工作。我跟我妈妈比也强很多,我妈老说我们现在多享福,结婚后由婆婆给带孩子,可以出去上班,你如果不上班也没人说你,我妈那个时候自己要种地,要看孩子,根本没有人帮忙,什么事都要自己办。"

的确,凤霞说得对,今天这个时代妇女地位提高了,虽然她被丈夫限制不能出门,但是如果凤霞选择出去,丈夫除了制造家庭矛盾也没有办法完全限制妻子。想来想去,今天妇女的进步在很大程度上让女人有了选择的可能性,但是一般来讲,任何选择都要付出相对应的代价,凤霞丈夫的选择也同样让他付出了代价,他自己以为限制住了妻子,那是因为他不知道这种限制把妻子推向了外遇;他以为自己是家庭的主宰,但是他不知道妻子很讨厌他的生活方式;最悲惨的是,他也不知道,由于他在夫妻关系上对妻子的不在乎,让妻子对另一个男人永远充满憧憬。写到这里,我突然想起了凤霞丈夫那辆几乎用不上的新车,那是可以让他感觉到存在价值的东西,也许也正因为如此,丈夫失去了感觉凤霞的能力。

1986年出生的小桃

被驯服容易不容易

小桃（化名）大学毕业五年多了。她大学期间参加了我们皮村的元旦联欢，从此结识。小桃是一个充满热情的人，是一个有分析、思考、判断能力的人，因此，也是一个非常痛苦纠结的人。在今天这个社会里，我很难想象谁可以不痛苦。如果认同挣钱和成功学的价值观吧，要承受无法达到目标和无穷尽的物质欲望的折磨；如果认同平等、公平、劳有所获的价值观吧，会发现自己所处的体制处处不公，而如果想抗争，就要做非主流，也许就要面对这辈子在物质生活上的窘迫。活在世上，如果可以知行合一，做自己想做的事，做自己想做的人，是非常奢侈和幸福的事情。小桃现在在某机关的图书馆工作，这不是她想做的，但是，这是她现在能找到的安放自己的一份工作。

小桃1986年出生，陕西人，父母都是国企干部。现在行业不景气，父母虽然还没有到退休的年龄，但是主要注意力都放在孩子们身上了。小桃有一个姐姐，博士毕业，有一个弟弟，在读高中。小桃2005年考入北京的一所大学，她是学艺术的。

小桃的"胡闹"

小桃的口头禅是："这是为什么啊?！"每次她这样大喊着质疑

加询问，我都觉得她特别可笑和可爱。但是，这样的特质在严格的教育体制之中确实要遭受更多的折磨。小桃小时候总是换学校，因为她总是不合时宜地问老师为什么，比如，她小学一年级的时候问老师："为什么1加1等于2？"老师就惩罚她，让她写满一页"1+1=2"。小桃就用很大的字来写，这样几笔就占满一页纸了。幸好小桃的妈妈心疼女儿，问清原因后，就帮小桃转学，但是转学之后往往还会遇到类似的情况。一年级的时候转过一次学，从离家近的一个学校转到比较远的一个学校；二年级又转到一所寄宿学校，待了半年，小桃照顾不了自己；三年级转回第一所小学。幸好在所有的转学过程中，妈妈都没有责怪小桃，而认为是老师的问题，比如，老师会体罚学生，小桃总是挨打的那一个，而且被打得更重，因为小桃挨打的时候不肯哭。我问小桃小时候的这些经历是否对她有伤害或者产生消极影响，小桃自觉没有，她甚至说："事情过了就忘了。我甚至很同情那些老师，她们一定觉得有这样一个学生很郁闷。"小桃文笔很好，所以她从小就用写日记发泄郁闷。

上初中的时候，小桃住在一个大学的附属中学的家属院里，同学的家长几乎都是大学老师，小桃非常不喜欢，用小桃的话说："知识分子多的地方很可怕，父母之间有竞争，就潜移默化给孩子。"小桃这样的印象也许是因为她被一个好朋友的狡猾伤害了。好朋友利用小桃的天真来占用小桃家教老师的时间；还有就是，数学老师选成绩好的前十名同学给予课外辅导而且不告诉其他同学，小桃的好友被选中了，却骗小桃说自己没有被选中；小桃认为老师给部分学生辅导是不公平的行为，在课堂上当众揭发了数学老师和自己的好朋友。

小桃考上了重点高中，物理、化学成绩经常是个位数，但是她过得比较快乐，因为她看了很多课外书，然后和不爱学习的同学下课一起讨论。小桃很感谢那些老师当时不太约束她，估计也觉得管不住她。有一位老师大概很理解书对小桃的意义，知道小桃在书中寻找着什么答案，也许是寻找可以指导年轻人世界观和价值观的东西，就嘱咐学校图书馆的工作人员允许小桃把书借出图书馆读，这是其他高三学生没有的待遇。回忆高中时代读过的书，路遥的《平凡的世界》给小桃的触动最大。后来因为小桃不专心课堂学习，影响了同桌，老师给小桃在讲台旁边安排了一个单独的专座。教室里有一个牌子，写着高考倒计时，小桃觉得这个太压抑了，就把它换成了花瓶，里面插上鲜花，而且每天换不同的花。高中毕业的时候，很多同学都提到这个事情，说："那鲜花让大家在很不人性的黑暗中看到一丝人性的东西。"

高考的时候，因为小桃数学不好，只得了 27 分，总成绩差 5 分没有考上大学。幸运的是，她复读的时候遇到一个非常好的数学老师，很有耐心，在这位老师的启发下，小桃突然开窍了，发现过去对数学所有的死记硬背和不理解的记忆都复活了，都可以理解了，结果复读后数学高考得了 100 多分，顺利考上大学。

上大学继续"胡闹"

提起自己的大学经历，小桃如数家珍。"马克思主义原理"课，老师照本宣科，太可怕了。"女性学"课，教学大纲要求讲女性行为规范，小桃就联合任课老师一起去向校长提抗议，最后抗议失败。"新闻采访"课，第一学期很有收获，第二学期老师开始对付，小桃就带领全班罢课，老师被弄哭了，解释说她在准备出国考试；小桃等学生觉得不能因为私事让大家学无所获，后来老师上课认真了许多，但是对小桃没有好脸色，最后小桃出色地完成了采访实践作业，任课老师不念私怨给了小桃全班最高分。"外国文学"课，全班 40 多人往往只来几个人，有一次只有小桃一个人；老师很有水平，喝一口茶,就开始讲对一个作家的看法;他很喜欢卡夫卡,小桃不喜欢卡夫卡,两个人还在课堂上为此争论起来;最后考试的时候,有一道题是评价卡夫卡,小桃还是坚持了自己的观点,老师给了小桃满分,而班里大部分同学都不及格。

小桃经常外出去其他学校听各种名人的讲座。校规很严,周一到周五白天、晚上都不可以出去,周末晚上6点之后不许外出。外出请假很麻烦,所以,小桃就经常翻墙,侦察地形找到墙最矮的地方,而且事先垫好砖头。一次,几个人翻墙被抓住了,同学一害怕就编了假名字,但是,看门的人认识小桃,被识破了,就闹到校长那里了,要记过,要写检讨。小桃很气愤,几乎是用成语写了一篇检讨书,专业老师看到了小桃的检讨书,因为爱才而出面保了几位学生免予记过处分。

大学毕业的时候,小桃因为成绩优异而且出色地主持过各种学校社团活动,获得了北京市优秀大学毕业生证书,也因此殊荣毕业以后可以落户北京。

桀骜不驯

毕业了,更大的烦恼来了:找工作。小桃因为能力突出又有北京市户口,所以找工作比别人有优势。她找到一家传媒公司,刚入职实习就担任六一儿童节大型慈善晚会的导演,小桃做得很认真,去收集节目,去跟企业拉赞助。联系的学校大都是打工子女学校,让孩子来电视台演出、来电视台过儿童节,也来答谢那些慈善人士。很多学校都排练《感恩的心》,小桃去审节目的时候建议学校可否换换节目,但是学校说,就是要教育孩子们感恩,小桃很气愤,她不希望孩子们因为那么一点儿捐赠就感恩得稀里哗啦的,但她说服不了校方。晚会上,一大堆孩子们在那里感恩,很煽情,大家和台里都觉得节目办得很好，小桃却在一旁伤心难过。小桃觉得自己干不了这个工作，她不喜欢这个舞台。离开了这个媒体，去找其他媒体，在媒体工作是小桃的理想。之后，她就见识了各种大小媒体机构，感觉大都希望找听话的人，而小桃没有那个机灵劲儿，别人做得很自然的溜须拍马的事情她做不来，小桃觉得领导想喝水就自己倒呗，干吗非得别人伺候？！遇到领导没本事、没度量的，就嫌她挑刺儿。小桃不断跳槽。她还去某政府部门工作了几年，那种"当一天和尚撞一天钟"的日子不是小桃愿意过的，就离开了。她需要一个有主人公角色的工作。

爸爸希望小桃能够有所作为，同时爸爸也告诉她："你可以不作为，但是不要做得让人讨厌，也不求你一定要爬到什么位置，得问心无愧。"妈妈只是期望一个底线，女儿有个生活稳定的家，工作生活有保障就行。每次小桃找到一个好工作后又辞职，妈妈就发愁："为什么别人都能忍受，你就不能忍受？"妈妈总是说："我就要退休了，没有什么指望了，把希望都寄托在你们三个孩子身上了。"小桃最不喜欢听妈妈说这个话，她不希望别人把幸福放在自己身上，小桃觉得自己承担不起别人的希望。

被驯服

小桃的爸爸最近看见她后问："你是不是受什么刺激了？"因为了解女儿的个性，他发现小桃平和了许多。的确，小桃开始认真思考妈妈以前说过的话："如果你棱角太多会被社会整得很惨！"她在思考：是更好地融入社会，还是坚持自己的东西？

小桃以前无所畏惧，肆无忌惮，实现自己的想法要淋漓尽致。她自己也很奇怪以前为什么那么不务实，如果要去解释，就只能说是叛逆吧。现在有了畏惧，而且需要给自己的人生找到一个平衡点。

有些矛盾的确不是能够当下解决的，也不需要激进地去解决。以前很快就去判断是非黑白，非此即彼，但是现在会去想来龙去脉。

从旁观的角度，小桃可以清楚地看到自己那种坚持真善美的价值观。她对钱一直很淡泊，如果是不愿意做的事情，钱再多也没有用；如果是愿意做的事情，钱才会起作用。

小桃在一家大机构的图书馆找到了一个职位。小桃一直爱读书，很喜欢以书为伴。一个月的工资 3000 多元，租房子花去 2000 元，平时一日三餐在单位吃，不用花钱。工作是 5 天每天 8 小时，周末可以去做自己喜欢的事情。

我不知道小桃读了我写的她的故事会有何感想。我们虽然关系很好，但是她会经常消失很久不和我联系，她说和我联系有一种压力，她就无法滋润地沉浸在她的心思和日子里了。我想告诉小桃不必有此压力，其实我希望人人都可以过上小桃现在的小日子。想想小桃和书中其他女工的区别？区别很多，让我着迷的想法是，如果所有工人都可以工作 5 天每天 8 小时然后拿到 3000 元，是不是会很不同？当然我知道，那些依靠工人廉价劳动力谋利的人们、那些希望工人没有时间思考进而被主宰的人们，会想方设法让这一切不会发生。但是，假设发生了，又会怎样？

一本大学（全国重点大学）和三本大学（普通高校）的毕业生有很大的差别。一本大学本科毕业生的出路是：三分之一出国、三分之一考研、三分之一工作。拿一位北京外国语大学的毕业生举例说明，她 2014 年毕业，在一家国企任职，解决了北京市户口，月工资 4000 元，有社保，5 天每天 8 小时工作制。不过，听说她一个月房租是 3500 元，只剩下 500 元生活费，让人担心她是不是会挨饿？除非父母给予赞助啊。三本大学毕业生就没有这么"幸运"，一般是在小私企和工厂就业。比如，北京外国语大学一位清洁工的女儿在一所三本大学学会计，毕业以后来到北京和妈妈团聚，在一家小私企找到一个职位，工资一个月 2700 元，没有社保，工作时间是 5 天每天 8 小时。她周末去做兼职以便增加些收入。也有大学毕业生去工厂工作的，不过一般会被安排做质检和文秘工作，而工资和产线上的普工几乎一样。

那么，受过高等教育的女工和没有受过高等教育的女工的区别是什么？也许是：大学毕业生（1）不会再想着老了要回农村；（2）肯花钱在城市里过稍好的生活，即使买不起房子，也会租比较好的房子，保证一定程度的生活质量；（3）即使也在工厂和私企工作，工作类型会轻松一些，好像多了点儿体面；（4）会有业余生活的时间，不完全像机器；（5）自我感觉会不一样，会多点儿优越感和自信。

我多么思念那个桀骜不驯的小桃啊。

1986年出生的园园

"平等"的代价

在园园的朋友圈里看到她长发飘飘的照片,她写道:"想剪短发了,有人推荐发型师吗?"女人有了心结的时候,心绪缠绕,头发往往就成了发泄的对象,好像剪掉了,可以像换个人、换个心情。反正如果短发不好看,还可以长成长发。园园的一举一动就如同一幅轻描淡写的水墨画。园园从小喜欢画画,但是没有机会学画,学

2016年1月17日,园园微信朋友圈的照片和感想:"每个人都有觉得自己不够好、羡慕别人闪闪发光的时候,但其实大多人都是普通的。不要沮丧,不必惊慌,做努力爬的蜗牛或坚持飞的笨鸟,在最平凡的生活里,谦卑和努力。总有一天,你会站在最亮的地方,活成自己曾经渴望的模样。"

习专业化妆之后，园园说："我把顾客的面容当作画卷，成全她们的美丽，也发挥了我的技术和能力。"我和园园是2011年认识的，一转眼四年多过去了。

园园1988年出生于安徽省安庆的农村。上学到初一就不念了，家里有爸爸、妈妈、一个姐姐和一个妹妹。

四处漂泊

在天津卖早点（2002年，14岁，两个月）。

园园不上学了，在家里面待着也没有事，一位亲戚在天津开早点摊，园园就过去帮忙了。摊位开了两个月，生意抢不过旁边那家店，就关了，园园回家了。一个月300块钱，包吃、包住。

老家镇上的饭店当服务员（三个月）。

园园在老家镇上的大饭店里面当过服务员，就是刷碗什么的。饭店开了三个月，开不下去了，房子租给别人开超市了。工资300块钱，包吃、包住。

老家镇上学理发（半年）

园园在老家镇上的理发店当学徒，没有工资，从家里带米过去做着吃，开始的时候是夏天，只有剪发和洗头；冬天来了，快过年了，顾客开始烫头发了，那时也开始流行拉直发，药水很难闻，园园闻了就想吐，实在没有办法了，就不干了。老板一点儿钱都没有给园园，她都没有钱回家。

江苏常州的电子厂（15岁，一个月）

园园在江苏常州一家电子厂工作了一个多月，在流水线上劳作。

流水线是计件的，速度非常快，园园的动作慢，跟不上，累得手指都抽筋了。一天做下来，躺在那里就睡过去了，早上睡醒手都抬不起来。从天不亮一直干到晚上七点或者十点，没有休息日。如果一个月工作能挣六七百块钱，就给两三百块钱的生活费，剩下的钱过年的时候一起发。太苦了，吃得也不好，园园干了一个月受不了了，回家了。园园的姐姐和舅妈在那里做了两年。

常州一家收音机厂（15岁，一年）

园园又进了常州一家收音机厂。上次进厂没能吃苦坚持，这次园园下定决心，要吃苦，要坚持，在外面能养活自己就可以了。园园手慢，一个月工资挣三四百块钱，其他人手快，有拿到六七百的。坚持了一年。

常州一家电机厂（16岁、17岁，两年）

园园换了几家厂，后来在常州一家电机厂干得最久，做空调里的电机，坚持了两年。也是计件的，园园一个月也可以拿到1400多元钱，每天早上六点上班，干到晚上五六点。那时第一次可以存一点钱了。

在连云港卖衣服（19岁，半年）

2007年了，她去了好几个地方，后来在连云港一家服装店卖衣服，做了半年。

在苏州帮亲戚做快餐店（20岁，一年）

姐姐比园园大两岁。姐夫的姐姐开一家汉堡店，让园园去帮忙也顺便学习，一个月工资1200元。做了一年。

在连云港卖衣服（21 岁，一年）

在连云港一家品牌专卖店卖衣服，第一个月工资 600 元，第二个月 700 元，第三个月 800 元。销售额超过 1 万元的部分按 2% 提成。后来换了一家店，卖男装，底薪 1000 元，提成还可以再拿到 1000 多元，开始觉得还可以，后来售货员之间为了多拿提成明争暗斗就感觉很不好，不干了。

苏州进厂

2009 年，园园来到苏州，随后虽然也多次换工作，但是在苏州待了下来，一直到现在（2016 年上半年）。2012 年，我和园园见面聊天的时候，园园在一家德资厂打工。我自己曾经分别在苏州一家台资厂和德资厂打工体验，知道不同工厂的管理制度是很不一样的，就请园园分别讲了讲两个厂子的情况。

表 3　园园对台资厂和德资厂的简单对比

	台资电子玻璃厂（2009 年）	德资电器厂（2010 年 2 月到 2012 年 2 月 15 日）
入厂费用		体检 86 元、培训费 100 元
工资	一个月三四千元，底薪 850 元	一个月两千多元，底薪 960 元
上班与平时加班	上班 12 小时，请假就要扣钱，全勤奖也就没有了	上班 8 小时，愿意加班就加班，不愿意加班也行
加班计时	上时效，在厂子里待 12 个半小时，只给 3 个小时的加班费，半个小时是吃饭的，半个小时是间休，其实也没有休息，有的岗位是从上班到下班一直忙	时间比较合理，加两个小时就给两个小时的加班费，不会少算
年假	没有年假	每年有 10 天年假，什么时候请都可以，可以一个月请一天，也可以连着请，工资照发

续表

	台资电子玻璃厂（2009 年）	德资电器厂（2010 年 2 月到 2012 年 2 月 15 日）
周末加班	上四休二（上班四天，休息两天）不管是星期六还是星期天，该上班还是上班，也没有双倍工资	周末是休息的，可以加班也可以不加班，如果说不加班也不会扣钱，加班就多拿加班费
病假		一年有 7 天的全薪病假
对上班时间的感受	在外面吃饭，下班以后没有时间洗衣服，一休息赶紧洗衣服、刷鞋子	上班时间比较合理，下班回来可以做饭吃，可以洗洗衣服

2012 年 2 月 15 日，两年的工作合同到期，园园辞工了。她在德资厂上了五险，可以领取失业金，一个月 720 元，因为交了两年，所以可以领四个月的失业金。园园不准备续社保，因为觉得不可能在某个厂子待 13 年。打算以后不再进厂了。

边卖鞋子边学习化妆

2012 年 3 月，园园从网上找到一份在商场卖鞋的工作。上一天，休一天，不签合同，给 420 元的社保补贴（不给员工交社保的补偿），150 元饭补，1140 元底薪。回想在工厂的日子，赚了钱也没有时间花，买了好衣服也没有时间穿。选择这份工作主要是考虑到可以有时间去参加培训，园园一直有一个做化妆师的梦想。

2012 年 8 月，园园找到一个化妆培训机构，交了 5000 元钱开始学习化妆。学习内容包括：影楼妆、新娘妆、生活妆、职业妆、立体妆，还有盘发、美容等，包会。先在纸上画，然后在脸上实操，还有理论课。说起化妆，园园特别激动："我喜欢化妆，觉得化妆了很漂亮。每次上网看化妆之后的作品，我都很喜欢。有一个男模特，把自己的脸画成骷髅头，特别有创意。还有，化妆不只是漂亮，还是一种创作,化妆也可以改变脸型。"

2012年10月,初步掌握了化妆技术以后,园园找到第一份相关的工作,在一个影楼做化妆助理。一个月1500元底薪,做超过25000元的活儿才有提成,比例是2.5%,如果做3万元,提成比例是3%。第一个月,老板没有给提成;第二个月,只给了100元提成,按照园园的估算,她应该给店里做了3万元的活儿。拿了工资,园园就辞职了,觉得老板太言而无信了。虽然老板和老板娘一再挽留,还提出要提高底薪,但是园园觉得他们太不可信了,还是离开了。

2012年12月,园园在苏州灵岩山旅游区一家做古装拍照的店面工作。1200元底薪加提成,每个妆都有提成,比例是5%。化一个妆最低15块钱,也有35元、55元和100多元的,反正每天提成也能有个四五十块钱。每天上班时间是早上9点到晚上5点。店里有五六个员工。干满一个月以后才知道,老板要押一个月的工资,再问其他员工,有两个人的工资押了一年了,每个月只给生活费,工资到年底才发。园园立刻找老板要求辞工并且结算工资,老板躲了起来。最后园园终于拨通老板的电话,园园说:"你躲起来我也找得到,你有好几家店面啊,在哪里我都知道。你要是这个样子跟我玩硬的,我也能找几个小混混啊。"就这样才把1200元拿到手,提成就算了。

2013年1月,园园又去商场卖鞋了,同时兼职做化妆。比如,某公司搞活动的时候,员工演节目需要化妆,园园就拿着化妆品去现场,按照化妆的人数来收钱,一般的都是35元一个妆,做一次活动可以有两三百块钱的收入。

2014年1月,经过了比较长时间的训练以后,园园对自己的化妆技术有了信心,找到一家比较大的影楼应聘做化妆师助理,这也是向化妆师学习的机会,半年以后,园园技术更加娴熟了。终于,园园到一家比较小的影楼应聘化妆师,底薪2500元,加上提成,每个月可以拿到4000多元,包住、不包吃,没有劳动合同。终于比较

园园给顾客化妆　2016 年 5 月

稳定了。每天上班 12 个小时,早 8 点到晚 8 点,比较固定。婚纱照都是要提前预订的;写真的话,拍一套要 4 个小时左右,如果顾客下午 5 点钟才过来就不接了。

不该爱他

2011 年过年的时候,园园没有回家,同在苏州打工的小涛(化名)也没有回家,园园和小涛一起过了年。小涛追求园园有一年了,园园的家人不同意他们相处,小涛比园园小两岁,不太成熟,园园一直没有接受他。但是,一年的不懈追求在那个春节有了结果。

2011 年 10 月,园园和小涛订婚。小涛家兄弟好几个,父母把房子都给盖起来了,导致经济条件很紧张。园园家乡当时的风俗是,订婚的礼钱 2 万元，彩礼是 1 万 1 千元。考虑到小涛家的经济条件，园园只要了 6000 元。虽然园园的亲戚和家人都不满、不理解，但是园园的想法是：找个彼此喜欢的，吃一点儿亏没有什么，只要大家高兴。

和男友小涛相处两年多，两人经过多次吵架、冷战和几次分手、和好、再分手，园园和他终于彻底分手了。最本质的问题在于，园园无法忍受小涛的大男子主义。园园每天下班回来要做饭、干家务，小涛什么也不干。在园园的抗议下，小涛终于答应洗碗了。有一次，园园下班回来很累，而那天小涛休息，园园对小涛说："你把菜洗洗，一会儿我来烧。"小涛说："现在洗菜也是我的事情了?！"园园说："你洗一下怎么啦，你上班的时候，洗衣做饭都是我做，你不想洗碗的时候我也洗了。"小涛说："谁让你是女的，做饭、洗衣服都是你们女的该做的。"跟小涛在一起的时候，园园从来没有像别的女孩子那样任性，反而像大人一样包容小涛。园园想，如果自己也像别的女孩子那样衣服也不洗、饭也不做、生气了还要男人来哄，那会是什么样子呐？

分手以后，小涛从来没有发信息说过道歉或是安慰的话。有一次，小涛发来短信问园园住哪里，园园问他什么事情，小涛说："去你家吃饭啊，想吃你做的腌萝卜干，想你煮粥给我喝。"园园特别生气，对小涛最后的一点儿同情都消失殆尽，对于小涛来讲，想念园园也是想念园园如何对他好、伺候他，而且从来都觉得那些是园园应该做的，园园再也没有理他。

谈起过去，我问园园当初和小涛相处的想法是什么，园园说："没有深入了解他就陷入爱情，然后就一直为他想，忘了自己需要什么。我以为我怎么对他，他就会怎么对我吧！我爸妈当时并不同意我们相处，但是又怕破坏了我的幸福，我的想法总是那么简单，两个人在一起过得开心幸福就好，物质是其次的，想要什么样的生活都应该自己努力去创造啊。"

不能爱他

2013年，通过社交网站，园园和一个年轻富有的工厂主认识了，他叫志然（化名），他们一个星期或者两个星期见一次面。两个人的工作都很忙，志然照顾自己的生意，园园在商场里面卖鞋。一般人会如何看待？如果园园和这个人交往，会被视为"美女傍大款"；但如果园园不和他交往，是否失掉了一次通过婚姻改变命运的机会呢？我静静地听园园讲述。

园园回忆一次温馨的见面，志然从小习武，把手伸出来，关节咯咯作响，园园摸摸志然的胳膊，真正的肌肉男。志然喜欢园园，园园觉得和他交往思想上有压力。志然问园园："如果不知道我的家庭条件是否会喜欢上我？"园园说："会！"志然说："那就好，我等你，等你真的对我有了感情，我们就是正式的男女朋友了。"

志然从小学钢琴、练书法，大学毕业后去当兵，父母在加拿大养老，留他在中国经营自家的企业。园园觉得即使自己付出再大的努力，也无法拉平他们之间的距离。一次，志然去日本出差，故意没有主动给园园发短信，园园这期间也没有给志然发短信。志然很伤心，认为园园根本不需要他。园园觉得两个人在一起应该是互相需要。

园园和志然分手以后对我说："两个人最好在个人能力和经济收入方面都比较平等，那样的话，两个人过得才能平等。"

不想像妈妈那样活

在学习化妆技术期间，园园在商场卖鞋，这份工作上一天休一天，可以有时间去培训学校上课。卖鞋很累，要一直站着，站一天下来，腿都疼，但是，园园说，站习惯就好了。园园觉得把鞋卖好，挣钱养活自己，挺好的，虽然不能说那是一份理想的工作。我一直在想，园园坚持自食其力，她对待工作朴素的看法是怎么来的？直到她说了她妈妈的事情以后我才明白了。

园园亲眼看到妈妈的多次自残和企图自杀。一次是园园六岁的时候，妈妈喝了农药，躺在床上，爸爸让园园去叫奶奶，她去叫了三遍，但是奶奶也不过来，爸爸就带妈妈去了医院。

再一次是由磨芝麻粉引起的；爸爸要吃芝麻粉，让妈妈去磨；妈妈去奶奶家磨；磨芝麻粉需要两个人，一个拉磨，一个填芝麻；奶奶不帮忙，小叔也不帮忙，还说风凉话："芝麻粉好吃，磨难推。"妈妈拿起砖头就砸自己的头。爸爸赶过来按住妈妈的手，妈妈头上血流下来。

再一次，园园已经上小学了。她和外婆去菜地摘菜，一回家，园园看到妈妈肚子上扎出了洞，剪刀放在旁边。园园跑到菜地找外婆，外婆牵着园园回来，带着妈妈一起去医院。

园园说起这些的时候脸上没有情绪变化，很平静。我由此明白了园园对待卖鞋的那种平和的态度。园园的妈妈从来没有挣到过现金，园园的爸爸也从来不给她钱花，在园园眼里，妈妈的一生是可悲的。园园平静而坚定地说："我反正不会找人伸手要钱，哪怕再穷我也不会找人要钱。我要有自己的能力，永远都不会让自己失去这个主动性的。"

"平等"的代价

2013年11月，园园结婚了，他们是通过手机摇一摇认识的。他们刚认识的时候园园给我看过那个男人的照片，我当时心里就一凉！结婚以后园园告诉我，自己和一个完全不了解的人结了婚。园园结婚以后就开始帮助丈夫还债，丈夫在老家买房子花了16万元，欠款 6 万多元，三张信用卡每张透支 2 万元，反正各种还款加一起每个月需要还 2000 多元。

没有结婚以前，每年春节从打工地苏州回到安徽农村老家，家里都会安排园园相亲，2012 年春节过后，园园 24 岁，在农村已经属于大龄未嫁的"老姑娘"了。园园和同村一个比较富裕人家的儿子相亲，对方见面就给 6000 元见面礼钱，如果收了就等于定亲了，就可以谈论婚事了。小伙子自身条件不错，但是园园觉得两个人应该相处一段时间再定，家里人都围着她做工作，希望把亲事定下来。园园当时感觉特别不好，第一反应是，别以为砸了 6000 元钱就必须得定这个亲，又不是做买卖。反正人家一给钱，园园就害怕，觉得低人一等了。

2015 年 7 月的时候我问园园："为什么一定要结婚？"其实，我真正想问的是：结婚我理解，但是为什么要和你丈夫这样的人结婚？我虽然问得婉转，但是园园明白了我的意思。

园园现在和丈夫在经济上是"平等"了，其实，她比丈夫做了更大的经济贡献。经过一年的学习和两年的锻炼，园园已经成为一名熟练的化妆师，基本工资可以达到 4000 元。园园丈夫的工作一直不稳定，做过建筑工、贴瓷砖等，现在又要学焊工。园园说："结了婚，两个人就绑在了一起，我愿意跟着老公，但是老公很迷茫，无法跟随。生活就这样纠结，结婚是为了有个伴，感觉一个人很凄凉、很孤独。现在，结婚了，年纪也越来越大了，但是没法考虑要小孩，因为生了孩子以后，我就无法获得足够稳定的经济收入了，就无法'平等'了。"

园园说："我觉得夫妻应该是一种合作关系。如果我因为生小孩不能上班赚钱，那也不应该完全听他的，都是为了这个家。"园园用自己的行动和努力争取过上一种平等的生活。她对家庭平等的想法是如此的简单却又不符合这个世界的现实。

我问园园："你怎么能够下决心和他相处然后结婚呐？"园园的回答让人心酸："一个是那时候自己想结婚了，还有就是家里一直催结婚，有点病急乱投医。然后遇到了他，他对我很好，比如，陪我出去玩，吃饭的时候总照顾我，帮我盛饭、帮我拿筷子。"

2016年5月5日，我管园园要照片做本书的插图，聊起近况，园园说她去年年底前离婚了。我一点儿不吃惊，我说："离了就对了，估计对方肯定不同意吧？"真让我猜对了。园园提出离婚以后，那个男人拿起菜刀放到口袋里说要跟园园谈谈，园园当时心里很害怕的，但是表面保持着平静，在心里给自己打气，对他说："你揣把刀干吗？想威胁我？还是想砍我？"

他把刀拿出来递给园园说："你砍我两刀吧！让你解解恨。"

园园说："我不恨你，我为你做了那么多也没人逼我，都是我自己选的，我只能说，我精疲力竭了，虽然是这个结果，但是我努力过了，我不会有任何遗憾。"

他怎么都不愿离婚，园园提出分居各自冷静冷静。园园回老家住了半个月，回来以后，他搬走了。园园调换了工作地点，确保他找不到自己。几个月以后，园园给他打电话，问他考虑得怎么样了，愿不愿意协议离婚，他还是不愿意离。最后，园园约好和他面谈，对他说，只有离婚一条路，但是有两个选择：第一是协议离婚；第二是法院起诉离婚。最后他同意协议离婚，第二天园园的妹夫陪着园园去男方老家办了离婚手续。

姑娘，要去哪里？

园园平静而愉悦地告诉我，2016年过年在家相亲认识了一个人，还不错，做建材的，人在广西，他38岁，离婚了，有两个女儿，他暑假、寒假都会在家陪陪她们。园园和他计划7月份登记，然后园园去广西相聚。

吕途："希望这个人懂得珍惜你。你这么好的姑娘，要经历这么多。"

园园:"可能是经历了这么多才会慢慢地变得这么好啊!"

吕途:"也对。本质一直是好的,但是会有思想混乱的时候。"

园园:"是的。"

附:小诗两首

我只是尘世间的一颗尘埃

园 园

我只是尘世间的一颗尘埃
时而停留在灯光照耀的流水线上
伸出老茧斑斑的双手
触摸那冰冷而坚硬的铁片

我只是尘世间的一颗尘埃
时而停留在轰隆作响的机器旁
刺耳的机鸣声仿佛在嘲笑
嘲笑我无足轻重　太渺小

我只是尘世间的一颗尘埃
期盼阳光和微风的吹拂
向往山清水秀　绿草茵茵
野果香　山花俏

我只是尘世间的一颗尘埃
又怎能与那突袭来的暴风雨抗衡

只能等到风平浪静

我才能尘埃落定

2010年12月

生　活

园　园

为了理想

习惯了在外漂泊

为了生活

习惯了处处节俭

我的梦想啊

你好像苍老了许多

向前进的脚步变得缓慢

焦急与不安占据了身心

一切变得那么迷惘

在富人面前显得那样卑微

我开始想要认输

突然听见一个声音在呐喊

被冰封的理想

像一朵雪花遇到炽热的阳光

我对自己说

生活不在于拥有多少财富

在于

你拥有怎样的思想与意念

2012年6月

1986年出生的佳俊

向着阳光生长

佳俊高挑、漂亮，非常文静。她不爱说话，但是一旦开口，就噼里啪啦。初次见面会觉得她很文静，讨论问题时发现她非常率真，深度交流又觉得她很有分寸。她靓丽的大眼睛躲藏在黑边眼镜后面，往往只有在近距离的时候才能欣赏到她的清秀端庄。我们两个有两次同住一个房间，都是聊天到后半夜，记不清楚是谁聊着聊着先睡着了。

佳俊（左）和作者在广州一个拓展基地漂流，2014年9月

童　年

佳俊1986年出生在湖南衡阳一个非常偏僻的村庄。佳俊出生没有多久父母就去广州打工了，由外公外婆照顾。佳俊小时候经常生病，3岁的时候差点病死，不会走、也不吃东西，瘦得不像人样，天天打吊针，半夜还经常突然坐起来做些奇怪的动作。她外公还去请了法师来搞，但她还是病得奄奄一息的。佳俊的妈妈知道以后连工资都不要了回来看女儿，说来神奇，妈妈一回来，佳俊的病就好了。然后，妈妈就又外出打工了。

佳俊还有一个比她小3岁的弟弟，弟弟出生以后跟着父母在广州，而佳俊一直留在农村老家。弟弟上小学的时候，曾经有过一段短暂的一家团圆的日子，爸妈为了陪弟弟上学都回到了农村老家。在佳俊眼里爸爸很凶，佳俊很怕他。家里就一张床，四个人睡；只要爸爸在家，佳俊就抱着自己的衣服去外婆家睡。村里面的人都说她像乞丐一样的，背着一包衣服就走了。后来，父母又带着弟弟去广州打工了，把佳俊一个人留在家，由外婆照顾，外公外婆家很穷，但是佳俊很喜欢他们，因为他们对佳俊非常好，从来没有因为她是女孩子而让她觉得受到冷落，而且自己的小命就是他们捡回来的。外公外婆有三个女儿、一个儿子，家里穷，还要带孙子，年纪也大了，生活太沉重了。

佳俊十岁的时候，外公外婆无力照顾她了，她就开始一个人独立生活，自己买菜、自己洗衣、自己睡觉。上小学三年级的佳俊，孤单地生活着。村子非常偏僻，每天上学单程要走一个多小时，一天下来，花在路上的时间就是三个小时。佳俊是村子里有名的野孩子。佳俊觉得偷别人的东西很爽，见什么偷什么，还带着小伙伴一起去偷；也不知道自己为什么要那样做，就是觉得那样胡搞特别好玩；路过道边的禾苗，就把那个结了穗的芯抽出来，走一路破坏一路；把人家鱼塘的水放干；从来不跟村里人打招呼，也不觉得内疚和自责，只沉浸于去搞破坏。当时佳俊肯定不知道自己为何有那些行为，现在回忆起来，她逐步理解了，她说："我做的事情在大人眼里永远是错的，这个不能做那个不能做，这导致当时内心非常自卑，这样自卑的状态并不会让我向好的方向发展，而是想办法去发泄。一个女孩，一个人，如果没有自信就完蛋了，真的就完蛋了。我就感觉自己没自信，总觉得好像自己做错了事情，这个地方做错了，那个地方做错了。等到自己慢慢开始学会思考了，我觉得，很多事情不一定有对与错的本质区别，所以现在我会放任女儿一些，不想让她也变成像我这样子；有些人会觉得我惯坏她了，我真的就是有意识地放任她，希望她胆子大一些，自由成长。"

15 岁辍学

佳俊上初三的时候弟弟回到老家上初一，佳俊照顾自己和弟弟，父母继续在广州打工。没过多久，弟弟得了肾病，父母把弟弟接到广州治疗，佳俊又变成了孤独的一个人。过年了，佳俊去广州和家人团聚。等快开学的时候，父母对佳俊说："弟弟需要在广州养病休息一年，你一个人回老家继续上学。"

想着一个人在老家的生活，佳俊觉得特别孤单、特别害怕。学校的条件很差，没有水池，不能洗衣服，也没有地方放衣服。别的孩子都是由家人把换洗的衣服准备好，佳俊没人管。佳俊本来就没有几件衣服，又没有地方洗衣服，经常就没有干净衣服穿了。正是长个子的年纪，佳俊的衣服很快就小了，每天穿着明显短了的衣服裤子上学。学校不能洗澡，家里非常冷，也没有热水，佳俊都不记得自己多久才会洗一次澡。有一回，爸爸从广州回来，到学校接佳俊，看到女儿邋遢的样子，父女连心，佳俊可以感受到父亲的怜惜和疼爱，从小积累的对爸爸的惧怕也在那一刻消融了。

寒假结束了，父母给佳俊准备好了回去上学的费用，而佳俊一言不发，也不动身离开。佳俊并不是不想读书，但是，想着一个人回去，那孤单的日日夜夜实在太难熬了；父母问她不想上学吗，她不出声，每天躺在床上睡觉；老家学校的老师打来电话，佳俊也不接。就这样，没有再回去了。

16 岁开始打工

15岁的年纪太小了，找不到工作。佳俊去了一个小黑作坊，糊纸壳，每天双手都被胶水粘得黑黢黢的，洗都洗不掉，又被别人欺负，天天哭，就不干了。

等过了年，她16岁了，做了一个假身份证，把岁数搞大了几岁，就进了一家制衣厂。佳俊的工作是给衣服打包装，她手脚很麻利，没一会儿就包一大堆。第一个月的工资340元，发了170块钱，开心得不得了，兴奋地说了好几天，马上把100块钱给了妈妈，用余下的70块钱买了一些东西，特别开心。那个厂子天天上班，从来没有休息日，五一、十一都是没有假期的。她在那里干了差不多半年的时间，一天都没有休息。

佳俊觉得不能那样一直干下去啊，在农村还讲究要学门手艺呐，佳俊觉得该学点技术了。就去了另外一家制衣厂，打那个扣子钮门，一脚踩下去，踩得好就好，踩得不好一打衣服就报废了，就觉得压力特别大。这个时候佳俊已经有一米六多的身高了，本来就瘦，才80多斤，做了三个月，又瘦了好几斤，就辞职不干了。

这一辞职不得了，连住的地方都没有了。那个时候佳俊的妈妈租了一个小房间和弟弟一起挤着住，佳俊本来和厂里的女孩子们挤在工厂宿舍里，但是不在那家厂子了，老板就不让住了。那是2003年，工作不好找，没有工作就没有地方住，然后就在这个老乡家住上一天、那个老乡家住上一天，到处流浪。找了半年都找不到工作，好着急啊。

终于在一家台资厂找到了工作，是做皮具的。台资厂的制度特别坑人，佳俊至今记忆犹新。线上的管理人员经常骂人，只要有一点点事就会骂人，今天这个被骂走，明天那个被骂走，骂走的人反正都是她们不希望留下的人，留下的都是手脚快、做得好的。佳俊也挨骂，但是不管怎么样，都得赖下去，因为不可以没有工作。其实无论如何，你总会挨骂，只要有一点点事，就会被骂。佳俊手脚还是蛮快的，虽然做的活儿有些粗糙。工作非常非常辛苦，加班到半夜12点，或者后半夜2点，每天如此；常年没有热水喝；冲凉要排好长的队；每天饭都吃不饱，饭里面还可以吃到虫子什么的；开始的时候工资拿到600多元，后来拿到800多元，最多的一次拿到1600多元。十八九岁的年纪，天天关在车间里面干活，佳俊受不了，每天累得半死，躺下就昏睡过去了，特别想出去玩，尤其是心情不好的时候，特想跑出去玩。一天假都没有，也请不下来假，佳俊就约上其他工人，旷工出去玩。一个晚上不去加班，就罚款50块，佳俊特别生气，索性第二天干脆不上班了，旷工一整天，让她罚个够。主管发现罚款对佳俊不管用就不罚了。佳俊干不下去了，要辞工，主管就开始跟佳俊讲感情，劝说她留下。因为有过半年找不到工作的悲惨记忆，心里就特别怕，再加上辞不了工，就一直干下去了。干了两年，实在干不下去了，佳俊还是坚决辞职出来了，带着五个工友姐妹一起离开了那个厂。

之后，佳俊终于找到了一家讲劳动法的厂子，是一家制衣厂。那个厂子加班不许超过晚上9点；星期天休息；很多时候，周六和周日双休；拿到的工资和原来也差不多。佳俊觉得自己从地狱到了天堂，开心得不得了，有大把的时间了嘛。有时间了，佳俊却茫然了，不知道拿这大把的时间来做什么。佳俊就想：以后干点什么哪？赚了本钱开个理发店？有时间想了，就每天想这些事。一方面觉得可以在这个厂子做下去，因为挺轻松的嘛；但是又觉得这样做下去没有什么意义。这就是生活吗？三点一线的日子怎么过下去啊？

"空闲"惹的"祸"：接触 NGO

因为周末有了空闲，在一个偶然的机会，佳俊接触到位于广州番禺的一家为打工者服务的公益机构。刚开始听老乡提起这家机构的时候，佳俊不相信，觉得一定是骗人的，天下哪有免费的午餐，别人怎么叫佳俊去看看她都不去。后来被拉着去了一次，觉得不好

佳俊在公园

玩就没有再去。主要也是因为佳俊那时迷上了上网,每天都去网吧,跟那些陌生人聊啊、骂啊,觉得很好玩。后来上网的兴趣淡化了,2005年过年的时候,满街死气沉沉的,佳俊实在没地方去,就又去了一次那家公益机构。

最终吸引佳俊的是这家公益机构2005年搞的母亲节活动,佳俊觉得特别有意义,后来就经常去了。每次机构工作人员发信息邀请佳俊去参加活动,佳俊往往把一个宿舍的姐妹都动员去参加,越参加越觉得有意思。

开始另外一种人生

转眼间,佳俊已经在那家讲劳动法的工厂打工两年多了。有一天,公益机构的负责人问佳俊是否想来机构实习,如果实习期满可以正式参加机构的工作。这是佳俊没有想过的,当时在厂里工作,工资一个月1000多块钱,还有休息日,在父母和亲友眼里是份不错的工作。佳俊犹豫了很久,最后选择了在机构做全职实习生。

实习生的工资一个月只有600块钱。工作中需要用电脑,她自己花钱利用业余时间参加电脑培训。每天上午去学习电脑,下午2点到晚上10点在机构上班,甚至现学现卖回来就给工友上电脑课。佳俊花450块去学电脑,连生活费都没有了,家人都觉得佳俊脑子有问题。佳俊没钱吃饭,就每天去父母那里蹭饭吃。爸爸说:"你天天在我这里吃饭,你这么大了,你没赚到钱给我,还天天在我家吃饭!"那时候是2006年,佳俊20岁了,她对爸爸说:"你知道吗,18岁之前都应该是你养我。我16岁就出去打工,我在厂里吃饭,没在你这里吃饭,所以,16岁到18岁该给我吃的饭这两年要补回来。"

佳俊实习了三个月以后成为正式工作人员,工资一个月1000块钱。

成立"女工中心"

2012年3月，作为发起人之一，佳俊和另外一名女工在广州发起成立了一家"女工服务中心"，免费为附近的女工提供各种文娱服务，包括图书、报纸和杂志借阅、电影放映、羽毛球和围棋等文体活动，丰富女工的业余精神文化生活。此外，女工们如果有各类困惑，也可以来这里和工作人员聊一聊，进行咨询。很快女工中心接触到了工友集体维权的事件，从3月到7月，位于旧水坑工业区多家企业的员工找到了女工中心希望得到维权的辅导。

由主要为女工提供精神文化服务到同时为女工维权，这样的转变源自女工的现实需求。在广州，很多女工已经在那里打工十多年了，最长的有二十多年了，由"打工妹"一转眼变成了40多岁面临退休的中年女性，最紧迫的是要在退休之前拿到15年的社保。尤其是现在，众多企业面临搬迁和关闭，工人权益往往得不到保障。不少企业和当地村委会有连带关系，租用了当地的土地，甚至是某种形式的合营，在这种情况之下，女工处于绝对弱势。女工的优势在于：为企业付出了青春和血汗，是她们的劳动创造了价值，还有就是，工人的人数众多；女工的劣势在于：不懂法律、恐惧心理和无所依靠。

为女工维权，佳俊心里没有把握，甚至充满恐惧。没有家人的支持、没有社会大环境的支持，只有几个志同道合的同事在一起挣扎。女工非常无助，在维权中被分化、被解雇、被调岗，如果佳俊她们再放弃对女工的辅助，女工就更没有人管了。在这过程中，维权的女工中也出现各种状况：出内奸、不团结、打小算盘、退出、见风使舵等，让人备感心寒和受到打击；在维权过程中有些女工所表现出来的勇气和正义感也给了佳俊巨大的精神鼓励。

只能前行

佳俊平时很少在朋友圈和群聊中出现。我找她私聊，她或者回复只言片语或者保持沉默。但有一天，她主动找我聊天，她说她太压抑了，以前躺下就入睡，近期已经多日失眠。帮助工友维权受到打压是一个方面，更重要的是觉得自己完全无力给工友姐妹们一个交代。佳俊的头脑像放电影一样浮现出很多很多画面，她好像自言自语一样地追述：

"小时候很孤单也受了很多苦，现在回想起来是否可以解释为什么自己一直以来的那种不安分和反抗。

"从小家里有好吃的都是给爸爸和弟弟，父母大多数时间只把弟弟带在身边，小时候就觉得委屈，但是一直无法找到概念去表达，后来终于有一天对父母说：你们这是重男轻女，很不公平。

"我们老家有个习俗，女人的衣服不可以和男人的衣服混着洗，因为女人脏。到了外面，才知道，并不是所有男人都认为女人脏，特别是遇到我老公的时候，发现男人也可以体贴和尊重女性。我老公主动照料家务和做饭的时候，我一下子就接受了他。

"第一次去公益机构参加活动，我从来没有在大庭广众面前发言过，连介绍自己的名字都在发抖，也许就是那样一个机会、那样一种平等和尊重让自己看到了社会和人生的另一面……"

又是一个失眠的夜晚。这么多年支撑佳俊的是慢慢在她心中发育生长出来的一种生命价值和社会担当。此时，丈夫和女儿都入睡了，她一个人躺在黑暗中，那种无力感让她的内心也被黑暗和压抑填满。同时，佳俊知道，明天太阳升起，她还将继续，因为自己已经不是当年那个辍学的 15 岁小女孩了。

1987年出生的玉雯

迷迷糊糊到现在

2014年10月,我在皮村我的房间访谈了玉雯(化名)。她是我就性行为进行访谈的第三个女性访谈对象。本书中有一些访谈对象是我的朋友和曾经的同事;也有的我回访过几次所以相对熟悉;但也有只接触访谈一次的,玉雯就是这样的。我和玉雯之前不认识,之后也不一定再见面。让我非常感动的是,在这唯一一次相识和交流中,玉雯几乎没有任何保留地告诉我一切,一些非常敏感的方面甚至是她主动告诉我的。我没有什么可以回馈她的东西,只能用我的真心和真情把她的真实故事呈现给读者。

稀里糊涂辍学

玉雯1987年出生于四川农村。爸爸是50年代出生的,只念过小学一年级,妈妈是60年代出生的,没有上过学。玉雯家里只有姐姐和她两个女孩,其实玉雯的妈妈还怀过三个孩子,因为四川计划生育很严格,都被拉去流产了。

玉雯是初二辍学的。她觉得自己脑子很笨,不喜欢背课文,对学习没有上进心。初二毕业以后她想着上了初三会天天考试,她怕考试,就自己不去上学了。

稀里糊涂和第一个男人过夜

玉雯辍学的时候是 2003 年，16 岁。就外出打工了，去的是苏州，当时玉雯的爸爸在那里打工。玉雯进了一家小电子厂，下班以后就住在他爸住的院子里，那里住着来自各地的人们，也有玉雯的老乡。玉雯就是在这里第一次遇见自己的老公，勇杰（化名）。勇杰当时在上海打工，来江苏找老乡玩，两个人就认识了。

勇杰约玉雯去逛公园，到了没人的地方勇杰就开始动手动脚的，玉雯也没有反感，也没有什么感觉，就是感觉挺好奇的。勇杰找到一个特别隐蔽的地方，玉雯当时脑子里面一片空白，在想，这是要干什么啊？就拒绝了勇杰，两个人就离开公园回去了。回去以后，玉雯越想越好奇，有些想去深究的感觉。第二天，勇杰又约了玉雯，玉雯就去了勇杰住的地方，两个人在一起住了一晚。

玉雯稀里糊涂地和勇杰发生了关系。玉雯说，她其实一点儿都不喜欢勇杰，晚上两个人在一起玉雯除了难受以外没有别的感觉，一切都是为了迎合对方，而自己就是一种好奇心。这是玉雯的第一次。第二天勇杰就回上海了。两个人很长时间没有再见面，但是还保持着电话联系。

乱七八糟和第二个男人过夜

后来玉雯去了一家服装厂打工。她喜欢上了包装部的一个男孩子。这个男孩子很害羞，大姐们喜欢拿他开玩笑，大姐们也看出来玉雯喜欢他。有一天，大家都知道男孩子辞工了，第二天就要离开，大姐们就拿玉雯和这个男孩起哄，把玉雯送到这个男孩子住的宿舍，问玉雯敢不敢和男孩子在一起，玉雯本来就很喜欢他，就留在男孩子宿舍住了一晚。男孩子什么也不懂，不知道该如何和女人在一起，玉雯教了他，这是玉雯的第二个男人，也是她第二次和男人在一起。第二天，男孩子走了，他们也就再没有见过面，也没有过任何联系。

晕晕乎乎结婚

后来玉雯又结交了一个男友，这是玉雯的第三个男人，男友对她说："你不是处女。"玉雯这个时候才明白处女这个问题，就想，如果继续交往男友，别人会介意自己以前有过别的男人，会认为自己特不正经，那样的话即使以后结婚也会总是介意，想到这些，玉雯就想，如果第一个男友再来找自己，就嫁给他。

有一天下着大雨，玉雯正在上班，保安来叫她，说有人找。玉雯到了厂门口，发现找她的是勇杰，玉雯对他说："我要上班，不想请假来陪你。你如果想等就等我下班吧。"下班的时候，勇杰还站在厂门口，在雨中等了一个下午。玉雯想，这起码说明勇杰在乎自己吧，自己虽然不喜欢他，但是就嫁给他吧。玉雯把勇杰带回出租房的院子，当时爸爸已经去其他城市打工了，玉雯想介绍勇杰给同在院子里住的姑姑和姐姐认识一下，但是她们都不想见，说不想管玉雯的事情，玉雯再也没有亲人可以为自己拿主意了。

勇杰告诉玉雯，自己没有房子，家里也比较穷。玉雯说："等跟你回家看看吧。"过了几个月，到了2004年腊月的时候，玉雯去了勇杰在湖北的老家。在山里面，交通不便，家里什么也没有。勇杰说："结婚吧。"玉雯说："行。"玉雯给妈妈打电话，妈妈说："你想结就结，我不拦着你。但是户口我是不会给你的。"玉雯只有17岁，不够法定结婚年龄，通过找关系，两个人还是正式登记结婚了。

没有一个亲人的祝福，也不是因为两个人相爱，玉雯不知道自己为了什么就结婚了，难道就是因为第三个男人一句"不是处女"的质问吗？但是就是在这个事情上，玉雯也觉得特别蹊跷，勇杰明明是玉雯的第一个男人，但是勇杰却对此产生了怀疑。事情是这样的，玉雯和勇杰在一起的第一个晚上并没有见红，玉雯并不懂这个，是勇杰的询问让玉雯知道了还有处女见红这样一件事情。奇怪的是，当玉雯和服装厂那个自己喜欢的男孩在一起的时候，她却见红了，玉雯又不能告诉勇杰这个事情。当勇杰怀疑地问玉雯的时候，玉雯无法解释，只能非常肯定地告诉勇杰："我到底是不是第一次跟你你应该最清楚，但是，的确没有出现你要的证明，这个我也无法解释。"勇杰也觉得玉雯说得很有道理，所以每次说到这个事情，两个人都感觉想不通。

2004年腊月两个人决定结婚，2005年正月登记。勇杰利用一个月的时间自己动手做了组合家具和双人床。玉雯虽然不喜欢勇杰，但是看到丈夫能有这样的手艺，还是觉得自己找对了人。

2005年玉雯生了女儿，2007年生了儿子。

云里雾里的"性"

吕途："你是什么时候来月经的呢？"

玉雯："我不记得了，应该是在小学五六年级的时候。我不懂，我妈从来没有跟我说过。当时我正在家里和我姐一起看电视，我妈不在家。突然间不知道下面为什么湿了，去厕所一看都是血，我想是不是我吃坏了肚子。我不敢告诉我姐，就自己去找了些卫生纸垫上，因为我见过我妈上厕所的时候有带血的纸。过了一会儿纸就湿透了，家里没有卫生纸了，我就找来写字的本子撕下几页垫着。我妈晚上回到家，发现了凳子上面的血迹，她很大声音地斥责我，让我赶快把凳子洗一洗，之后的事情就不记得了。"

吕途："你什么时候知道生小孩是怎么回事的？"

玉雯："我一直都不知道。记得我问我姐，小孩是从哪里生的？我姐让我去问我表姐，我表姐就很害羞，我问了好几次，因为我真想知道，她说你拉尿从哪里拉的啊？我就以为我知道了。现在，轮到我女儿问我同样的问题了，我不知道该如何回答，就说，肚子上面用刀切开，把孩子从那儿给端出来了。我不知道该怎么说，如果说从下面出来，不知道对孩子好不好，小孩子都有探索性，如果知道那么一点，就会接着去想。"

吕途："你跟你老公第一次在一起之前，有没有性冲动？"

玉雯："没有，其实跟我老公在一起之后也没有。我读初一的时候有一个男生找我出去玩我就同意了，我当时觉得自己长得不太漂亮，所以有男生找我出去我还是很高兴的。出去了之后他就动手动脚的，我很反感就拒绝了，从那以后就反目成仇了。我现在回忆，那个男孩一定和其他女生发生过关系了。我对性开始有向往是最近两年才开始的。"

吕途："你什么时候开始知道避孕的？"

玉雯："我从来就不知道避孕，也没有采取过避孕措施。我和我老公第一次的时候根本就什么都不懂，更没有避孕。之后和其他人也什么措施都没有。我交第二个男朋友的时候我姐问我月经来了没有，我当时正好没有，我对我姐说，不来更好，免得麻烦，我姐就一定要我去检查是否怀孕了。虽然那次的确没有怀孕，但是之后我也没有采取过任何措施。2009年的时候，在老家带孩子，计划生育逼得紧，不去结扎就罚款，家里太穷了，我怕罚款就去结扎了。"

对付着过日子

　　玉雯一直都不喜欢自己的老公，玉雯也不知道她老公是不是喜欢她。有一次吵架，玉雯对丈夫嚷嚷："我知道你为什么跟我在一起，因为你就想有一个家，你组成这个家只是为了让别人看到你有个老婆，不是单身而已。你们那个穷地方不是有很多光棍吗！"而玉雯这样说他并不反驳，也许是因为他不善于表达。

　　勇杰喜欢打牌，打10块、20块钱的那种。下班如果早，连家都不回，直接去打牌。勇杰没有其他任何爱好，也不会想着和妻子一起做点儿什么。勇杰去找朋友玩从来不会带着妻子，独来独往的，好像妻子不存在一样。有一次，勇杰出去找一个最要好的朋友玩，玉雯也想去，勇杰不带，玉雯说："我知道我自己长得不太好看，带不出去是吧？行了吧，你自己去吧。"

　　勇杰不照顾家里，也不让玉雯给家里添置物件。有一次玉雯买了床被子，勇杰很不高兴，说买被子干吗，过两年就回家了。2010年玉雯把孩子接到皮村团聚，北京的冬天冷，衣服洗了晾在外面冻成冰了也不干，孩子的衣服需要经常换洗，玉雯想买台洗衣机，丈夫不让买，说万一明年就回家了，买洗衣机是浪费钱。反正日子就是对付着过。

　　慢慢地，玉雯觉得和勇杰一起过日子很没有意思，心里就想着不跟他过了。

不知为啥的外遇

　　勇杰是2008年来皮村上班的，玉雯2009年到皮村和丈夫团聚。就在那一年认识了一个老乡，认识了一年多，一直保持联系，但是

北京皮村的小树林

从来没有走得太近。有一天,老乡对玉雯说:"我们认识有一年了,就做个异性朋友吧,这样会更好,不要做情人。"玉雯觉得老乡说的有道理,而且自己虽然喜欢他,但是并没有想过他可以成为结婚的对象。又过了一年(2011年),有一天,老乡突然约玉雯出去,他们就去了小树林,就发生关系了,发生得很快,又担心被人看见,玉雯什么感觉也没有就结束了。然后,他们就回到皮村街上喝了杯扎啤,还被勇杰的老乡看到了。看勇杰老乡的眼神,玉雯觉得他一定猜到了什么。

懵懵懂懂打算离婚

自从有了那次外遇之后,玉雯很内疚。这两年玉雯也开始慢慢地想开了,有时候她会觉得,再怎么样还是自己的老公好,他再怎么不好，自己就是他的老婆，而且都有两个孩子了。如果自己总是只看到老公的缺点，外遇有了第一次，还会有第二次。想了这些，玉雯很想弥补自己的过失，更想为这个家和孩子多多着想。

当玉雯有了这些心思以后，和知心女友聊起来，玉雯又糊涂了。这个女友有了外遇后被她老公知道了，两个人结婚三年了，也有了孩子，女友舍不得孩子不想离婚，但是女友的丈夫每次吵架都会联系到妻子的外遇上，两个人每天吵架，最后，女友受不了了，还是离了。玉雯不知道如果老公知道自己的外遇会不会提出离婚。

从结婚以后，玉雯很多时间用来照顾孩子，没有外出工作。今年（2014）玉雯自己找了一份工作，挣了两万多块钱，终于给自己买了手机，还给孩子买了学习机，现在家里的生活费和房租也都由玉雯支付，丈夫的钱都得用来还债，去年在老家盖房子借了10多万元的债。

玉雯的一个女同事参加了皮村的社区工会，玉雯觉得好奇也过来参加，丈夫知道了就很生气。勇杰自己虽然除了打牌没有其他爱好，但是他不愿意玉雯外出，每次知道玉雯外出都会横加责备，说玉雯疯疯癫癫瞎跑。

玉雯不是一个细心的人，以前从来想不起给丈夫买点什么，今年第一次在网上给丈夫买了一件衬衫，丈夫就像小孩子一样特别高兴，玉雯刚刚又为丈夫买了一件夹克，还没有告诉丈夫哪。这两年虽然说还是不那么喜欢自己的丈夫，但是也不讨厌他，想为他做点儿什么补偿内心的愧疚。以前丈夫外出工作一走几个月，从来没有想念过，现在会希望他早点儿回来。曾经发生的外遇是玉雯心中的一个结，玉雯想，如果老公知道了自己的外遇，不管他原谅不原谅自己都得和他离婚，因为女友的例子摆在那里。玉雯有时候甚至想，不如早点儿离婚算了。

我和玉雯从下午2点聊到了4点多，这时玉雯的手机响了，听她接听的语气知道是她女儿。玉雯在电话里面特别温和，女儿问她为何不在家，她非常耐心地解释："妈妈在博物馆院子这边，你也来过这里的，就是你们六一演出节目的地方。妈妈在和一个阿姨说话，不是闲聊，是重要的事情。我一会儿再回去，在家等妈妈啊。"听到玉雯和女儿的对话，我一下午的悲哀得到了一丝缓解，好似看到苦难还是有尽头的，我相信，玉雯对待女儿一定比玉雯妈妈对待她好很多很多。玉雯放下电话，我觉得我们应该马上结束访谈，但是玉雯还想继续聊，我立刻抓紧这个时间告诉她我一直想说的话："你真的觉得自己不漂亮吗？也许漂亮不漂亮不会决定生活是否幸福，但是你真的不应该因为这个方面有什么心理负担。其实你几次说自己不漂亮都让我很诧异，因为你一进来我就觉得你的眉眼蛮清秀啊。也许你需要锻炼身体，你的一双儿女给你的肚子留下'包裹'了。"我们两个正笑着，她的电话又响了，这次玉雯显得紧张，只简短地说："就回来！"原来玉雯的丈夫出差回来了，比预期的早了一些。

1987年出生的晓梦

病　因

晓梦已经生病两年多了，主要症状是过敏和瘙痒。生病就是从离开北京开始的，那是2013年的9月。晓梦2011年来北京，参加了工人大学第四期的学习，毕业后留在工大做辅导员，一直到2013年离开。《中国新工人：迷失与崛起》出版以后，晓梦告诉我："读了这本书帮了我的大忙。我能够比较系统、比较冷静地跟我父母解释清楚，为什么不要建楼房。我告诉他们，你建了这个房子是要给你儿子结婚用的，但实际上你儿子是不会回来住的。如果你真的要建那么目的就是你们老两口住，你就不用建得那么大、那么漂亮。而且不见得你建了房子就名声好了、就有声望了什么的。"2015年《中国新工人：文化与命运》出版以后，我请晓梦读，晓梦读了以后，告诉我，很多东西她都经历过，她没有任何感觉，没有刺激也没有共鸣。

晓梦比较瘦，个子不高，是魅力四射的丹凤眼。她的笑声震耳欲聋，可以掀开屋顶。她可以一直不停地说话，有条有理、直率透彻，不仅内容不重复，而且一直保持生动的语气和高昂的声调。我管她叫"收音机"，我可以不用说话，"收音机"会一直播音。我很享受听她这台"收音机"，每次我想换个话题的时候就跟她说："让我们换个台吧。"她就大笑着换个话题继续说。在工人大学工作期间，她是那么有责任感和那么好强，如果需要做某个学员的思想工作，做不通就不罢休，可很多思想工作不是一天就做得通的啊，但是，按照晓梦的性格，估计思想工作做不通她就得生病。

儿时往事

晓梦于1987年出生在广东潮汕的农村，在这里，每个女人都必须生出儿子来，而且最好不止生一个。妈妈第一个生了姐姐，第二个生了她，她是一个非常不受欢迎的女婴，妈妈因此得不到产妇的待遇，在晓梦出生12天的时候妈妈就被要求去山里干活。没有得到母乳喂养和家人细心照看的晓梦体质很差，几个月大的时候腹泻不止，瘦弱的小生命眼看快不行了，家人于心不忍，怎么也要买点药过过良心，爸爸去药店买了药给孩子喂了，奇迹出现了，晓梦不仅不再腹泻，而且从此不再生病。不过，体质太弱，到了3岁才蹒跚走路。

妈妈生了晓梦兄弟姊妹6个：大姐、晓梦、大弟、二弟、三弟、小妹。晓梦比大弟弟大3岁，比小妹大9岁，大弟、二弟、三弟和小妹都是晓梦照顾长大的。二弟3岁的时候生病夭折是晓梦一生的痛，并责怪自己贪玩没有照顾好弟弟，妈妈也因为失去二弟悲伤过度得了晕厥病。到七八岁的时候，晓梦就开始想上学，但是不敢跟父母提，一直到9岁多的时候，她才跟妈妈说想上学。小妹那个时候快一岁了，从出生到周岁都是晓梦带着。妈妈开始没有同意，但是邻居提醒妈妈，不让孩子上学将来孩子会怨恨的，最后，妈妈答应了，前提是上学也得带着妹妹。

晓梦终于上学了，每天背着妹妹去课堂，一边抱着妹妹，一边听课，妹妹哭了，就出去外面哄一哄。一节课40分钟，晓梦一直抱着妹妹，同时做笔记；下课了，趁妹妹睡着的时候抓紧时间做作业。到了三年级的时候，妹妹大些了，只是偶尔带到课堂；到了四年级，就不用再带她上学了。晓梦虽然又带妹妹又做其他家务,但是学习成绩并没有受影响,一直保持在班里前三名。上学的机会来之不易,晓梦倍加珍惜;作为女孩子不被重视,晓梦就倍加努力。

初一毕业放暑假的时候,妈妈让晓梦去市里小姨那里帮忙做早餐,也可以自己挣点学费。快开学的时候晓梦要回去上学,妈妈说:"你就在那里挣钱帮家里吧。"不上学了,晓梦天天卖早餐,看着背着书包的人,心里面就很难受,就天天哭天天哭,哭了大概有一个月。姨丈看不下去了,送晓梦回去。到家的时候,父母刚好去山里面干活,大门紧锁,就住到舅舅家,舅舅劝晓梦说:"你们兄弟姐妹这么多个,家里这么穷,该为父母考虑一下;而且,如果你念到初中毕业就快20岁了,念到高中毕业就22岁了,早到了该嫁人的年纪了;而且即使你真的那么厉害考上了大学,你父母能供得起吗?"晓梦就哭着说:"那好吧,我不上学了。"然后就跟姨丈回市里继续卖早餐去了。接下来的好几年,晓梦无论打工到哪里,都随身携带着从初二到初三的语文、数学和英语课本。

打工经历

2003年刚过完年,晓梦就来到深圳,找到一家塑胶厂打工。晓梦的岗位是开压杯机,一台机器要四个人开,如果四个人都是熟手做起来就很轻松。晓梦是新来的,是生手,就被其他三个女孩子欺负。那个时候晓梦还不满18周岁,那个厂是一家黑厂,工厂又不好找,这家黑厂还是找了一个多月才找到的。晓梦只能默默地忍受着"老"员工的折磨,拼命干活,干到十个手指全部都起泡了。最后,干得久了,大家也彼此熟悉了解了,晓梦和其他几个"老"员工姐妹成了很好的朋友。在这里干了一年多,晓梦印象最深的是一次成功的小抗争。那段时间上夜班,从晚上8点上班到早上8点下班,午夜 11 点和 12 点分班吃夜宵。一台机器四个人看，到早上 6 点左右的时候，会轮流去吃早点。后来，厂里出台规定，大门紧锁，8 点之前不许外出，其实就是不许大家轮流出去吃早餐。大家非常气愤，就在工厂板报栏里画了一个大大的乌龟，还写了各种指责厂长的话，而且大家商量好，如果画乌龟不奏效，大家第二天早上 6 点全体停下工作去吃早餐。最后，虽然查出来是晓梦她们干的，但因为她们是熟手，赶货需要人不好开除，就写个检讨不了了之了，也对大家出去吃早餐睁一只眼闭一只眼了。工厂的日子不好过，受了质检的气又受主管的气，而且这两个人还是夫妻。又过了一些日子，晓梦忍无可忍，和他们大吵了一架，吵架之后受到更多欺压，晓梦提出辞职，主管不批，最后晓梦潇洒地自离了，就意味着白干了一个月的活儿。那个时候每天上班 12 个小时，每个小时加班费是 2.5 元，一个月的工资有 700 多元。在这家厂，晓梦结识了至今依然非常要好的朋友，就是当初排挤她后来又成为好姐妹的珠珠。

2005 年，晓梦去了东莞长安一家玩具厂，在喷油部。没有喷到颜色的地方，要用天那水调油彩后再用毛笔补画颜色。做这个工作手上会粘到各种油彩，就用白电油来洗手。夏天的时候白电油很凉爽的，晓梦她们经常把双手都泡进去，感觉很舒服，但一点都不知道那是有毒有害的。在玩具厂干了一年多，晓梦的表嫂因为得了严重的鼻炎离开了，晓梦后来觉得自己的鼻子也不行了，也离开了。从那以后，鼻子只要被风一吹就发痒、就鼻塞，随后引起感冒，去医院检查医生说是过敏性鼻炎。离开玩具厂是 2006 年了，那是个大厂，接近一万人，加班费按照劳动法执行，每个月工资可以拿到 3000 多元。

之后，晓梦在杂货店干过，在海鲜排档干过，帮人卖过茶叶，卖过时装，有的工作一个月 500 元工资，有的一个月 1000 元。遇到过倒霉的事情，她好心收留的一个女孩偷走了她两个月的工资；遇到过非常可怕的事情，出租屋隔壁的女孩被奸杀；也遇到过一位贵人，是位珠宝店的主管，她到晓梦住处做客发现晓梦珍藏的初中课本，也看到了一摞摞的言情小说，了解了晓梦内心对知识的渴望和不知道该学什么的迷茫，送给晓梦一部《平凡的世界》，晓梦如饥似渴地读完，成为自己最喜欢的一部书。

"妈妈，我会像男孩子一样！"

自从晓梦记事开始，就听大人们对她说："要是你是儿子就好了！"慢慢地，晓梦明白了，如果自己是男孩，妈妈当初就不会被奶奶歧视和排斥；如果自己是男孩，到了上学年龄的时候，就不会没学上。为了争取上学的机会，晓梦对妈妈说："你不要认为女孩子没用，只要你像对弟弟一样地培养我，弟弟将来可以怎么样，我一定可以怎么样，我保证以后也给你养老，我一定会做得比弟弟更好。他能给你什么，我一定双倍地给你。"但是妈妈不相信："女孩子是无根的，就像菜籽一样撒到哪里就去哪里发芽了，男孩子是有根的，养儿防老嘛。"

晓梦从小就被激发了很强的反抗意识，她个子很瘦小，但是不怕打架，能打就打，打不过就跑，挨打了也不哭。晓梦在学习上非常努力，一直排前三名，就是要证明给父母看，自己不比男孩子差。虽然最终也无法逃脱失学的命运，但是当初对妈妈的承诺没有变。在塑胶厂打工的时候，一个月工资700多元，寄回家500元，留下的生活费不够用，到了月底经常和同病相连的姐妹们两个人、甚至三个人打一份菜吃。从2003年到2007年，晓梦一直坚持每个月给妈妈邮寄不少于500块钱。晓梦说："我情愿自己省一点、饿一点，但是我还是会寄钱回去给家里面帮忙。剩下的生活费很少了，但是我又把能存下的存起来，因为我一定要当老板，要挣钱，要自己创业，要出人头地，要证明给我老妈看，我是有用的。就算我是女的，我也是有用的。"

晓梦终于如愿以偿，在深圳福田区的女人世界里面开了饰品店，饰品店转让了以后，晓梦又在深圳沙井一个大市场里做了一个卖酱菜的档口。卖雪菜、萝卜干、海带、木耳、酸豆角之类的腌制品。自从自己做上了生意之后，妈妈对晓梦更加另眼看待了，认可了晓梦的能力。但是，在妈妈眼里，女儿只有嫁出去才算完成了她的夙愿。妈妈觉得晓梦一个人又卖货又送货很辛苦，如果找到一个人结婚，可以一起做生意，也能稳定下来，生活将从此美好起来。晓梦很排斥，甚至都想把生意做差，好打消妈妈的念头。

我非常想知道，在晓梦心里，她是否向妈妈证明了自己不比男孩差，晓梦说："我觉得我已经证明了啊，我对这个家的贡献比弟弟们多。在我们那里男生是不用做家务的，但是我弟弟他们个个在家都要做家务啊！"

一页传单发现一片天

好友珠珠当时在晓梦卖酱菜的大市场里卖衣服，珠珠在地上捡到了一张公益机构发的传单，就去了那家机构的活动室做志愿者，回来和晓梦分享。晓梦也想去做志愿者，来到活动室，正好赶上去医院探访，去了沙井人民医院五楼骨科，一个楼层有60多个工伤工友，一些人双手肿着，还有一些人的手被锯掉了。最让晓梦震惊的是，一位失去一只手的工友来自塑胶厂，是开杯机的。晓梦联想到自己曾经就在塑胶厂里面，也差一点儿被压模压到手啊，如果当初被压到了，手就没了嘛。晓梦受到很大的震撼，就开始去做志愿者。活动室的活动大都在周末，而周末也正是生意档口最好的时候。一开始，晓梦早上做生意，晚上去参加活动，到后面就经常周末整天去参加活动，生意都不顾了。在工伤探访中，晓梦跟随团队帮助一位工伤工友讨回工伤赔偿，她大受鼓舞，到了痴狂的程度，竭尽全力地去做志愿者，觉得这很有意义。她把与工伤相关的法律背得很熟，然后每次去医院探访的时候，就能跟他们解释得很透彻，教他们怎么去做工伤认定，认定完了怎么去申请仲裁，等等，这让晓梦非常有成就感。志愿者中传唱孙恒的歌曲《天下打工是一家》，晓梦觉得孙恒这个人特别特别好嘛，为工人写了这么多的歌。志愿者们也会一起看各种电影，开阔视野，晓梦觉得她是一个不一样的自己了，反正就觉得很好。一次遇到一个机会去参观职业安全培训工作坊，需要一个星期，晓梦决定参加，把店门锁上了，平时的顾客见晓梦不开门，进不了货很生气。晓梦回忆说，当发现黑暗的地方也有光明，自己义无反顾。在工作坊中她又发现，原来还有那么多人都在关注工人的权益，原来有另外一片天，晓梦索性连生意都不做了，把店送给朋友做了。

走进公益

一页传单把晓梦带入了同一个世界的另一个空间，从此晓梦和为打工者服务的公益工作结下了不解之缘，虽然人生经历依旧坎坷多变、丰富多彩，烦恼并没有减少，但是世界从此不同。一开始，晓梦决定进厂继续做工人，以便直接为工友维权。晓梦开始找工厂，有的厂子噪声超过一定分贝，参加过职业安全培训让她知道，长此以往会伤害听力；有一些厂子接触天那水和白电油，这让晓梦想起医院探访中遇到的甲乙烷中毒的女孩子们，一个个头重脚轻，走路一直往后倒，像鬼一样摇晃着飘着，从此不能正常走路，一辈子从此完了；总之，一个星期进了九家工厂，有的待了半天，有的只待了几个小时，晓梦都无法待下去，总不能因为工作而把自己一辈子毁了。最后，找到一家五金塑胶厂，因为其他部门都存在职业安全问题，晓梦坚持只在包装部工作。在这里工作了一年多，晓梦的工作岗位是折CD的包装盒，每天折1万多个，折到筋劳损，晓梦知道这也是职业病，但是晓梦也意识到她打不赢这场官司。晓梦申请辞工，线长和主管都不批，平时相处都很好，这个时候都露出了本来面目。晓梦想："念及平时大家相处不错，我本来不想告你们的，现在你们不仁我就不义了。"晓梦写了"解除劳动合同关系通知书"，直接快递给总经理。总经理收到以后，把晓梦叫到办公室，晓梦听着经理的训斥，全身发抖，害怕得一句话说不出来，最后，总经理来了这样一句："你就是一个打工的，你还搞这么多事，你还说什么没给你买社保啦，没有按规定时间给你签合同了，你以为你很了不起吗，你就一个打工的，你有本事你去告哇……"这一串话刺激到了晓梦，晓梦就爆发了，也对经理拍桌子："那你以为你是谁啊，你不也是一个打工的吗，告就告，你以为我怕你吗，你就等着吧……"晓梦这么凶，也把总经理震惊了，叫来保安把晓梦踢了出去，扔到厂门口。晓梦就开始了维权之路，去街道、去劳动局、走仲裁。晓梦的要求如下：（1）不按时签订劳动合同的双倍工资赔偿；（2）补缴一年社保；（3）把早会的15分钟计入加班费。所有的算下来，晓梦要求工厂补偿8000多元。最后，法官劝说晓梦进行庭下调解，法官说："如果你可以协商的话，最好还是协商，因为如果继续仲裁，到判下来你还要等30个工作日，然后判下来也不一定有你要求的这么多，如果我们判的数额高了工厂不服提起二审，等二审开庭又是30天，等二审判决又是30天，几个月就过去了，你这样一拖就拖很久，工厂拖得起你拖不起啊。"晓梦见法官都这样说了，就同意了和工厂庭下调解解决，工厂赔偿晓梦7000多元。而让晓梦最欣慰的是，一位工友告诉他，那之后，工厂给全厂几千员工都买了社保。

2011年3月，晓梦来到北京平谷的同心创业培训中心（工人大学）参加了半年的培训，9月份毕业后留校做辅导员。说起初到北京工友之家的印象，晓梦第一是想看看为工人创作了那么多歌曲的著名的孙恒是什么样子，不好意思主动说话，终于在杂乱的大院中见到孙恒匆匆走过，晓梦打电话大声告诉深圳的好姐妹："太失望了，孙恒穿个旧毛衣，样子也不帅，太普通了。"而晓梦心里也感到一种踏实和温暖。晓梦陪伴了工大第5期、6期、7期和8期的学员，迎来了一批批迷茫和躁动的心，送走了一批批依然迷茫同时对世界有了不同视角的工大校友。2013年9月，晓梦决定离开北京。2016年1月8日，工大第13期征集学长寄语，晓梦这样写道："工大，我生命中的世外桃源。在那里我感受到从未受到过的尊重，还有那些用行动证明的团结力量与行动力。"

晓梦（左）在工人大学做辅导员老师，2011年冬

关于"病因"的对话

为何对工人大学和公益机构有高度的认同却选择离开呢？我和晓梦进行了长达5个小时的对话，这里节选片段：

晓梦："这个圈子让我觉得有希望，但是这个圈子里面的人往往让我失望。很多机构本身都是很好的，但是每个机构都太坚持自己的东西，甚至排斥其他机构，或者面和心不和；每个机构和每个人有个性才可以发挥长处，也没错啊，很矛盾啊；我们这个公益圈好像很大，但是真正需要的时候我们没有互助网；我们之间相互认识觉得相互有支撑，但实际到真的需要的时候，就没有那样的力量；我觉得我们一直坚守的事情做起来是有意义的，但是它的出路和未来又在哪里？"

吕途："你的思考都是有道理的。无论出路和未来如何，你当初痴迷地投入其中，因为觉得这是黑暗中的光明，觉得你自己在这其中变了一个人，世界也从此不同。"

晓梦："的确如此，但是我迷茫了，特别是我2013年10月回到深圳以后。我又回到社会上做工人以后发现：原来一切都没有改变。在工厂，依旧被主管谩骂；在超市里面工作，要靠绩效，不仅受到管理者的压迫，员工之间因为抢单也面和心不和，甚至有些相互残杀的感觉。"

吕途："好像是这样一个过程，你在一片漆黑中看到了亮光，当你投入这个亮光中以后，发现有亮光的地方居然也有阴影，你又发现，原来这亮光只是微弱的烛光，无法照亮夜空。我理解你的纠结，你在你原本认为充满真善美的圈子里看到了不完美，你在你本以为充满希望的道路上发现前途未卜，当你和你认识的很多人都付出很大努力去改变社会以后发现社会依然如此丑陋，所以，你就无法继续了,既无法回到从前的你,又没有激情继续做后来的你。但是,记得有一次培训中我们讨论人生理想,你说你的理想就是做一个真正的人,而你认为真正的人是有尊严和受尊重的人。所以,我觉得,最重要的是,你要做什么样的人,并按照自己应该做的那样度过一生。"

晓梦:"但是,现在我全乱了,我就是不知道我要做什么样的人了啊!我特别害怕,我要是一辈子都找不到我想要的,那我这一辈子不是很惨?算了,我还是先养病吧。我现在天天吃中药调理,身体不好说啥都白说。"

晓梦在深圳一家超市做导购员,2014 年

吕途:"我有一个推测,你不要介意。你开始生病的时间就是你离开工人大学的时候。你去了各大医院也查不出你的怪病的病因,我的推测是,你这根本就是心病。你不能做你自己,所以你就生病了。"

晓梦:"其实我也想到了这一点。"

附:我眼中的世界

晓 梦

作为一个女孩,从小我就生活在一个重男轻女的环境中,这样的环境让我更加叛逆,更想去外面看看,因为我相信总有一个地方会尊重女性,会有人理解我们女性朋友的需求。同时觉得只有我们那里才存在着重男轻女的现象,走出我们那里,外面的世界会很精彩,而精彩世界里面一定有我们女生的舞台。

我带着美好的梦开始了打工的生活,也在寻找自认为的平等。到工业区找工作时,我发现女生好处真多,因为工作很好找,好多工厂都只要女生不要男生,而要男生的工厂对女生的要求也少了很多。大部分工厂只要随便弄个假证女生就能进了,那是我第一次觉得是个女孩真好。

随着成长,我梦想的生活没找到,倒发现了很多问题。知道了大部分农村地区都存在着重男轻女的现象,同时自身的打工经历也让我明白,女生是很难做到管理层的,很多时候不是因为能力不足,而仅仅是因为性别歧视。当很多上司都是男性时,女性又多了一项危险:性骚扰。长得漂亮的女生经常会遇到这种麻烦。

当时我们有个很漂亮的小组长,每当她从办公室交报表回来,总能听到她气愤地说那死色狼又摸她手了或故意撞到她屁股了,可也只能在宿舍发发火，抱怨抱怨。因为怕丢工作，虽然女生的工作不难找，可要当小组长是很难得的。所以很多女生遇到这种事都是忍，实在忍不了才辞职。刚开始我总会嘲笑她们不懂得保护自己，没有法律意识。这些事完全可以投诉解决的，直到有一天来了一个不愿意忍的美女，可她投诉过后没几天却被莫名其妙地开除了。我这才理解很多时候为了生活，为了钱，为了工作我们只能忍受着。

还有就是女生每个月的例假，在流水线上的女工都深有体会，特别是痛经的朋友。那一天是怎么都请不到假的，可如果旷工就会被扣三天工资。而我们每一个月都有一次难道每个月都旷工吗？所以也只能忍受痛苦工作着，那些男上司永远体会不了。因为如果你不这样干着，每个月旷工，不但工作不保也永远拿不到全勤奖和其他任何的福利待遇。

女工们的沉默与忍让，使听话、好管理、细心等也成了女工在工厂的良好口碑，这也是许多工厂愿意招女工的重要原因。可除了就业并没有给我们带来其他任何好处，工作环境对我们形成的职业病，加班加点让我们无法负荷的工作量使我们受工伤。每年有数不清的手指从机器上掉下来，每年又有多少十七八岁的花季少女因为职业病而终生躺在床上？这些都有谁关心？

有人说现在的社会男女平等了，真的平等了吗？社会给我们平等就业的机会了吗？而又有多少地方给了男女平等受教育的机会了呢？如果都平等了，为什么管理层的女性会那么少？真的是因为女性的能力不行吗？如果平等了，为什么平均受教育高的是男性？

现在的剩女越来越多了，有很多人说是因为女生要求太高，拜金女太多。可事实真的是这样吗？我经常接到要好朋友的电话，说想子女了，想爱人了，因为虽然结了婚，却不得不为了生活跟爱人、子女分开；压力大了，感情生活没了，子女也成为留守儿童，和他们的相聚只能在梦里；工作起来得比之前更努力了，危险性比以前更高了，为了稳定的工作、稳定的收入，受的气也比以前多了……

结婚有时只是想要个家，累的时候有个人可以依靠，开心的时候有个人可以分享，难过时有个人可以陪伴。有了小孩了，可以在家教小孩唱唱儿歌，讲讲童话故事。偶尔一家人逛逛公园、散散步。可是现在的婚姻生活不但满足不了这些，还会让自己过得更疲惫、更孤单、更劳累奔波、更压抑……

当身边这样的事越来越多，你真的还有勇气去结婚吗？当结婚的朋友们用生活用行动告诉你生活因婚姻而改变，你对于结婚还能有冲动吗？当你看到很多流动儿童、留守儿童的生活状态，自己却没有能力给孩子一个良好的成长环境时，还能不顾一切去组合一个那所谓的家吗？至少我现在还不能做到，所以我也成了众多剩女中的一员，而且还特别享受这种单身的生活。不是我不想要婚姻，更不是我不想有个属于自己的家，而是现在的社会给不了我想要的家。

一个偶然的机会让我知道世界上有个叫 NGO 的组织存在着，在这里女孩不会受到歧视，可以有自己的想法，更可以尽情诉说不满与委屈。也是在这样的一个地方我找到了梦想中那种对女性的尊重，那种畅所欲言的痛快。我觉得这里不但有我们打工者的希望，更是我们女性坚强、独立、自主的开始。

写于 2012 年

1987年出生的小贝

选择一个人生活的可爱姑娘

小贝是苏州工友家园的工作人员。苏州工友家园是为在苏州打工的工友及其子女服务的公益机构,成立于2009年。小贝2010年大学一毕业就来到这里工作,一直到现在。第一次认识小贝是在一次交流营里,小贝代表机构发言,她说话慢慢悠悠的,真实、生动、逗人开心,她很发愁地讲问题的时候也让人觉得很有趣。小贝个子不高,一张娃娃脸,永远长不大的样子。说话的时候头一歪,逗人喜爱。不要被小贝娇小的外表蒙蔽了,她工作能力很强,独当一面;更强大的是,她拒绝情感和婚姻走进自己的生活。

成长素描

小贝1987年出生在江西省上饶市郊区的一个村子里,有一个哥哥和一个姐姐。妈妈做过厨师、开过饭店,现在在姐姐开的建材商店帮忙。爸爸以前在饭店帮助妈妈给客人端菜,爸爸能说会道也有能力,还当过一届村长;村子里的选举比较复杂,爸爸后来败下阵来,但还是积极参与村里的事务,在村里比较有威望,可以帮助处理一些纠缠不清的村务,估计爸爸也从中可以感受到自己的价值。

在供养孩子读书上,父母没有重男轻女,对小贝一直很宽容。小贝第一年高考落榜,复读后,考上山东济南大学,读法学专业。

专业是小贝自己选择的，这与跟爸爸的一次吵架有关，小贝从小就挑战爸爸，爱和他辩论，爸爸说："你嘴巴这么厉害，以后去当律师吧。"而最后确定选择这个专业还是因为看到电影里面的律师是维护正义的形象，当然，后来了解社会现实多了，也知道那些正义形象多是电影的杜撰而已。

回忆大学生活，从知识角度小贝觉得自己并没有获得多少真才实学。小贝是家族里唯一的大学生，每次父母在别人面前炫耀，小贝都赶紧躲起来。但是大学期间的确让她开阔了视野，世界变得很大，看到生活的可能性。毕业找工作的时候，小贝和宿舍里的同学们都非常自卑，觉得自己一文不值。

到苏州工友家园工作

在济南大学上学期间，小贝参加了新野学生社团，也是断断续续地参与，有时候投入、有时候疏离。2010年大学毕业写论文的时候，学长告诉小贝苏州工友家园招人，问她是否有意向。小贝上网阅读家园的博客，看到很多工友志愿者的照片，其乐融融的，就给机构负责人小全发了简历，后来也和小全聊了很多。小贝下了决心去苏州工作，而且也没有找其他工作，在没有获得小全确切回复之前就把所有行李邮寄到了苏州，先斩后奏。6月28日，小贝一毕业便坐火车来到了这座美丽而陌生的城市。

初识工友群体

来家园入职的时候小全就要求，不是工友出身的工作人员必须进工厂体验生活。小贝也不例外，去工厂做了一个月的普工。虽然这一个月很难受，但是因为知道只是体验，也就很快混过去了。小贝很在意这个群体，因为自己的亲戚朋友也都属于这个群体，但是以前接触少，无法理解工人的痛苦和喜怒哀乐。现在，小贝有机会和很多工友聊天，佩服其中很多人丰富的人生阅历，觉得许多工友善良、乐观和上进，但是大家都很没有出路、享受不到美好的东西。虽然工友每天都在进行各种尝试和努力，却无法改变现状。小贝也从中认识到：不改变整体现状，就改变不了个人的命运。

工作状态不稳定

小贝有工作能力，能写会说，有行动力。小贝参与机构的各块工作，主要负责文艺小组。每周组织一次工友文艺小组活动，训练发声、学习工人歌曲、组织集体创作、挖掘文艺骨干，也定期组织各种大小文艺演出，有的在家园活动室，有的在大型公共场所；文艺小组成员演出自己创作的歌曲、小品和相声，很受欢迎；每个参加活动的工友也很受鼓舞，大家渴望被关注；参与演出也有很大的自豪感；成为家园的志愿者，也有很强的责任感。

小贝喜欢自己的工作，喜欢一起工作的同事，喜欢周围的工友志愿者，但是，她也经常陷入低落的情绪无法自拔。从大环境来说，虽然各种努力可以起到一些积极作用，但是工友所面临的各种问题（法律问题、房子问题、失业问题、情感问题等）实在太多太复杂了；从机构具体工作来说，困难一个接一个，没完没了；从团队来说，工作人员或者今天这个闹情绪、或者明天那个闹情绪；从工友骨干培养来说，刚培养几个积极参与的，没几天离开了，又得从头再来；从个人角度说，小贝懒于动脑筋想问题、排斥成长、拒绝定位。

小贝的情绪变得很不稳定。去其他机构探访学习，看到别人积极工作，自己也来了积极性。其他人来机构参观，大家交流互动，小贝会觉得这个事业有奔头，会觉得很有力量。遇到困难，小贝又觉得没有意思，想着放弃。特别是开展文艺小组一年多了，小贝不想再承受做小组活动的那种压力了，甚至一提到小组就觉得很厌烦。小贝多次萌生离开的念头，想找个安静的地方，过简单的日子。小贝设想了很多可能性，最后觉得自己只有两个选择：一是继续留在这里工作，二是去一个自己喜欢的地方找一份简单的工作，比如做旅馆服务员，管吃管住，每天看看天，看看云，看看书。

去拉萨

小贝的内心活动终于付诸行动了，这并不容易，因为在这样的团队里，大家并不是像私企那样在履行一份雇用合同或者为了挣工资而已。从酝酿到说出口就花了她半年多的时间，而且也不忍心放下眼前的工作抬腿走人。直到忙完打工春晚，又忙完五一演出，小贝终于在2013年的5月20日踏上了自己谋划已久的西藏之旅。小贝下了决心，不再回苏州工作了，她把所有行李都带走了，一本书都不留。

决定去拉萨有这么两个原因：第一，小贝从小到大一直上学，毕业了就来苏州工作，从来没有自己特别想做的事情或者特别想去的地方，感觉自己缺乏一种信仰，特别羡慕有信仰的人，听说西藏人有信仰，很想去见识一下；第二，看照片觉得西藏很美，蓝蓝的天，洁白的云，如果可以在那种自然环境中找一份悠闲的工作，可以那样过一辈子，小贝就会觉得很满足，她自己本来也没有什么野心和志向。

坐火车一路来到拉萨，高原景色的确很美。搭车去了纳木错，湖水清澈见底，比照片还美。如愿以偿找到一家小客栈，做义工，包食宿，在这里实现了自己所有的浪漫想象。这家小客栈是一位官二代小姐开的，店小姐创业、小贝找工作，两个人一拍即合，从装修、试营业到开店，小贝一路跟下来。小店有五间客房，还有一个种花种草的庭院。店小姐本来说开店后请个服务员，最后都是小贝一个人做了，因为事情也的确不多。小贝每天早上 10 点才起床，花两个小时收拾完房间，就没有什么事情了。除了看书就是发呆，实现了自己理想中的悠闲的生活。虽然万般不愿回首往事和思考人生，但小贝不得不问自己："这不就是你当初想要的日子吗？每天看蓝天白云，很悠闲，很简单，不用动脑筋。现在过上了这样的生活，却真的证明了这样的生活不是自己想要的。"回忆自己以前的工作，虽然遇到很多烦恼，但是有目标、有内容、有追求。

小客栈的生活还打破了小贝的另一个想象。小贝以前对有钱阶层的生活很好奇，也想过自己如果有钱就可以照顾父母和家人了，当然，按照小贝的人生轨迹是过不上那样的生活，也没有机会了解那些人。小贝在拉萨生活了 5 个月，伺候了 4 个月店小姐和她的小狗。店小姐是官二代，有钱有闲，没什么兴趣爱好，每天在淘宝上买各种自己不需要的东西。会突发奇想要做各种事情，但是落实的很少很少，比如，想做冰激凌卖，在网上买了所有的材料，到了秋天一盒也没有做。她最擅长的是把朋友的钱蒙到自己的口袋里。西藏流行佛珠、战刀、象牙等玩意儿，她花几百元买来，几千元甚至几万元卖出去，坑人的时候绝不手软，而且一般都是杀熟。自从开店后，店主就找来各种有钱的朋友到西藏旅游，她们交往的原因就是看彼此有什么资源可以利用，那些朋友来西藏好像也没有心思了解这里的文化，心浮气躁、看看景点、各种购物，就走了。

小贝去拜访了一些寺庙，大都远离市区，在半山腰上，到了那里感觉很宁静，很有归属感，只是那种归属感不属于小贝。

再次投入苏州工友家园的工作

小贝离开苏州的五个月里，其他三位同事很少有休息日，因为人手实在不够。有一天，小全发了一个短信问小贝什么时候回苏州。这条短信好像只是提醒了一个从来没有过期的约定，安排好了一切之后，小贝回到了她熟悉的苏州。五个月的拉萨之行小贝得出的结论是：她想要的生活只有在苏州工友家园这样的机构中才能实现，这里能找到的最好的工作和最好的同事。

　　随着小贝的成长，机构赋予她更多的担子，这是小贝最不情愿的。为了机构生存，要写项目建议书申请资金，以前都是机构负责人小全来写，现在小全逼小贝写，第一次写真痛苦啊。机构原来的工作地点面临拆迁，开辟了新的工作地点，主要开展儿童活动，小贝开始两头跑，既负责儿童工作又继续负责文艺小组，直到来了新同事才专心做儿童工作。机构希望可以逐步拓展社会企业的工作，这样不至于完全被项目牵着鼻子走，这个事情又落到小贝的肩上。每当工作顺利的时候，小贝可以集中精力工作，工作不顺利了，小

小贝组织孩子们做活动

贝就胡思乱想，2015年国庆的时候小贝又迷茫了，又丢了自己了，并且很生小全的气："你就是想把我培养成一个全能的人，但是，我不想当一个全能的人。你总是挖一个个坑让我跳，我却总是被说服，你老奸巨猾。"后来，小贝慢慢理解了小全的用心，而自己是得了便宜还卖乖，小全想把机构每个人都培养成参天大树，而不是随风摇摆的草，获得成长的同时就必须多承担啊。小贝有时候还是想逃避和逃跑，只不过，这次绞尽脑汁也不知道还可以逃到哪里去，而且上次逃跑的经验刻骨铭心。

家人并不理解小贝的工作。爸爸觉得小贝是给政府挑刺，而政府已经很不容易了；妈妈听不懂小贝工作的内容，觉得一定很无聊；哥哥姐姐能够懂得小贝的工作，觉得是在做好事，但是不赞同她不结婚，觉得是对父母不负责任。不过，现在家人都放弃了劝说她，因为小贝打理好了自己的生活，经济独立，健康安全，不用家人操心，家人期望的不就是这些吗？！小贝最牵挂的人是妈妈，很希望可以在她身边多尽孝心，但是也清楚地知道，自己无法在家乡复制苏州这里的工作和生活，这种模式必须在一个团队的合作下才能实现。想到这些，小贝第一次庆幸自己是个女人了，如果自己是哥哥，估计早被父母逼着回老家，然后结婚生子了。

决定一个人过一辈子

这个决定不是一天做出的。小贝最在乎的亲人是妈妈，妈妈每次痛苦纠结的时候都会给小贝打电话诉说，小贝也从小就看到妈妈如何受到她的世界中最重要的两个人的影响：小贝的爸爸和哥哥。这两个男人是小贝妈妈的一切，也是让小贝妈妈痛苦的根源。最近两年，小贝先后目睹自己两位前同事结婚生育，从此在生活中不能独立自主。这一切都坚定了小贝一个人生活的决心。在儿童工作中

与工友和打工子女一路同行的小贝

小贝也接触了很多家长,她觉得那些妈妈们都是超人,要同时面对工作、家庭、孩子,还有对方家庭的种种问题,婚姻里女性承担和牺牲的太多了。当然了,男性也很不容易,男性也很无奈,因为生活本来就很残酷。而一个人就简单很多、省事很多。

小贝并不是没有对异性动心过。在苏州工作期间也遇到过对小贝有吸引力的男性,但是,每次小贝会往下想:自己能否和这个人每天相处十几、二十几个小时?现在想去哪里、想干什么一个人就可以决定,而两个人是否可以去做?这样一想,她就觉得很可怕。小贝坦承,自己也向往男人温暖的拥抱,但是,小贝会更愿意面对现实,看到社会给男人很多压力,男人的状态并不好,所以想象中的拥抱不一定总是那么温暖。在婚姻家庭还是以男性为主导的今天，小贝不想改变自己去迎合男人，那样的生活很痛苦、很不自在。

吕途："一个人跟社会是有联系的，社会和他人会有意和无意地给每个人定位。一个女工，如果她不成家，她在社会关系网里就失去了位置，就没有存在感。打工本身不会给人存在感和价值感，如果再没有家庭和子女，那么就什么都不是了。但你不一样，你内心的重量足够支持你，让你知道自己是谁，在干吗，和为什么这么选择。还有，大学毕业也许只是一个学历，不是一个身份，但是这个学历给了你某种选择的资格和信心。"

小贝："的确，社会给每个人定义一个角色和位置：女儿、老婆、母亲、大学生等。我现在的工作对我可以坚定这个选择起到非常重要的作用，我并不是一个意志坚定的人，我会向环境屈服，会向强势低头，所以我如果想继续过我想过的生活就不能返回家乡。我了解自己的特点和想要什么，所以我选择了这样一群人、这样一份工作。同事之间彼此宽容和理解，工作给了我精神和物质上所有的东西，没有什么东西可以打扰我。只要我的工作继续给我安身立命的条件，我就会一直这样下去。大学毕业生、远离家乡对个人选择的约束、一份我热爱的工作，这三个因素共同成就了我的选择，一个简单又似乎成为特例的选择。我以前的人生愿望是：老了以后成为一个慈祥善良的老奶奶。不过想想，这个愿望即使我不付出什么努力几十年以后也可以实现啊，我不至于那么乏味吧。所以呢，我现在的愿望不同了，但是还是很简单：活出真实的小贝，直面生命中的每一天！"

1987年出生的晓春

最大的痛苦是自责

认识晓春（化名）的时候她在苏州打工，我当时在做工友访谈，但是没有把她列入访谈对象，因为她是大学毕业生，不太符合我的标准。后来发现她积极参加工友互助活动，和工友打成一片，我就排除了"偏见"。后来，她主动提出想和我聊天，这才有了我们两个人几次认真的交流。一次是2011年6月2日，第二次是2012年3月13日，第三次是2012年3月16日。那几次聊天都比较压抑，因为晓春内心苦恼，需要倾诉。

晓春个子不高，一张圆圆的娃娃脸，性格活泼，爱蹦爱跳的，是个开心果。喜欢唱歌跳舞，在舞台上表演的时候很有摇滚风范。一般穿比较有个性和比较宽松的衣裤，比如裤子上带很多口袋的那种肥裤子，不过，有一次在朋友圈里，她秀了一次她的另一种风格，黑色长袜和紧身连衣裙。

2016年2月24日，我和晓春微信视频，我们开心地聊了两个半小时，诸多世事变迁，诸多烦恼，也有诸多幽默和开心。同样一句话，本来是烦恼的事情，她说出来就那么逗人发笑，我这个人不幽默，无法复述她的幽默感，反正她逗得我哈哈大笑，都笑出汗了。

长　大

晓春1987年出生在福建省漳州市的一个镇上，是家里的独女。

爸爸在厂里面上班，妈妈身体不好，在家里做家务，在房前屋后种点菜。一家人住在奶奶留下的老房子里。小的时候家境并不富裕，但是日子过得去。初二的时候妈妈开始生病，让本不富裕的家庭陷入困境。晓春最敬佩和感激伯父和伯母，奶奶在世的时候是他们组织家人对奶奶尽孝，在晓春一家陷入困境的时候，是他们号召叔叔、姑姑一起来帮助。去别人家伸手要钱的情景是晓春忘不了的记忆：去小舅家拿70块钱，够家里用两周；去叔叔家拿钱，婶婶给钱的时候很不情愿，晓春眼里含着泪花离开。就那样，晓春一家背着债务走过了八年的时光。这给晓春心里留下了深刻的烙印：没有钱是万万不能的；也在天性活泼开朗的晓春身上种下了自卑和愤怒的情绪："金钱上的不幸为什么发生在我身上？！"

开始时，全家人一起住老房子里，后来妈妈生病，爸爸又要照顾妈妈又要上班，父母就搬到离爸爸单位很近的公寓里去住了，晓春一个人继续住在离学校很近的老房子里，一个人在那里住了将近六年的时间。虽然离父母住处骑车也就半个多小时的路程，但是回家的时候不多。晓春初中的时候学习成绩优异，刚上高中的时候成绩也很好，但是高二高三的时候因为迷恋网络成绩大幅度下滑，和父母不住一起，自己又没有自控能力，就沉迷到网络里去了。高考的时候考了400多分，上了大专。

在大学度过了三年时光，从2006年到2009年，学习英语文秘专业。晓春爱好英语，通过了英语六级考试，口语很流利。在大学期间参加了全省的英语口语比赛，拿了三等奖，晓春很感谢当时鼓励自己的老师，也庆幸有这样的机会展示自己、提高自己，并且增加了自信。

第一份工作：厦门某机械租赁公司

2009年，晓春大学毕业，在厦门一个机械租赁公司找到了一份文秘的工作。是一家民营公司，职员有五六个，操作机器的操作工大概有二三十个。晓春用大学学到的专业术语来形容自己的工作，六个字：办文，办会，办事；文是文字，会就是开会，事就是领导交代的事。

这是一份5天8小时制的工作。工资一个月1800元，包住。晓春每天花两三个小时就可以把工作任务完成，剩下来的时候或者看电影或者玩玩其他的，太轻松了，让她受不了。她觉得这样的公司生活不是她想要的，大学时想赚很多钱的宏伟蓝图无法在这里得到实现。

在这家公司工作了三个月以后，9月的时候，晓春一个大学同学小叶和她联系，介绍她去浙江工作，晓春欣然前往，结果留下难以愈合的心灵创伤。

黑暗的记忆：陷入传销10个月

晓春和大学同学小叶关系很好。受小叶之邀去了浙江以后，一场持续了10个月的灾难就开始了。晓春进了传销组织，这个团伙的站点在浙江嘉兴平湖市和风景秀美的新安江市。

第一天，小叶东拉西扯地带晓春四处游逛，逛逛超市什么的，边逛边进行各种试探和引导。晚上住到小叶安排好的宿舍，其实就是传销团伙的居住点，三室一厅，一个房间住五六个女孩，另外一个房间住五六个男孩，一间小房间住一个领导。晓春一进去，大家就开始了自我介绍的谎言，有的说在服装厂工作，有的说做业务员，有的说是搬运工，有的说是司机，伪装成一家业务全面的公司。对于新来的人，大家该如何对话和引导都是事先做好准备的，都有套路了，一个人说什么，另一个人接什么话儿，什么时候会再有一个人从外面进来，等等。

第二天，几个人你一句我一句引导出一种新的经营思路。然后两个人拿出大纸开始又写、又画、又讲，其他三四个人围坐在那里，晓春开始有抵触情绪。

第三天，发现晓春抵触情绪很大，小叶和另一个女生陪晓春出去散心一天。另外这个女生发现晓春家庭条件不好，而且很爱家，就说："我们一个人在外面打工哪能赚到钱啊，一个月2000多块钱的工资，花费那么高，剩不下多少钱给家里，自己也存不下钱。"这样的引导让晓春产生了对另一条出路的认同感。

第四天，带晓春去一个地方听讲座，屋子里有五六排椅子，每排坐五六个人，一个主讲人，旁边站着烘托气氛的助手，每到结尾的那一句，主讲人声音往上一扬，助手就带领下面的人喊"好"，气氛就起来了。他们开篇是以麦当劳为例子，假如一家店面1年只能赚10万块钱；如果把这个方式介绍给100个人，那就是1000万块钱；然后麦当劳创始人抽取10%，就抽提100万元。

第五天和第六天，带晓春去不同的地点听讲座。介绍最新型的营销方式，就是直销，把一个产品从工厂拿出来，直接就卖到客户的手里，省去了中间环节，以后只有这样的销售方式才可以赚得到钱。晓春半信半疑，对小叶说，自己还是想去做外贸，不想做这个。

第七天，进入传销拉人入伙的"窦开"阶段，之前的阶段是"引导"阶段。在"窦开"阶段，由领导跟新入伙的成员实话实说："这里就是干传销的。"晓春听了以后很难接受，心情难过。传销组织靠心理攻势拉人入伙，依靠心狠手辣和老谋深算的领导，再加上使用温柔战术的虚情假意的"朋友"。看到晓春哭了，小叶说："我现在不想让你走，以后你会明白我是为了你好。你现在既然不确定，你可以先什么都不做，可以待在这里至少了解一下。"

接下来的日子，小叶对晓春起到最关键的作用。晓春喜欢小叶，小叶很漂亮，长头发，大眼睛，说话甜美。小叶通过两种途径叫人，一个方式是叫亲人、朋友和大学同学；还有一个方式就是叫网友，假装和男性网友谈恋爱而勾引男性入伙。在传销网络里，一个被认

晓春摄影作品：旧屋

可的入伙人要至少拉两个人入伙，行话就是下面"摆上两只"，然后就等着收钱就行了。小叶帮助晓春布了一个下线，是小叶的前男友小李，"摆上了一只"，需要晓春自己去摆另一只。晓春就动了心思想把自己的大学同学小文叫来，但是没有叫动。或者是因为晓春不够心狠手辣，或者是晓春骗术不高。一直到晓春所在的传销团伙被警察查封，晓春都没有拉任何人入伙。2009年9月到2010年6月，在这10个月期间，晓春每天交8块钱的伙食费，交了2800元入伙费，一共支出了1万多元。

对话：面对痛苦的自责

吕途："我遇到很多被骗入传销的工友，但是大都尽快奋力挣脱。你觉得你为何会在里面待10个月之久啊？"

晓春："她们让我在现实面前有一种挫败感，就是我打工再拼命也无法给父母一个好生活；还有就是产生了侥幸心理，觉得小叶已经帮我摆了一个下线，也许再等等还可以有一个下线，我就可以收钱了；还有就是产生了惰性，在那里混日子，对不劳而获失去了抵触。自己被污染了之后，还去灌输别人，参与引导其他新人。那时候有种鬼使神差、如同吃了迷魂药的感觉，回想起来就毛骨悚然。有时候在半夜想起那些事情，还是会很气愤的。"

吕途："我可以感受到，你也对我说，那是一段黑暗和痛苦的记忆。为何这段记忆仍然如此折磨你，挥之不去？"

晓春："想到小叶我就痛苦。我们上大学的时候是好朋友，她骗了那么多人，她也骗了我，而且是一种情感欺骗，想起来就刺痛。我非常痛恨她，但是，在那段时间里，我也想像她一样去欺骗别人，虽然我没有成功，但是，有了那种动机就让我回忆起来非常痛苦。"

吕途："你是不是担心你和小叶本质上是一样的？只不过你没有'成功'？"

晓春："是有这样的担心。但是，我后来越来越明白我和她不一样。比如，我一直对小文心怀愧疚，在上大学的时候小文在我最困难的时候曾经资助过我 1000 元钱，而我却想欺骗她，我虽然最后没有成功，但是，我毕竟叫了她。我后来专门去看望小文，想对她实话实说，交代我曾经想欺骗她的事实，但是见了她，看到她天真纯洁的样子，我实在无法开口。"

吕途："我知道，这段经历成为你巨大的思想负担。我觉得让你摆脱痛苦的办法是深刻地认识到自己的弱点和错误动机，认识到欺骗别人最后自己会被自责所伤害。同时，我建议你自己去承担这份自责的心理压力，告诉了别人只会获得一时的轻松，过后可能心理压力更大。让这种痛苦成为你以后行为的警世钟吧，这样就对得起自己了。"

做小商品贸易工作

从 2011 年 3 月开始，晓春在苏州高新区的一家贸易公司工作。

晓春英语很好，又有大学文凭，在人才市场上找一份工作并不难。这家贸易公司有一百多人，主要是和美国人做小商品贸易，主打的是促销类的产品，比如：小扇子、折叠椅等回馈顾客的促销品和纪念品。国外有那么一个平台，类似中国的淘宝网，晓春她们去工厂找各种合适的产品，然后把产品信息、图片和价格传上去，让国外客户看到，然后进行沟通。

一个业务员一个月订单做到6000元以上，给1800元底薪，如果超过6000元订单，按照利润的20%提成。比如说，做了4000美元的单，利润是800美元，那么晓春可以提成800美元的20%，就是160美元。有一个月，晓春一个单子都没有谈下来。订单最高的一个月是1万美元，但是晓春只提成了1600元人民币，因为晓春报价报低了。最近，晓春刚赔了一个单子，加拿大魁北克一个单子定做玻璃球，下面有个小底座，厂家胶水的质量出了问题，没有粘好。厂家赔了13271元，晓春个人赔了2643元。

在公司里，总经理月薪可以达到70万元；中层经理有5个，月薪可以达到30万元到50万元。有做得好的业务员月薪可以上万元。

晓春挺喜欢这份工作的，上班比较自由，可以运用自己喜欢和擅长的英语，坐办公室，工作的工具是电脑、网络和电话，自己如果在这里把业务做熟了，打通了渠道，将来也许回到老家镇里也可以做。

当上了镇里的村级文员

2012年8月份晓春离开苏州，回到老家平和县的一个小镇。头几年晓春在工厂和小贸易公司工作，工厂污染严重，贸易公司不景气。2015年11月，晓春考上了村级文员，要工作三年以后才有岗位编制。晓春在民政办公室工作，负责新农合收钱，就是去村里一家一户收钱,一年一人120元。晓春一个月的固定工资1800元,听人说,2012年以前大家日子非常好过,有油水;现在抓得严,都廉政了。在这里上班,离一家人住的老房子走路只有5分钟的距离,真有在家的感觉。晓春这样形容自己的工作:"我清闲得可以拧出水来!"

有时候去向领导汇报工作的时候,晓春发现领导正在兴致盎然地练习书法,晓春就想着自己也把笔墨纸砚拿到办公室吧,免得闲得慌。晓春的顶头上司大部分时间照顾自己的生意,每天来单位打一下卡就不见人影了,他不懂电脑也不懂和农合相关的事情,他懂茶、懂分烟,喜欢别人向他请示和汇报。晓春经常如同观景一样地观察这位领导如何把不同价位和品牌的烟放在不同的口袋里,遇到不同的人的时候递上不同的烟。

晓春在想,自己会干这个工作一辈子吗?这个工作工资待遇低,工作内容也无聊,但是这有可能成为铁饭碗,而且就在自己父母身边。这里很安逸,生活方便,身心放松,下班回家后都是自己的生活,虽然生活很无聊。

晓春对生活的畅想

"我觉得国外的孩子都是笑着度过上学的时光,而我们都是愁眉苦脸地不想去上学。我看的国外电影中的就业也很自由,比如你很喜欢做木工,你去学习,十年以后做出很漂亮的木雕,就是成功。木匠可以是诗人,农民也可以是诗人,在欧洲就有一些田园诗人,他们可能是种葡萄的,歌颂葡萄的美好,歌颂自己种葡萄的过程,歌颂葡萄酒有多好喝,就是享受这个生活,而不是说只有做官了才算享受生活。

"等我成家了,每天回家,有我的爱人,可能还有小孩。我过上自己想要的生活，可以用我的歌声唱出我自己的声音：我的未来不是梦。

"五年、十年以后，家里条件改善了，爸妈都满意了。我不想朝九晚五的，我可能在我们老家那儿开一个小酒吧，或者租一块地，我可能喜欢种小花，我去研究如何种花。"

挥之不去

晓春的畅想是美好的，这种想象中的美好其实让我去思考为何越来越多的人质疑"劳动光荣"。"美好"和下面这些概念画上了等号：轻松、愉快、想干吗干吗。美好的东西也许让人觉得轻松、愉快，不过我认为真正美好的东西可能往往和下面这些概念有很大的关系：劳动、汗水、付出和辛苦。但是，说到后面这些，很多人会不以为然吧，谁愿意受苦呐？谁不喜欢安逸呐？如果如此，那么这样的想法和"不劳而获"的界限又在哪里呢？

先不讨论这些思想问题了，我牵挂晓春的心灵是否平静了，那段受伤害的记忆是否得到了平复？我问晓春还会不会夜半时分想起伤心往事，晓春说："回到家乡厂子里工作那段时间恋爱了，虽然最后分手了，但是，转移了很多注意力。现在回到老家，每天不愁吃不愁穿，没有思想压力，被那种记忆困扰的时候越来越少了。2014年年底的时候我在QQ上找小叶说话，她也回复我了。我一直憋得难受，我对她说：'我一直把你当好姐姐，但是想起那件事情，我还是挺闹心的，还是很恨你的。'结果她就不再回复我了。"

1988年出生的敏艳

快乐新娘

2015年6月19日到21日，我参加了在天津工友之家举办的社区工作方法交流活动，京津地区为打工者服务的社会组织都来了。利用这次机会我观察了工业区的现状，也访谈了几位女工，并写出了书中这几个故事：

"1988年出生的敏艳：快乐新娘"

"1993年出生的王琪：拎着行李就出发"

"1994年出生的俊杰：待嫁"

天津工友之家的负责人栗艺涛给我们介绍了周边的情况，有这样几个工业区：天祥工业区、赛达工业区、微电子工业区和国际工业城；配合这些工业区，有下面这些供工人居住的公寓：一号公寓、二号公寓、三号公寓、和谐公寓、蓝领公寓、白领公寓、君泰女子公寓。艺涛从2010年开始在这周边的工厂打工，并开展为打工者服务的社区工作，经历了工业区在较短时间之内的巨大变化，下面是艺涛通过小样本调查得出的一些估算：上述工业区中打工人数的总和在2013年大概有50万人，而到了2015年骤降到8万人左右。艺涛带我们去参观了一个公寓，进到公寓主建筑二楼的时候，我震惊了，满目苍凉，但还是可以看到以前短暂的繁华，各种店铺应有尽有，而现在剩下的只是空空的店铺和依稀可见的各色招牌和各种推销海报。棚顶掉落,豪华的大灯垂到触手可及的高度。曾经容纳 50 万人的设施如今该如何处置?是什么力量造成这样的建设和浪费?被卷入其中的工友只能被推来揉去,如同在狂风暴雨之中,看不清方向,冰冷彻骨。

2015 年 6 月 20 日晚 7 点,天津工友之家和新工人艺术团的同事在天津西青工业区,为当地工友举办了一场演唱会。这场晚会的明星们是工业区的女工,开场舞由俊杰表演,舞姿霹雳,90 后的风格(见故事:"1994 出生的俊杰:待嫁"),有来自北京的建筑工的诗朗诵,还有本篇故事主人公敏艳的演唱:《车间女孩》。敏艳优美的歌

"大地民谣"来到天津西青工业区,敏艳(中)演唱
《车间女孩》,2015 年 6 月 20 日

声在喧闹的商场门前飘荡，不知道是否唤起了歌中唱到的姑娘们的共鸣，她们就在人群之中。歌词唱道：

> 脱去喜欢的衣裳，换上统一的服装；
> 踏入喧嚣的车间，看到对班疲惫的脸；
> 一个个单一的零件，被我的双手组装；
> 一个个成品从我手里流过，好像整个世界让我组合。
>
> 灿烂的青春随着产品流失，班次轮换；
> 车间里有多少跟我一样的女孩，二十岁女孩；
> 好像青春就为了换取这微薄的薪水，
> 青春就在这满是机器的世界里默默盛开，
> 默默盛开……

演出的前一天，6月19日晚上，我约好了和敏艳聊天，她下了班就过来了。

因病辍学

敏艳1988年出生于陕西咸阳的农村。家里六口人，爸爸、妈妈、一个姐姐、两个哥哥。妈妈告诉她，因为超生，敏艳出生以后在姑妈家寄养，到了三岁才接回家，如果不是妈妈的坚持，敏艳可能就留在姑妈家做女儿了。当初爸爸去姑妈家接敏艳回家的时候，敏艳不认识爸爸，不肯回家。

敏艳的父母在家务农，妈妈没有进过学校，爸爸初中毕业。大姐中专毕业，学的是会计，和姐夫一起现在从事会计工作；大哥小学毕业，在家务农；二哥初中毕业，在深圳打工。

敏艳1995年上了小学，读到初三的时候生病了，那是冬天快过年的时候，敏艳头晕目眩，在附近诊所打了一个星期的点滴都没用，然后去医院看病，开一些药，吃了一段时间才见好。敏艳回忆，病因好像是贫血，挺严重的，半年没有上学。生病之前学习成绩还可以，生病一耽误，敏艳就没有再回学校了。

因病休养

2004年，敏艳病好了，也不再上学了。一位朋友在西安开美容店，敏艳过去学美容。做了一年，一边学习一边上班，一个月工资将近800元。头半年在西安的总店里，后半年在咸阳的分店。在咸阳干了三个月以后开始皮肤过敏，应该是对化妆品过敏，越来越严重，得了湿疹。

敏艳的姐姐先带她在西安看病吃药，治疗了一段时间没有好转，打了封闭针也不管用。半年过去了，病也没有看好，妈妈叫敏艳回老家县城的中医院进行治疗，找到一位口碑很好的大夫，跟着这个医生看了半年，吃了半年的中药，终于治好了。

信教的老板也是老板

敏艳病好了，在家待着有些无聊。敏艳外出妈妈又不放心，担心她的病复发，爸爸也很担心，建议敏艳在家里县城附近找个工作。敏艳所在的村子里有很多人信奉天主教，敏艳也是天主教徒。在相关的报纸上看到招工广告，浙江有一家厂是天主教徒办的，考虑到敏艳的叔叔和姨妈也在浙江，敏艳就和村里几个也是天主教徒的女孩子按照报纸上广告的地址找了过去，在浙江温州。

她是2009年4月去的，是一家配饰厂，做衣服上的挂件，工厂有1000多人的规模。敏艳回忆，那里的工作很累，计件工资。早上7点上班，晚上7点下班，很多人自愿加班。有的人老早就开始做工，晚上干到10点多才去睡觉。一个月工资1000多元。

我问敏艳："你选择去那里工作，是因为报纸招工广告上说老板是天主教徒。那你们的工作和天主教有啥关系吗？"敏艳回答："和天主教没关系啊，我们就在那儿上班嘛。老板？关键是都没见到老板啊！"

当年10月，敏艳的叔叔和姨妈准备辞职回老家，她也不想一个人在那里，就辞职了。那个月回家还可以帮家里下苹果，敏艳家有7亩多苹果园，又承包了亲戚家的5亩，一共12亩苹果园。

在天津S手机厂工作四年多

2009年11月，敏艳和村里的同伴在东莞一家生产无绳电话的工厂打工了一年多。朋友辞职了，敏艳也就辞职了。在那里一个月工资大概1600多元。

2011年3月，过了年，敏艳来到天津，进了S手机厂。这是敏艳干的最长的一份工作，一共四年多。敏艳觉得这里工资还可以，福利和待遇也可以。没有转正的时候一个月工资1800多元。后来（2015年6月）基本工资是一个月2278元，一个月扣除了五险一金以后，拿到手的工资有2400多元。全勤奖是200元，分ABCD四个级别。一年有三次福利，中秋节一次、国庆节一次、春节一次；上次敏艳领的是床上用品四件套，2011年的时候，她领的是MP5，后来也有餐具、青花瓷、电磁炉什么的。

宿舍的条件很好，六个人一个房间，房间里面有空调、洗澡间、大立柜、小立柜等设备。楼里面有电脑房、练歌房、电视房。每个楼层有两个电视房，电视房里面有沙发。大家周五晚上看《奔跑吧兄弟》，周六晚上看湖南卫视的《快乐大本营》，很一致，都喜欢看这些综艺节目。

2011年刚到天津S手机厂的时候，工作时间是两班倒，一周倒一次，刚适应了夜班，又倒白班了，很痛苦。从2014年开始，所有人都上长白班了，早上8点上班，下午5点下班。

2011年刚进厂的时候，厂里有差不多6000多员工，到2015年6月，还剩下1000多人。2015年6月公司裁减了一批派遣工，给了两个月的工资补偿。敏艳是8月被裁员的，公司主动提出给予N+1赔偿，可以领取住房公积金，自己交的那份和企业交的都可以领取出来，敏艳领了2000多元。敏艳她们也可以领取失业金，一个月大概800元钱，但是，除非在天津本地居住，不可能每个月回来领这个钱。

敏艳离厂前半年，宿舍里只剩下她一个人了。2011年进厂的时候，宿舍里有六个姐妹，来来去去，最后，只剩下敏艳一个人了。也蛮好的，安静，想啥时候关灯就啥时候关灯，很自由，可以播放着歌曲睡觉。

相 亲

按照农村的标准，敏艳的年纪已经不小了，但是敏艳自己不着急，她说，自己把感情看得挺淡。父母不希望敏艳在外面交往男友，敏艳就没有交往。也曾经有人追求敏艳，她没有什么反应，好像很无所谓，不是一定要恋爱。

2014年春节，家里介绍相亲，敏艳见了三个人。第一个人不太爱说话，也就算了。第二个人，一说话就跟敏艳抬杠，敏艳很不喜欢。后来敏艳不和他交往，他还很纳闷，问敏艳啥原因，敏艳说："我不喜欢别人跟我抬杠。"那个人说："哎呀！如果不抬杠说话多没意思啊。"敏艳说:"哎哟,我都快被你气成内伤了。"两个人没有再交往,但是有时候还会联系一下,开个玩笑。第三个人,见面感觉挺好的,人挺不错、长得不错,说话也能说得来,就一直电话联系着。等年后第二次见面,怎么看都不顺眼了,也搞不懂为什么,是不是因为没时间相处?还是因为隔时间太长了,猛地一见觉得变化太大了?反正就不喜欢了,就算了。

快乐新娘

2015年春节,家人又给介绍了一个男友,叫高西峰,敏艳第一眼没看上西峰,聊天说话还行,就交往着。西峰家在邻村,大专毕业,学习机床数控专业,在西安上班。相亲过后,敏艳要离家去天津上班了,西峰想去车站送行,敏艳没有同意。西峰没有强求,说如果有机会路过西安,遇到什么困难,就找他。敏艳感觉西峰很懂事,会照顾人。西峰比敏艳大三岁。

后来,每一次和男友相处,就增加一次对他的好感。那天,敏艳过生日,两个人出去买生日礼物,敏艳看上一条项链,2400元,西峰立刻就交钱。西峰舍得给敏艳花钱,但是自己非常节省。

西峰已经在西安的厂子工作好几年了,厂子生产火车配件,很多大型模具。西峰的岗位是,首先用电脑输入数据、调整精度,这个过程花费半个小时左右,然后出产品,所以,出一个活都得半个多小时。一个月工资6000到8000元。

2015年农历八月十二,敏艳和西峰订婚了。按照当地的规矩,聘礼5万元,给女方买"三金",两家人一起吃饭。订婚以后,西峰在咸阳郊区买了房子,是现房,98平方米,房款一共35万元,首付15万元。房贷一个月2000元,还贷期10年。

从订婚以后,敏艳就没有再出去工作。先是忙着帮家里卸苹果,

1988 年出生的敏艳　快乐新娘 ｜ 299

敏艳做了新娘

这一年，12 亩果园，收了两三万斤苹果，卖两块多一斤。然后，敏艳的二嫂 12 月生了小孩，她帮助照顾着，就一直没有上班。

敏艳和西峰的婚期定在 2016 年农历三月二十二，西峰家给了敏艳家 8000 元做被子、买衣服。敏艳的父母问敏艳想要什么嫁妆，她说想要苹果电脑。家里人说，如果结婚以后出去打工，电脑也没有安全的地方存放，可以先把买电脑的 7000 元钱给敏艳，等安稳下来再买。

吕途："记得你说你对感情看得很淡，现在，要结婚了，西峰又对你那么好，感情浓烈了吗？"

敏艳："也没有，还是挺淡的。"

吕途："那你到底喜欢不喜欢他啊？"

敏艳："不知道喜欢不喜欢他。"

吕途："那他喜欢你吗？"

敏艳："他在微信里面说，他喜欢我，他爱我，他会对我好。他还说，能娶到我是他的幸福。"

吕途："真好。那结婚以后你会在他单位附近找份工作吗？"

敏艳："不想，我还没有逛够。我一个朋友在江苏卖衣服，如果做得好，我也想去看看。"

吕途："那你男友怎么说？"

敏艳："他说随便我。他还对我说，等结婚了，他的银行卡给我拿着，我每个月只要留出2000元房贷，给他留出1000元生活费，剩下的随便我怎么用。我说，这么好啊！"

1988年出生的珠珠

奇女子在人间

在我过去的同事中有两个奇女子：一个是晓梦（见故事："1987年出生的晓梦：病因"）；另一个是珠珠。她们很不同，又有一些巧合的相似之处：都是广东潮汕人，都聪明好学却早早失学，都有极强的语言表达能力，都深受男尊女卑的伤害却自强不息，都有很强的社会责任感却不为任何定式所束缚，最重要的一点，她们狂笑起来都惊天动地。

2010年7月13日，在撰写《中国新工人：迷失与崛起》的调研过程中，我访谈了珠珠，我们聊了六个多小时，她的各种神奇经历让我大饱耳福，珠珠最大的本事是，她多次身无分文上路，最后总是有惊无险。珠珠小学没有毕业就辍学了，13岁开始做事挣钱、照顾弟妹。她去过很多地方打工，包括深圳、珠海、东莞、广州、中山、上海、天津和北京。2010年，珠珠参加了北京同心创业中心（工人大学）第2期培训，毕业后留在北京工友之家的皮村同心实验学校工作。2014年她回到家乡创办了览表村图书室。

2016年1月，为了写这本书，我想回访珠珠，她拒绝了我，说她做的一切都是自己想要做的，不希望别人报道之后给她增加不必要的各种议论，也不需要拔高她的所作所为。2016年5月27日下午，在这本书杀青之际，听说珠珠的情绪好转，我又联系了她，多年的情谊和彼此信任让我们又一次倾心交谈，电话沟通没有面对面沟通那样畅快，相信以后我一定有机会去珠珠创办的览表村图书室拜访。

不爱读书的风气

珠珠1988年出生在广东惠来县岐石镇览表村。她是家里的老大，下面有三个妹妹，一个弟弟。爸爸上过小学，妈妈没有上过学。

珠珠的老家有一种不爱读书的风气。珠珠只念到了小学三年级，大妹妹念到小学四年级。珠珠辍学后自己很后悔，非常希望弟弟、妹妹们可以继续读书，当大妹妹也辍学的时候，珠珠非常生气，苦口婆心地劝大妹妹，希望她继续读书，告诉她外出打工很不好，但是大妹妹还是辍学了。二妹妹读到初一也辍学了。弟弟读到高二。现在，三妹妹读初三，马上要升高中了。珠珠说："我们那儿就是那种风气，个个都不爱读书，看到人家去打工就个个出去打工。无论家里有再好的条件，也不愿意读。还有就是，我们那里重男轻女，认为女孩子读书不重要。"

普通人总是很难掌握自己的命运

珠珠的家乡在海边，原来村子里的人都是渔民，珠珠家原来也有渔船和渔地。村里有一部分人分配有一片水域，可以从事天然养殖，养螃蟹、虾、鱼，不需要专门去养，它们自己会长起来。后来，珠珠家的渔地租给别人了，当初租金很便宜。如果不租给人家，现在靠这个还是很好赚钱的。

珠珠小的时候，爸爸做卖猪肉的生意，家里蛮有钱的，在村里算是不错的家庭，爸爸做生意回来天天给珠珠买棉花糖吃、买玩具，还给珠珠买时尚的碎花裙子穿。后来爸爸做客运的生意，从览表村出发送到深圳，每天晚上都有很多人来珠珠家订座位，个个都想坐前面。那时公路还没修好，从览表村到深圳要 11 个小时（现在只要 3 个小时）。后来爸爸开的车被人打劫了，匪徒抢劫了乘客，把车给砸烂了，把客人打伤了，爸爸赔了受伤的客人很多钱，客车是租来的，也要赔偿车辆损坏和维修的费用，家里的钱都赔光了，爸爸也不再开车了。

不做客车生意之后，珠珠的爸爸开始养生蚝，开始在珠海做，后来去深圳做。在深圳做的时候，那里搞房地产开发，把爸爸的蚝场给填了，那个时候干了应该有好几年了，说没就没了。养生蚝赚钱的时候很好赚，亏的时候亏得要命。就这样，爸爸拼命干，也富不起来，也饿不死。

性别意识从哪里来？

珠珠的妈妈很苦，生了七个孩子，留下了五个，大儿子和小儿子都夭折了。珠珠上面本来有一个哥哥，一岁多的时候生病去世了，妈妈受到很大刺激，当时已经精神失常了，生活无法自理，需要奶奶给妈妈喂饭，后来恢复了。最小的弟弟生下来就死了。珠珠对这件事情印象很深刻："妈妈很难过，睡在床上，我站在旁边，小弟弟已经死掉了，用衣服盖起来了。妈妈叫我抱小弟弟给她看一下，我当时又怕她难过，又不敢去抱，因为弟弟死了，我自己也害怕，我站在那里不敢动。事后我一直问我妈妈：'你为什么要生那么多小孩子呢？'她说：'是怕被别人欺负。'我说：'你生那么多，关心不过来，生再多也没用啊。'妈妈就说我没良心，这种话也说得出来，说天底下哪有父母不关心自己的孩子的。"

珠珠的家乡重男轻女的观念很严重，觉得女儿要嫁出去，像泼出去的水。珠珠从小就好强，一直抗议别人看不起女生。当父母因为她是女孩子而区别对待的时候，珠珠会说："我就不信我比男生差，我要证明给你们看。"珠珠知道,不只是父母,村里人都认为男生有用,女生没有用,男生可以到处走,女生不可以。珠珠偏偏就不相信这个道理。有一次,珠珠和一个同龄的男生打架,把对方打赢了,更让她相信自己不比男生差。为了证明自己,珠珠到处走,很卖命地工作,很卖命地赚钱,做同一件事情,珠珠一定要比男生挣得多。

早当家

爸爸、妈妈总是忙于生计,珠珠从小主要由爷爷、奶奶照顾。开始的时候,爸爸、妈妈虽然忙,但主要在家附近工作,后来爸爸、妈妈去珠海了,然后又去深圳了。爸妈也把珠珠和弟妹们接去珠海住了一段时间,父母忙于生计,无暇过多照顾孩子们,而且在生活重压之下对孩子们也比较暴躁,珠珠其实更希望回到爷爷、奶奶身边。有一次,妈妈告诉珠珠:"你梦里喊着:我要回家!我要回家!"

因为读书的原因,珠珠带着弟妹们回到老家,父母仍然在外面打工。珠珠小小年纪就承担起照顾弟妹的任务,甚至要帮着大人一起挣钱养家。爷爷和叔叔开了水果店,珠珠那个时候上小学二年级,每天放学要帮着卖水果,就不能出去玩了,珠珠很不高兴,觉得如果不开水果店就好了,就可以有很多时间去玩儿了。那个时候珠珠就开始不喜欢上课了,经常逃学出去玩儿,去田里偷人家的番薯烤着吃。

珠珠12岁时,上小学三年级了,每天特别忙,上学之前要先帮着爷爷把水果弄到市场里去,放学之后再去市场帮爷爷卖水果,珠珠卖水果熟练到用手一拿就知道多少斤多少两。回到家里要帮奶奶做家务,有些时候,珠珠还要给弟弟、妹妹煮饭吃。12岁的孩子自己还不懂事,却要去管教弟妹了,珠珠一直为自己曾经打过一次弟弟而自责。有一次,弟弟看上一个遥控飞机,要16块钱,16块钱够珠珠和弟弟妹妹一天的生活费了，珠珠跟弟弟说等老爸寄钱回来的时候再买给他，但是弟弟不肯，不买他就不去幼儿园；珠珠对弟弟说："你去不去，我数一、二、三，你要是不去你就完了。"弟弟不理珠珠，珠珠数到三之后就给了弟弟一巴掌，弟弟脸上留下五个手指印；弟弟没有哭，盯着珠珠看；珠珠看着弟弟，自己哭了，觉得一定把弟弟打痛了。这件事情还被邻居拿来说笑了很久，说珠珠打别人自己却哭了。

在深圳的塑胶厂打工

2002年，珠珠14岁，开始外出打工，第一份工作在深圳的一家塑胶厂，是老乡开的，厂子里有100多人，大部分是女工，珠珠在那里干了一年多。珠珠那个时候个子还没有长高，肤色黝黑，特别爱笑，大家都喜欢跟她开玩笑。主管问她："你那么黑，从哪里来？是不是从非洲来的？"珠珠认真地回答："我不是从非洲来，我是从潮州来的。"主管又问："你今年几岁了？"珠珠说："我18岁了。"那个主管很惊愕地看着她，问她："谁告诉你这样说的？"珠珠回答："上面那个姐姐告诉我的。"他又问："你有没有带奶粉出来？"珠珠说："奶粉？我没有，我很小就不吃奶了。"

工资很少，一个月400多元，厂子里外地人多，潮汕人有十多个，都是未成年的。有时候会有来查厂的，老板提前得到消息，领班就告诉珠珠她们这些童工不用来厂里上班了，珠珠她们很开心，躲出去玩一天。后来，珠珠住的宿舍楼有人跳楼了，好多老乡就离开了，珠珠没有走，但是很害怕，天天拜神求平安。

在深圳的首饰店上班

2004年，过完春节，珠珠就去一家首饰店上班。提成比较高，卖1000块可以有50元的提成,平均每个月都可以拿到2000多元的工资。珠珠是个心很大的人,非常豪爽,每个月挣了钱如数上交给父母,弟弟喜欢吃鸡,经常下了班去家乐福给弟弟买一只鸡回家。

在深圳工作期间,珠珠碰到一个乞丐,他留着白胡子,看起来像圣诞老爷爷,珠珠每次看到他都给钱。每次逛街的时候珠珠身上都会带很多硬币,专门留给乞丐的。有一天下大雨,那位乞丐老爷爷拄着拐,还淋着雨,很可怜,刚好店里一个客人买了新雨伞,把旧的扔在那里,珠珠就跑出去把旧雨伞给了老爷爷,慢慢地彼此就熟悉起来了。后来,乞丐爷爷请珠珠去住的地方做客,他们有十个乞丐,租了一个房子一起住,珠珠进去的时候,老爷爷说:"这里面很臭,不要介意。"珠珠说:"没有什么,我不介意。"屋子里捡了很多破烂,还有易拉罐什么的。从那以后,每次拿了提成,珠珠和她朋友都去给乞丐们买甜品吃,一碗是两块钱,珠珠和她朋友每次买10碗,一位老人家1碗;刚开始老人家们不舍得吃,说珠珠她们挣钱也很辛苦,珠珠一定要他们吃。珠珠还很喜欢和他们聊天,听他们讲故事。珠珠回忆说:"看到他们,你就会觉得他们很可怜,有五六个已经很老了,有一个是瞎的,有一个只有一只脚,还有一个阿姨的腰不行了,这个阿姨还要挣钱供她女儿上高中,好可怜、好可怜的。"

珠珠在首饰店做了一年,珠珠热情待客,很会做生意,第三个月就做了店长,另外一个分店的店长当时还挺不服气的,说她来了半年才做上店长,珠珠一个小学生来了三个月就做店长了。老板是香港人,虽然很抠,但是珠珠在他们店里学到了很多东西,他们还时常扮演父女来唬那些学生。记得有一次,老板要求珠珠给学生打耳洞,虽然已经练习了很久,但真正要帮人家打耳洞时还是吓得不行,果然,把耳洞给打偏了,珠珠不知所措,老板给珠珠使个眼色,珠珠拔出来,重新打,那个女生哇哇大叫,问:"你干吗拔出来?"

珠珠说："这个耳针有问题，我给你重换一个。"重打一针后，珠珠送给她一只红霉素眼膏，叫她回家擦一擦。就这样，她打耳洞的技术越来越好，为了证明自己打耳洞很专业，珠珠自己打了耳洞、鼻洞、眉洞，工作起来也比较得心应手。她辞工的时候老板不放，说愿意给她加工资，珠珠说："给我加工资也没有用，我想要的不是这种生活。"然后珠珠一个人去了珠海，离开的时候身上只有100多块钱，花75元钱买了船票，再买顿饭吃，几乎身无分文了。

在珠海的服装店工作

珠珠到珠海以后必须马上找到住的地方，因为她已经没钱住旅店了。很快，珠珠找到一家服装店，听说可以包吃包住，珠珠连工资都没问就接受了。

珠珠小时候在珠海生活过，她很喜欢那个地方，没事的时候就去海边，喜欢看着大海，听着海浪拍打沙滩的声音。去海边时要路过一座桥，那天，珠珠走到桥头的时候，突然看到有人跳海了，珠珠跑过去，看到那人的两只手在那里挣扎，珠珠自己无能为力，就去拦过路的车，叫人去救那个跳海的女人，后来，当有人游过去的时候那个女人已经沉下去了。珠珠非常难过，在那里大哭，一个公安人员一直安慰她，还开车送珠珠回到住处。后来，珠珠每天晚上都会梦到两只手在那里挣扎，实在是受不了，就离开了。这前后只在珠海待了一个月。

在东莞儿童服装店工作

珠珠不喜欢进工厂，觉得卖东西是自己的长项，应聘进了一家童装店。工作一段时间以后，珠珠发现店长贪污，老板也知道店长贪污，但是老板需要用人，也不能炒了店长。珠珠被调去另外一家店，那个店贪污得更厉害，他们贪污了钱也会分给珠珠，但是珠珠不要，虽然珠珠不要的钱还是会被他们分掉，但是珠珠就是不喜欢这种行为，珠珠干不下去了。这是一家连锁店，总店长看好珠珠，把珠珠派到另一家店做店长，珠珠经常睡懒觉迟到，但总是保持很好的销售业绩。珠珠在这里干了一年多，平均一个月的收入为3000元左右。从那个时候开始，珠珠慢慢学会了自己安排使用自己挣的钱，一部分自己留着，一部分给父母，一部分给奶奶买东西邮寄回去。

在那期间发生了一件事。珠珠和朋友下班休息的时候会一起去酒吧喝酒和跳舞，珠珠喜欢在舞池中央狂跳，上班的时候很烦闷，这个时候就好像什么都释放了。有一天，珠珠和好友肥妹在酒吧喝酒聊天，同事晓琳突然跑过来，说后面跟着的两个女孩子要打她，就是因为跳舞的时候发生碰撞了，晓琳没有道歉。珠珠让晓琳从侧门逃走，然后自己迎上那两个女孩子。不知道她们跟保安说了什么，就把珠珠和肥妹拽了出去。到外面一看，哇！那场面真吓人，三十多个男孩子站在外面！那两个女孩逼珠珠把晓琳叫回来，珠珠没叫，两个女孩子就开始疯狂地打珠珠，立刻把她的脸打得失去了知觉，珠珠用手捂住脸，由着她们打。后来，有个男孩子过来拉住那两个女的说："够了！"然后转身对珠珠说："你同事有你这样的朋友值得！"然后就离开了。珠珠被打了之后，特别是听了那个领头的男孩子的话，好像突然觉悟了，感觉自己一下长大了好多！

在中山一家牛仔裤专卖店工作

珠珠想去上海，没有特别的原因，就是因为没有去过，想看东方明珠。当时父母已经在深圳生活了，珠珠从东莞辞工回到深圳，准备去上海。爸爸觉得女儿莫名其妙，就把女儿的钱都给拿走了，好让她没有钱出行。珠珠和广州的一个好友诉说此事,好友说可以借钱给她。珠珠去了广州,从朋友那里借了200元钱,但是这不够去上海的路费,就去了中山。为什么去中山?没有理由,只是因为不知道该去哪里。到了中山,需要找份工作,更需要找个住的地方。

珠珠找了很多的工作,一直没有合适的,后来找到一家卖牛仔裤的,珠珠对卖东西最熟悉了,最主要的是这里包住。珠珠和店长同住一个宿舍,店长很漂亮,长得很像范冰冰,但是她有怪癖,随身带着一把刀子,走到哪里带到哪里,夹在一本杂志里,她怕别人非礼她,睡觉的时候也把刀放在床上,这让珠珠很害怕,因为时常和店长吵嘴,珠珠对店长说:"你会不会梦游,然后半夜起来插我两刀?"有这样的担心,珠珠晚上睡不好觉。店长是老板的亲戚,不会做生意,也不会招揽顾客,什么都要珠珠教她,每天忙来忙去,珠珠嗓子都喊哑了。在这个牛仔店做了一个礼拜后珠珠又没钱了,她跟店长说她要借钱,可店长说,他们那儿不给借钱。珠珠说不给借钱就给她发工资,否则就不干了,可店长说:"你现在不能走,因为你来了以后我把另外一个人辞退了。"珠珠说:"那我不管,现在你不借钱给我,我就没钱吃饭。"店长不放珠珠走,又不借钱给她。珠珠没钱吃饭,每次店长买饭吃,她就抢她的饭吃,最后店长受不了了,就借钱给她了。在那儿干了一个多月,估计去上海的路费够了,珠珠就辞职了。老板跟珠珠说:"你去上海玩吧,我给你报销,但回来要继续帮我工作。"珠珠拒绝了。结工资的时候,珠珠只拿到600元,还了广州的朋友200元,剩下400元,就上路了。

上海之行

从广州去上海的火车票是208块钱,珠珠第一次坐火车,很兴奋,看到外面的风景很开心。旁边坐着两个大爷和一个年轻人,他们问珠珠:"你去上海干什么?"珠珠说:"我要去看东方明珠。"他们问:"你在那边有亲人吗?"珠珠说:"没有啊,我就想去看东方明珠。"这把他们吓了一跳,一个小姑娘要去看东方明珠,没有亲人在那里。他们问:"那你去了怎么办?"珠珠说:"看完东方明珠就找工作啊。"他们说:"太不安全了,你还是回去吧。"珠珠说:"现在回去不行,我身上现在只有90块钱了。"两个大爷到站了,下车前嘱咐那位年轻人要照顾一下珠珠,那个年轻人给了珠珠一张名片,跟她说,如果遇到什么困难就给他打电话。下了车,珠珠问那个年轻人去东方明珠要怎么坐车,他告诉珠珠去坐地铁,当珠珠直奔地铁站口的时候,他把珠珠拽住了,说:"你还是不要去了,先去我家吧。"珠珠当时也觉得好累,通过在火车上聊天也觉得这个人是不会骗自己的,就跟着他回家了。

这个年轻人是做设计的,开一个小公司,有三四个员工,就在他家里办公。他和他老婆不让珠珠出去找工作,担心她上当受骗,而是在家里教珠珠学五笔字型,说等把这些学会了,再慢慢学习电脑,也给珠珠零用钱花。珠珠帮着做饭和干家务。

问题是,他们夫妻两个经常睡到半夜的时候吵架,一吵架,那老婆就跑出去,看到那老婆一个人大半夜跑出去,珠珠不放心就跟出去,然后人家夫妻吵完了,第二天又和好,一个星期要闹腾三四次。这样下去,他们不疯珠珠快疯了。这样过了一个多月,珠珠跟他们说自己要去北京,他们一直对珠珠很好,虽然对珠珠一个人去北京很不放心,但是还是给了珠珠路费让她走了。

在东莞打两份工

2007年,珠珠回到东莞。当时二妹妹和堂弟也在东莞,珠珠租了一个小公寓大家一起住,三个人的生活开支主要靠珠珠来维持,珠珠很多时候也要在经济上支持一下父母。当时,珠珠在东莞一家

G2000（服装品牌）卖服装，每天上班6个小时，工资一个月2000元，不够维持家用。珠珠同时又找了一份工作，在宾馆做服务生，在酒店门口守候，来了客人指引一下。珠珠在G2000的工作时间是下午3点半到晚上10点，在酒店是半夜12点到早上8点。后来，珠珠在酒店的工作换了岗位，做宾馆的楼层服务员，有客人来了带他去房间，不用整理房间，照顾楼层的安全就可以。

有一天，一个男客问珠珠："你们这边有快餐吗？"珠珠拿了很多快餐单给他。其实那个"快餐"是叫小姐的意思，但是珠珠没有理解。那个男客回房间打电话到前台，珠珠的同事上来跟珠珠讲："你怎么那么笨啊，我不是跟你讲了吗，你以为一个大男人跑到宾馆会无聊到真吃快餐吗？"珠珠觉得很郁闷。后来珠珠见到很多那种小姐，有的小姐想请珠珠帮忙，有什么人来了就直接打电话叫她，就是订私活儿，因为如果经过老板会抽掉很多钱，珠珠不想掺和到这种事情里去，没有答应。

干着两份工，空下来的时候珠珠经常大睁着双眼无法入睡。珠珠就这样硬撑着，都快崩溃了，突然有一天珠珠看到弟弟在抽烟，就跟他说："给我来一根吧，我也想抽一下。"就这样，珠珠学会了抽烟，靠抽烟帮助入睡，不知道自己该干吗。

内心的折磨

珠珠到处工作和游荡，后来回到深圳，家人不同意她再到处乱跑，珠珠自己也想静下心来工作，但是她一直很郁闷，一直找不到出路，不知道自己在干吗，也不知道自己想干吗。找不到自己想做的事情，就想要一个人去流浪，一个人背一个包想去哪里就去哪里。但是，珠珠内心又放不下，奶奶一生病她就会回来，一听到家里有什么事情就会回来。在深圳这边工作，感觉每天像行尸走肉一样，特别痛苦。

珠珠每次内心痛苦的时候就去做一些事情来抚平一下,想哭又哭不出来,怀疑自己是不是脑子出问题了。痛苦得无法忍受的时候就会去做一些好事,比如去献血,然后内心才能得到暂时的宁静,差不多半年就去献一次血。

表4 珠珠打工游荡表

年份	地点	做什么工作	工资(元)	换工作的原因
2003	深圳	塑胶厂	450	不上学了
2004	深圳	首饰店	2000	受不了,不是自己想要的生活
2006	珠海	服装店	1000多	遇到有人跳海自杀,做噩梦
2007	东莞	童装店	3000左右	想去上海
	广州	卖衣裳	300	太累了,一天13个小时,工资还低
	中山	卖牛仔裤	800	想去上海
	上海	住在一对夫妻家里		夫妻吵架,受不了
	北京	网吧	700多	奶奶生病
	东莞	童装店	2000多	没有心思干
2008	东莞	G2000服装店和酒店楼层服务员	2000多+1000多	太累,不知道自己在干吗
	珠海	餐厅1个月 酒吧半个月	2000	感觉自己融入不进去
	深圳	保姆	2000	做保姆就是为了尝试一下
	天津	搓澡	1000	因为要去工友之家
2009	北京	北京工友之家	工作和学习	回家乡创办乡村图书室

家乡在心中的位置

2004年,爷爷去世,那个时候爷爷70多岁,他是因为不愿意承受生活的各种压力自行了断的。爷爷和奶奶感情特别好，是村里公认的模范夫妻，村里面办什么红事、白事都会跟爷爷、奶奶商量。爷爷走了，奶奶特别可怜，因为他们两个过去晚上睡不着就会起来聊天，互相陪伴。爷爷走了以后，奶奶睡不着的时候没有人可以聊天了。当时珠珠如果不是想到还要照顾奶奶和弟弟，自己也想跟着爷爷走了。有一件事情，珠珠每次想起来都想抽自己两巴掌：村里每年都会唱戏，唱给妈祖听的；珠珠从外面打工回来挣了点儿钱请同学去看戏，爷爷在外面卖甘蔗，自己却没有想过请爷爷一起去看戏；爷爷自己舍不得花五块钱去看戏，爷爷生着病，还是在拼命卖东西挣钱，因为珠珠的一个叔叔还没有娶到老婆。珠珠每次想到这件事情都会哭，责怪自己那个时候为什么那么不懂事。

提起家乡，珠珠有无限牵挂："孩子们不读书，十三四岁就出去工作了，一直打工，一直没有改变，不知道这是为什么？我觉得家长有很大的问题。以前家乡很热闹，现在只剩下老人和小孩。家乡是我要回去的地方，我比较喜欢家里的风俗。我想跟奶奶在一起，不用在外面工作。我要去我没去过的地方，虽然我不知道我去干吗。等我旅游完了，把中国都走完了，我就回去。"

在北京工友之家学习和工作

珠珠到处跑，隐隐觉得自己想找某一种东西，不停地去各个地方找。有人问珠珠："你为什么这样一直跑来跑去呢？"珠珠说："我不知道，我觉得有种东西要我去找，我现在没有找到它，所以我一直要去找，如果找到它的话，我会停下来的。在没有找到它之前，我要一直去找。"

在深圳的时候，珠珠认识了一家公益机构，特别认同，还参加了"爱心小组"做义工。珠珠一直对做公益很向往，虽然以前并不知道是做什么,但觉得这是为人家服务,很有意义,只要不是每天想着为自己做事就很好。珠珠意识到,自己一直要找的就是这种东西。

通过深圳那家公益机构的介绍,珠珠认识了北京工友之家。2009年9月,珠珠来到北京皮村,开始在北京工友之家创办的皮村同心实验学校工作,一待就是四年多,珠珠从来没有在任何一个地方工作过这么长时间,按照珠珠的话说:"我喜欢这个地方,我一直想要找的就是这个地方。"

2010年5月,珠珠参加了北京同心创业培训中心(工人大学)第2期的学习,学制半年。学习期间,学员们同吃、同住、同学、同劳动,建立了深厚的友谊。毕业以后,珠珠负责了很长时间校友会的组织工作。

珠珠走在村旁的海边上

工人大学毕业以后，珠珠继续在皮村同心实验学校工作，岗位是校长助理，按照珠珠的话说，是打杂的，校长指到哪里，珠珠就出现在哪里。珠珠负责的事情非常庞杂：收费、卫生与安全、来访接待、外出开会、处理学生问题、协调教师情绪等。有一次，幼儿园中班一个小朋友坏肚子了，老师把孩子交给珠珠，珠珠先给孩子家长打电话，然后把粘了大便的衣裤给孩子换下来，再接来热水给孩子洗屁股；家长来了以后，不仅不照顾生病的孩子还一直骂孩子，珠珠很郁闷，孩子坏肚子了才弄脏了裤子，骂孩子干吗？

后来，校长金花让珠珠负责女工合作社的工作，珠珠非常投入，也很有组织和创新的能力。珠珠组织合作社的家长们每周开展团建活动，还一起练瑜伽、学电脑等。在拓展合作社手工产品的过程中，珠珠充分发挥了她的沟通能力，居然在北京的798艺术区联系了一个寄卖摊位。

珠珠至今念念不忘的是和校长金花的工作情谊和朋友深情。珠珠负责收费和整理各种资料，经常熬夜，再加上珠珠一直有赖床的毛病，每天早上都是金花打电话催她起床，在学校工作的几年时间几乎天天如此。

回老家创办乡村图书室

2014年春节过后，珠珠从北京回到老家，她的计划是，要把自己在北京学习到的知识传播给家乡的孩子们，最直接的希望是：孩子们不要像她小时候那样早早辍学。览表村有4万多人，有三所学校，一所是公立的，有小学和初中；两所是私立的，是小学。在校学生有5000多人，一大半是留守儿童。还有七八个幼儿园。览表村交通方便，村里的马路是省道；从深圳坐大巴四个小时就到了。村子里的大人们大都外出打工，没有外出的人或者经商或者打鱼。

珠珠回到自己的母校览表学校，找到校长说明自己的想法，希望给学生上社会课和性教育课，不安排正式的课程也没有关系，见缝插针和学生开展小组讨论。珠珠得到了校长和一些老师的支持。学生们也非常喜欢这位珠珠姐姐，因为这位姐姐老师用讲故事的方式上课，还鼓励学生们发表自己的意见。按照珠珠的话说，案例分享是自己擅长的，也是孩子们喜欢的方式，珠珠说："我上案例分享课的时候，我讲自己当初为什么外出打工，那是因为我觉得读书没有什么用，而且我的朋友都去打工了，后来当遇到一些事情的时候才知道知识真的很重要。我讲了以后，很多学生也会跟我分享他们现在也有这样的状况，不知道该怎么办。"珠珠在学校开设案例课程持续了三个月了，她很快得到很多学生的信任，同时也给她带来了烦恼。每个孩子都有自己的烦恼，很多同学放学以后来找珠珠，珠珠家里经常都被学生们挤爆了，珠珠有点承受不了了，甚至有时候都不敢待在家里。

为了解决这个困扰，珠珠有了一个设想，如果有一个场地，孩子们想找她不用到家里来，而是聚到一个公共的空间，那不是更好！珠珠开始动脑筋开办一个图书室。珠珠把这个想法跟同学们说了，很多同学非常赞同，开始帮助珠珠一起寻找地方。最后，找到了一处合适的，一年租金2500元。珠珠在过去的两年多完全没有收入，还要照顾奶奶和妹妹的生活，一直是欠债度日，没有钱支付租金，幸好得到一位公益人士的赞助，愿意为珠珠支付房租。校长很支持，免费提供桌椅；孩子们也很给力，都来做义工，帮助打扫房间和粉刷房间。

吕途："你开办图书室的时候，在人力、物力、财力上都不具备条件，在这种情况下，还是可以办起来的原因是什么？"

珠珠："是学生，如果没有学生们给我力量，我就完了。举个例子，图书室刚开办的时候，我跟高校大学生联系，他们愿意过来做志愿者，第二天他们就要来了，图书室一个初一的学生对我说：'我们每天买矿泉水喝很贵，明天那么多人来了之后喝水怎么办？也买矿泉水吗？'我说：'再买矿泉水我就死定了。去把我家里的壶拿来吧。'她说：'那你家怎么办？'我说：'管不了那么多了。'她没有说话就走了；第二天，她来了之后马上给我150块钱，说：'我昨天晚上回去跟我爸说了图书室的情况，爸爸给了我150块捐给图书室。'我觉得挺震撼的，真的不是我一个人。"

吕途："村里人支持吗？"

珠珠："村里人不看好，也不支持。他们首先觉得这个东西里面有什么目的。我理解村民的看法，我该怎么做还怎么做。最开始的时候家长非常不同意，怀疑我有什么目的，也许像一些从商的人一样，一开始不收钱，到最后就要收钱。有一个妇女到处说我的坏话，指手画脚的，很多同学听着很不舒服，要去反击一下，我说：'就当被一只狗咬了一下，你难道也去咬一只狗吗？'过了三个月左右，突然有一天这个妇女跑了进来，问：'我们家孩子在你这里吗？'我说：'在，在里面看书。'她估计很想跟我聊天，说：'有这个挺好的，自从有了图书室，我家孩子也不去河边玩了，吃饭的时候来你这里一叫就好了，也不用像以前那样跑那么远去叫他，这个事情政府早就应该做了，你说对不对？'我当时就狂笑，她居然有这样的觉悟。"

吕途："你爸爸、妈妈支持你吗？"

珠珠："我爸妈都不赞同，他们说：'你去北京那么多年了，你想要做好事也已经做够了，该结婚了。'我不听他们的，但是也分析给他们听，告诉他们我为什么要做这个事情。我老爸是比较明白事理的,他说:'你去做吧,你做呢,我不反对,但是你老爸我穷,虽然不能够实际的支持你,但是精神上支持你。'我说:'这就够了。'我觉得我老爸好幽默。还有很多让人感动的事情的。我们图书室外面有几棵大树,搞活动屋子里面坐不下的时候,我们会到室外来。我有一个叔公看到了,在树下给我们加了石凳,我们有了这些石凳,夏天上课就方便很多。"

吕途:"现在图书室有资金支持了吗?"

珠珠:"从2014年到现在,一直是那个好心人每个月赞助房租,现在,刚申请下来了'桥畔计划',有4万多元的赞助。这两年一直是我欠债维持。"

图书室组织"讲故事"活动,请村子里80多岁的老奶奶给孩子们讲过去的故事,2016年8月8日

吕途："有什么持续的打算？"

珠珠："我以前有一个很极端的想法，很多人问：'你为什么回家？'我最后发现我的答案是，很希望我奶奶在的时候我可以陪伴她，这是主要的原因，然后再去做一些事情。我后来也想过，如果奶奶突然不在了，我是不是就走了？我现在发现我还是希望继续把这个图书室办下去，也许我真的长大了。"

吕途："在北京工友之家的工作经历和你创办图书室的关系是什么？"

珠珠："我如果没有在工友之家待过，我不可能做图书室，我也做不来这个。工友之家培养了我们，没有工友之家，就不会有现在的我们，这个我们包括工大学员和机构的年轻人。无论是思想上的改变也好，现在的行动也好，还有具体如何去进行组织和管理，一切的一切，都是因为我在北京工友之家工作过。其实离开工友之家以后，更加理解和热爱它了。"

珠珠创办的览表村图书室于2014年7月6日正式开放。现在图书室一周开放六天，周四休息。每天开放的时间是：早上10点到中午12点，下午2点到5点，晚上7点到9点。固定的活动有：周五、周六晚上放电影；周六下午有故事课，学生也可以自己写故事；周日有绘画课。

珠珠准备再开一个点，可能在村子的车站旁边，这样的话，办图书室的同时可以开一个有盈利项目的店面。当然，这一切还只是设想。最重要的是：要有人，需要有认同感的工作人员一起做。现在，机构有三个主力：珠珠、小竹和小玲。

希望的"田野"？！

珠珠家附近的很多田地都撂荒了，因为种田不仅不赚钱，还赔

图书室组织孩子们一起包粽子，2016年端午节

本。她的家乡盛产荔枝，但是因为市场和销售是很大的瓶颈，而且在家的老人也干不动了，很多荔枝园已经自动转化成生态果园了。孩子们被父母撂在家乡，等待着孩子们的，或者是辍学，或者是长大了继续外出打工。家乡不是希望的田野。

珠珠放不下这块被撂荒的土地和被撂下的孩子们。她的想法并不复杂，希望孩子们可以多念书，不要像她一样过早辍学。但是，这并不复杂的想法落实起来可不简单。说起这两年多的努力是否看到了什么变化，珠珠说："看到了变化，至少有十多个孩子放弃了辍学的念头。"

有一次，一个孩子来找珠珠聊天，刚好珠珠的奶奶也在，他说："珠姐，我现在很痛苦，我觉得读书没劲，但是我又不愿意去打工，就像你说的，当服务员和进工厂都不是我想要的，那该怎么办?"珠珠的奶奶反问这个孩子:"你家是不是很穷啊?如果没有你去打工,家里是不是揭不开锅了?"孩子回答:"不是!"珠珠说:"看,我奶奶都这样想问题了,如果你家里有钱供你念书,你现在还纠结什么?你现在年纪还小,还做不了大人该做的事情,现在读书是你该做的事,不是为家里人读书,是为自己读书。"

还有一次,一个孩子来问珠珠:"珠姐,读书到底有什么用?上次看到一个大学毕业生,傻子一样,素质也不好;村子里有人小学没毕业,出去回来就当了老板。"珠珠说:"读书如果没有目的,那真就别读了。我问你,你将来想做什么?"孩子说:"想要当医生,想学中医。"珠珠就去找了附近一个老中医,让孩子课后去跟老中医学习,老中医也很喜欢教这个孩子。后来,这个孩子因为学习忙并不经常去老中医那里,但是内心种下了学习目的的种子。

附:控制不住

珠 珠

以为出来散散心,我会好过一点,
可是脑袋不断浮现发生的一幕幕,
令我的心不能平静下来。
还好今天有欣欣陪着,
有时真羡慕她,
虽然每天都傻傻的,可是却很开心。
看着她就想起了六年前的我,
那时,真是单纯、天真、又傻。
经历对我来说,到底是好,还是坏呢?

事情总是这样，
一定要到发生了才知道害怕，才知道后悔，
现在烦的是：需要控制，
就像控制血液一样。
当你的手受伤流血时，如果伤口很小，
你只需要一个创可贴，就可以把血止住，
但如果你保养得不好，它就会发炎和溃烂。
一个小伤口，一般人是不会注意的，
等伤口烂掉了，想不注意也不行了，
为了处理伤口，就会用到一系列消炎的东西，很疼，
伤口就算恢复得再好，一发作，还是会痛。
太痛苦了，你忍不住想要哭，
一到这个时候，一切噩梦就会到来，你想挡也挡不住。
以前的一切努力，就全白费了。

2011 年

1990年出生的晓灵

反叛、依赖与追寻

晓灵（化名）在北京同心希望家园工作四年多了，同心希望家园是一家民间机构，15名工作人员都是女性，大都是打工妈妈，而且是外地来的打工妈妈。机构在2005年成立，现在维持机构运转的费用主要来自五家二手服装商店的营业收入。同时，同心希望家园也是一家"社会企业"，意思是：以企业的形式运作，参与市场，收入归集体所有，并且将部分收入回馈社会公共服务事业。

我接触同心希望家园很久了，但是和晓灵的深谈是在从河南漯河开往北京的高铁上。我们一起去参加了一个五天的培训，然后一同回北京。我们两个不停地聊了四个多小时，晓灵说话不急不缓，脸上总是带着宽和的笑容。火车到站的时候，晓灵说："我都不希望火车停下来。"我对晓灵说，我要把她的故事写出来，晓灵很诧异，问道："写我的故事有什么意义啊？"

超生得来的宝贝女儿

晓灵是山东人，1990年出生。父母都在县城医院从事医疗工作，正规的工作，她有比较优越的家庭条件。晓灵有两个哥哥，为了生一个女儿，晓灵的妈妈先超生生了她二哥，然后又超生生了她。晓灵一直被寄养在姨妈家，到8岁才上了户口回到父母身边。父母视为掌上明珠,两个哥哥对这个小妹妹也很宠爱。

晓灵的学习一直很好,后来在父母的安排下进入卫校学习护理,是那种高职院校,毕业后可以获得中专学历。父母给宝贝女儿安排好了一切,也规划好了她以后的工作和生活。

抗拒相亲

晓灵从小就不想当医生或者护士,她觉得爸妈每天挺无聊的,而且晓灵晕血,看见伤口就吃不下饭、睡不着觉。但是,她的抗拒无效,最后还是接受了父母的安排,学习了护理。晓灵特别同情自己的大哥,理解他的叛逆。大哥当初学习成绩很好,但是在高考当天,大哥跳墙逃出考场,直接去了北京打工(免不了头几天风餐露宿,因为兜里只有十几元钱)。

晓灵中专快毕业的时候,父母开始安排她相亲。短短一段时间就相了六个,其中三个都是家里在镇上有底商/门面房的,其中一个人的爸爸是教委的,还有一位是土地局的。晓灵想起当时那种状态就很生气,虽然她说话的语气仍然是不紧不慢的:"我真受不了,完全不考虑那个男孩子是什么样子,关心的只是:他父母是干吗的,他家有没有房子,完全是物质的东西,完全不考虑人本身!"冷静下来回忆,晓灵并不是对所有的相亲对象都那么反感,排斥更多的是家人那种越来越紧的强迫。现在回忆起来,父母当初对男方物质方面的要求是可以理解的,但是,直到现在,晓灵都觉得物质上的匮乏并没有造成她的痛苦。

弄假成真

在父母的相亲攻势下,晓灵冒出了一个应对的办法:为何不找个假男友领回家?起码可以逃避一时。结果还真找到了,就是自己同班同学的哥哥,他叫志山(化名)。晓灵对志山第一印象挺好的,是那种看着比较踏实诚恳的人,晓灵的想法很简单,请志山去见一下父母,说是自己找到了男朋友,那样父母就不再逼着相亲了。晓灵不知道志山当时的想法,也不关心他有什么想法,因为她只是搪塞父母而已。志山当时问了晓灵家里都有什么人,等她把志山领到家里才发现,志山给家里每个人都细心地买了礼物,包括父母、哥嫂和小侄子。

父母对志山和他的家庭并不满意,志山家在农村,有两个弟弟,家境贫困,他本人初中都没有毕业,在北京打工做装修。但是,女儿既然已经谈了,就先谈着吧。晓灵蒙混过关以后,就把这件事放在脑后了。过了半个月,志山来电话,问:"当初你说帮忙以后请我吃饭,你这谢我的饭啥时候请呢?"

等晓灵真的要跟志山结婚的时候,她父母坚决不同意,被宠惯的晓灵就用整天不回家来抵抗父母,僵持一段时间以后,妈妈还是反对,晓灵就大哭大闹,说自己要一走了之,和妈妈断绝母女关系。妈妈见女儿如此绝情,非常伤心,只能偷偷落泪,最后,也只能同意。晓灵当时才19岁,还不到法定结婚登记的年龄,就按照老家的习俗举办了婚礼。出于心疼女儿女婿,也出于对志山家境的同情,晓灵家在彩礼问题上没有为难志山家。结婚以后,晓灵终于可以如愿以偿,跟丈夫去向往已久的北京了。志山当时连买火车票的钱都没有了,晓灵的妈妈给女儿女婿买了车票,临走又给了晓灵2000元钱,妈妈眼泪一串串地对晓灵说:"在北京不习惯就回家来!"

初到梦想的北京

晓灵对北京的梦想都是电视惹的祸。电视剧里把北京描绘得太好了,白领们开着车上班下班,挎个小包穿着高跟鞋,走路咔嗒咔嗒的,过情人节的时候男友送上一大束玫瑰花,真让人向往啊。对比之下,晓灵觉得自己生活的县城很破烂。晓灵终于可以逃离父母的各种强迫,也可以和在北京打工的大哥团聚了。

2009年,19岁的晓灵跟着老公到北京,来到石景山,晓灵穿着新婚时买的高跟鞋,越走越偏僻,越走越黑,一脚深一脚浅,走进了志山住的城边村,没有柏油马路,没有高楼大厦,只看到村里小饭店破烂的招牌在风中摇摆,晓灵一边走一边哭,眼泪噼里啪啦地往下掉。这是什么地方啊,这是北京吗?这怎么会是北京!到了志山住的出租屋,里面除了一张双人床,其他的什么也没有。起风了,小屋顶棚摇摇欲坠,晓灵连哭都哭不出来了。晓灵当初没有问过丈夫在北京住在哪里,因为在晓灵的脑子里就没有出租屋的概念,她以为有地方住就应该是自己的房子。晓灵把自己关在屋子里一个星期没有出门,从早到晚失落地躺在床上,想了整整一个礼拜:来到北京,不是丈夫的错、不是父母的错,是自己的选择。

一个星期以后,晓灵整理了精神,决定出去找工作。丈夫不希望晓灵出去工作,甚至担心她会跑掉,一面安抚晓灵一面把她的身份证藏了起来,劝她先熟悉一段时间再找工作不迟。晓灵虽然不愿意,但是丈夫一直对自己比较体贴,劳累一天回来还买菜做饭,她也只好听从丈夫的意见。还有就是,很快,晓灵发现自己怀孕了。

200块钱惹的风波

晓灵从结婚以后就没有上过班,没有自己的收入。平时花钱都是丈夫上班前留下的,丈夫每次只留下10块钱,给孩子买个零食什么的。即使只留下10块钱,当晓灵用完以后,丈夫会问钱都花到哪儿了,晓灵有时候可以记得,但是一般都回答不上来。晓灵从小就不太缺零花钱,所以不会在意把钱用在什么地方了。丈夫总是这样问，晓灵有一次回答说："要不我用本子记录下来10块钱花到哪里去了？"这时候，晓灵真希望赶快出去工作自己挣钱，但是孩子还太小，只能忍耐。

2010年的国庆节，晓灵的妈妈来北京看望晓灵一家，晓灵跟房东临时租了自己房间对面的空房。丈夫为了迎接丈母娘的光临破例给了晓灵200块钱，对晓灵说："我去上班了，你们出去买点菜，中午在外面吃饭，晚上我回来好好给你们做饭吃。"一天过去了，临睡觉的时候，丈夫又习惯性地问晓灵，200块花了多少？怎么花的？晓灵说："都用完了，但是忘记花到哪里去了。"丈夫就急了，两个人就吵起来了。晓灵一下子把郁积了很久的委屈爆发了出来："我妈来了我才意识到，咱家一点儿零食都没有，其实我从小就习惯吃零食，但是我们结婚以后，我都把这个习惯忘记了，而且也觉得无所谓。可我妈看到了觉得奇怪，说你们家怎么连个瓜子皮都没有啊。然后，我妈又发现，孩子穿的衣服还是她上次给买的，都小了，我们就去给孩子买了衣服。这样，200块钱不知不觉就花没了。"晓灵没有觉得日子苦，但是丈夫的这种方式让她觉得特别委屈，边说边大哭起来。

第二天早上，丈夫一出门上班，妈妈就过来对晓灵说："闺女，跟妈走吧，妈能养得活你和孩子。"晓灵就愣了，然后才省悟过来，妈妈一定是听到昨晚的争吵了。晓灵的妈妈是真的伤心了，本来要在晓灵家住三四天的，结果当时就收拾东西走了，而且希望晓灵跟着一起走。晓灵理解妈妈的心情，妈妈看着自己从小娇生惯养的女儿生活得这么辛苦，花那么点儿钱还被丈夫盘问，特别心痛，但是她也看到女婿对女儿和长辈还是很照顾，每天工作也勤勤恳恳；晓灵理解妈妈心疼自己，但是自己已经结婚了，有了自己的孩子和自己的家庭，不能出了问题就往娘家跑啊，而且即使真的回了娘家，如何面对以后的人生？志山下班回来时，发现丈母娘已经走了，特别后悔和晓灵吵架，不知所措。这次风波让晓灵陷入了思考，并促成了晓灵的决定：不能靠向男人伸手要钱过日子，必须出去工作。

人生的转折

女儿一岁两个月的时候，晓灵给孩子断奶了，过去的一年多每天照顾孩子，她已经变得非常烦躁了。晓灵在村子里找工作，找到了同心希望家园办的爱心超市。开始的时候，晓灵在店里做店员，卖衣服，后来，慢慢参与了机构的其他活动，比如例会啊、学习啊。开例会的时候，五家店的店长汇报工作，库房负责人汇报工作，负责社区儿童活动的、承担外联和办公室工作的同事们也会汇报工作，大家可以有不同意见，但是平等相待。一个新奇的世界在晓灵面前慢慢展开。后来，因为晓灵工作踏实、也爱学习，成为了一位负责人，负责五家店的整体工作，这样，晓灵在机构办公室工作的时间越来越多了。

参加这个工作之后，晓灵接触了很多新鲜的东西，机构负责人马姐鼓励大家和社区妇女沟通，有时候也做访谈或者接受访谈，在这种沟通中，晓灵发现，原来自己的问题不是自己一个人的，一大批人都有；后来又发现，作为女人的苦恼也不是自己一个人有；再后来，才知道，哦，原来这样的认识过程就是产生了群体意识啦！她原来把自己的问题归结为命，后来明白了，这是群体的命运。马姐有时候会请专家学者过来交流社会性别的话题，专家们说，女人不应该就在家生孩子、看孩子、围着锅台转。这样一点拨，长期深陷在烦恼中的晓灵立刻产生了共鸣，她想到自己当初来北京，目的就是要闯一个自己的事业或者做一份自己喜欢的工作，来到北京以后就一直处于迷茫之中，不知道自己要找的是什么。现在，有一种找到了路、找到了方向的感觉，对，这样的工作就是自己想要的。

老公的转变

晓灵把工作中的体会带回了家,对老公说:"你都把我耽误了,我这几年耗给你可真惨!"志山茫然了,觉得抓不着自己的老婆了,不懂老婆在想什么。志山就开始怀疑,这个"爱心超市"是一个什么地方啊,不就卖衣服吗?咋还讲那些乱七八糟的,是不是传销组织啊。看到志山的这种担心,晓灵后来就很少在他面前提及自己的工作了,怕丈夫不支持自己去上班。后来,晓灵还发现丈夫跟踪自己,甚至有一次发现丈夫扒着办公室的窗户偷偷往里面张望。

马姐发现店员们都面临丈夫的不理解甚至怀疑的情绪,就专门组织了一次家庭联谊会。那是2012年中秋节之前,机构组织所有工作人员、家属和孩子们去了植物园。马姐给大家介绍机构的工作内容,工作人员/打工妈妈们向老公们介绍工作体会。这次活动是个转折点,丈夫们从怀疑转向了支持。后来,机构办幼儿园的时候,从事室内装修的丈夫们还来做志愿者,帮助刮腻子、刷涂料。

后来,机构办了亲子班,工作人员开始接受家庭教育培训,组织看一些相关书籍。晓灵小时候所接触的教育方式大都是比较粗暴的,孩子不听话就打、就罚,而现在学到的教育方式是:坐下来,听孩子讲。晓灵用学到的教育方法在女儿身上尝试,有很多惊喜的发现,哇!孩子还有这样的一面,会有这样的思考,会讲这样的话,连大人都讲不出来的。志山对孩子比较粗暴,孩子不好好吃饭就打孩子;按照志山的话说,自己就是被打着长大的,他按照自己成长的方式对待女儿,结果孩子不跟他好,还很恨他;看到晓灵和孩子相处的方式,看到她们母女那么要好,志山心里酸溜溜的,也开始反思,对晓灵说:"我以后也不打了,要不孩子长大了都不跟我了。以后我们女儿的教育就交给你了,我不管了。"晓灵变了,丈夫变了，家庭氛围也变了。

不想回老家，因为生活的意义已经不一样了

现在，北京对外来人口的控制越来越严，但是晓灵不想回老家。晓灵认为，回家是退路，不是出路。首先，老家工资很低，比如在超市上班，从早上8点干到晚上9点下班，13个小时，工资才1000块钱。更重要的是，晓灵觉得自己已经无法忍受老家的那种生活状态。老家县城里的年轻媳妇们，每天溜溜达达，逛逛这儿逛逛那儿，走走娘家；她们眼里的生活就是那个样子，结婚以后生孩子，生完孩子以后看孩子；和婆婆吵吵架；想上班就上，不上班就闲着。晓灵觉得那种生活不是自己想要的。特别是做了现在这份工作以后，工作和生活的意义都不一样了。晓灵说，除非回老家能带动一个群体做点什么事情，否则，不会回去。

1993年出生的王琪

拎着行李就出发

我见过王琪两次,第一次是2015年6月19日,我到天津工友之家,采访了几位女工,其中有王琪,当时她在天津工业区的一家电子厂工作;第二次是2016年1月23日,在北京朝阳区文化馆"打工春晚"的录制现场,那天王琪告诉我,她已经是天津工友之家的工作人员了。知道了这个消息我非常高兴,立刻找到天津工友之家的负责人栗艺涛,向他祝贺。艺涛这几年一直在天津的工业区为女工们提供各种文化教育和娱乐活动,但是他经常处于光杆司令的状态,来过几位大学毕业生,最后又都离开了。痛定思痛,艺涛决定在女工中寻找工作人员,王琪就是艺涛找到的一块宝石。

一家四口

王琪1993年出生于山西长治市长子县的农村。家里有爸爸、妈妈、哥哥和王琪。爸爸快50岁了。王琪说:"我不知道妈妈到底多大了,只知道她的生日。无论她多大,她的年纪已经烙在我心里边了,永远都是46岁。"

爸爸、妈妈只上过小学,可能没有毕业,拼音都不太熟练。王琪的哥哥在长治上了大学,读美术专业,大学毕业后和王琪一起在天津工作。

为了哥哥上大学

王琪考上了高中,同年,哥哥考上了大学。家里经济条件不好,上高中要交学费,又要交生活费,王琪放弃了继续读书。妈妈很心疼女儿,别人家的孩子没有王琪成绩好都去读高中了。放弃上学实在是无奈之举,看到妈妈那么纠结难过,初中毕业后第三天,王琪拎着行李就去县城了,去参加一个电脑学习班。虽然王琪的确也想学电脑,但是更主要的目的是帮助妈妈下这个决心,不要再为无法改变的现实难过了。300元学费,一共学了15天,别人只学会了打字,王琪把制作表格、打印名片、制作广告传单都学会了,只是没时间多做练习。就这样,王琪为自己做了决定,也为妈妈做了决定。

王琪凝望离家的路

北京啊北京

学习了十五天电脑之后,王琪开始了打工生涯,和父母一起承担起供哥哥读大学的责任。邻居家闺女的朋友要去北京继续打工了,妈妈跟王琪商量要不要一起去,王琪说:"行!"拎着行李就出发了。到北京后,在顺义一家饭店做了一年的服务员,月工资700多元,那是2008年。这家餐厅在工业区附近,主要做的就是在工业区上班的工友的生意,只做中餐和晚餐。每天早上7点多上班,晚上7点多下班。王琪觉得这份工作并不是很累,就是特别枯燥。她每天睁着好奇的大眼睛,但是接触不到任何新鲜事物,觉得浪费时间又挣不到钱。

为了提高收入,王琪进了位于顺义的索尼爱立信厂,但是干了一个半月后就自离了。在流水线上工作必须保持速度和质量,王琪从小就仔细,干活的速度总是比别人慢,在家里无所谓,在流水线上就不行,她跟不上节奏。本来工作压力就很大了,王琪又得了感冒。2009年10月末,北京的秋天冷风飕飕,进入车间又很暖和,一冷一热就感冒了。王琪跟班长请病假,班长没批,王琪就自离了。因为是自离,干了一个半月,只拿到一个月的工资,1400多元。可以拿到1400多元钱,比快餐店挣得多很多,王琪特别开心。

王琪通过中介找到了另一份工作,是位于北京朝阳区酒仙桥附近的冠捷电子厂。当晚,王琪拎上行李打了个黑车就直接去了。现在回想起来都觉得后怕,胆子太大了,这中间有任何一环出现欺骗和危险,都会产生无法预知的后果。还算幸运,王琪在冠捷电子厂开始了工作,而且一做就是三年。这家厂生产的显示屏应用很广泛,王琪在网吧里看到很多显示屏都是她们厂的。每天上班12个小时,上白班的时候是早上8点上班,晚上8点下班;上夜班的时候,是晚上 8 点上班，早上 8 点下班。在那里工作的三年一直都是两班倒，一个月换班一次。平时周末也没有休息，都是在换班的时候才休息一天。因为这个厂工资还可以，王琪就坚持干了下来。干一年以上的就算"老"员工了，一个月平均下来有 3500 元的工资。熬成"老"员工还是有些好处的，王琪每次来例假的时候肚子特别疼，难受得都站不住，跟领导请假，领导都会批准，几乎每个月都会有一天是这种情况，领导都挺照顾的。"老"员工的另一个待遇是年假，王琪一年可以享受五天的年假。王琪在厂里工作快三年了，表现很好，领导想提拔她当小组长，但是王琪做不好，要和主任打交道、又要和其他领导玩心眼儿，王琪放弃了，回到了原来的岗位。

外出打工四年多了，哥哥大学也毕业了，该想想自己要学点儿什么了，王琪离开了北京的电子厂。但是，她没有目标，能学什么？过了这几年，她觉得自己所经历的事情视野都很低很低，看不到外边的东西。哥哥说，学做面包吧，这个行业挺有发展前途的。王琪辞去工作，回到家乡长治市，去了一家南方人开的蛋糕店做学徒，学了十多天，觉得自己干不了。还是同样的问题，王琪希望把糕点做得没有瑕疵，总是要做到满意为止，动作比别人慢很多，渐渐地就觉得自己不如别人做得好，就离开了。

王琪觉得很受伤。在工厂里面的时候，开始跟不上流水线的速度，后来跟上了；后来，得到提拔，但是自己又没有能力适应新岗位；学习做面包吧，自己还是适应不了。她内心充满了自卑，为何总是不如别人？！而且在外面感觉心里边特别孤单，决定回到妈妈身边去"疗伤"。

妈妈是最好的知心朋友

把妈妈当作是自己最好的知心朋友的人并不多，王琪是幸运的女儿。王琪说:"我觉得我妈是我最好最好的知心朋友。我有什么事儿都跟她说。"上初中的时候,班里有两个男孩子追求王琪,这两个男孩还因此产生了芥蒂。王琪跟妈妈说了这件事情,那个时候,早恋属于很不好的事情,家长知道了会严厉指责的,但是王琪了解妈妈,不会有那种担心。妈妈问:"那这两个男孩子哪个长得好看哪?"王琪当时心里冒出了好奇的想法,想象也可以尝试谈谈恋爱,但是,她是个理性的孩子,觉得早恋不对,直接就给扼杀了。

王琪跟妈妈聊天,说她自己有什么缺点,妈妈就开始帮她分析,那一刻,王琪知道了,妈妈是最了解自己的人。王琪说自己干活慢,妈妈说:"可以找适合自己的工作。"那段时间,王琪特别能吃,个头和身材都适中的她一顿吃两大碗饭,有时候还更多,估计是心理问题导致的暴饮暴食。回家待了一段时间以后,她慢慢调整,恢复了正常。

王琪是幸运的,家可以成为她暂时休息的港湾。每天爸爸、妈妈下地干活,王琪在家做家务、做饭。当时,家里正在装修房子,王琪给工人们做饭吃,也给师傅们递工具什么的。后来,家里农活儿干完了,王琪跟着爸爸一起去市场买地板砖,一块地板砖就要八九块钱,家里面积那么大,得要多少个八九块啊!太贵了!不行,不能待在家里疗伤了。从建材市场回到家,王琪拎着箱子就出来了。

在天津 S 手机厂

2013 年 7 月,王琪开始在天津 S 手机厂工作,需要挣钱啊。接下来的两年,每个月工资 3000 元到 7000 元,平均 4000 多元。2015 年 5 月前后的那几个月,业务量很不稳定,产量一个星期一定，有的时候连续几天放假，因为没有活儿。有的时候去上班了，没有活儿，就回宿舍了；有的时候公司直接打电话通知不用去上班了。休息多的时候工资就低下来。王琪说，很高兴不用去上班，不愿意上班，就喜欢玩，使劲儿玩，玩啥都行，也可以看书。业务量大的时候，一个月一天休息都没有。一直都是两班倒，一个月倒班一次。

从北京的电子厂到天津的电子厂，王琪的工作岗位都需要穿防尘服，那种连体衣。衣服的上下身是连着的，脖子露着，帽子把头发都罩住，戴上口罩。很多人觉得非常难受，王琪已经适应了。口罩是布的，透气型的，很多人觉得喘不过来气，王琪觉得还行。就是口罩发得太少了，一个月最多发三四个，经常要自己洗干净了换着用。

最让人烦恼的事情是，休息不好。王琪经常需要早上5点多起床去公司吃饭然后上班，但是，当晚上需要早点儿休息的时候，同宿舍的人在半夜11点的时候洗澡，很烦。这个不顾及别人休息的人有条件晚睡，因为她坐办公室，每天早上8点上正常班。不过，王琪也已经习惯了，每天晚上戴着眼罩睡觉。

在S厂上班一年以后，王琪就不想干了，特别迷茫。但是，离开了工厂又能去干什么？以后的路不知道该怎么走，不清楚自己喜欢什么。其实感兴趣的事情太多了，但是不知道哪个兴趣能一直坚持走下去。王琪对一切有关文艺的事情都感兴趣，比如，她喜欢拍照，总在手机看有关摄影技巧的内容。

2015年6月，公司业务量减少，但是，公司不直接裁员，而是通过一些手段让员工自己辞职。厂里把王琪从压贴部调到组装部，而且做检验，王琪在厂里干了这么多年，视力已经下降，调了岗位以后不适应，这坚定了王琪离开的决心。在厂里面待烦了、厌了，实在想离开了。再加上已经思考一年了，一直打算离开，就辞职了。当时,王琪的计划是去影楼学当摄影助理,她这个时候不想考虑收入的问题,决定找一个自己喜欢的事情做,不管挣钱多少,要开心。

学美术专业的哥哥

我问王琪,哥哥怎么样了。

王琪好像知道我想问什么,对我说:"我虽然没有上高中,但是我不觉得可惜,因为我做了比我上学更有意义的事儿。哥哥是学美术的,学费比其他院校贵,一年2万元。我给他支付生活费,也给他支付买颜料的费用和外出写生的费用。在他们学校上学的学生家庭条件都比较好,我不希望别人有的他没有,我把能攒下来的钱都给他用,还攒钱给他买了个电脑,4300元,三星的,那会儿也算是挺好的电脑了。"

吕途:"他现在干吗?"

王琪:"他在面包店工作,工资一个月3000多元,一天上8个小时,做这个工作一年多了。他毕业以后就来天津找我了。两个人在一个城市也有个照应。"

吕途:"啊?他在面包店上班?"

王琪:"他美术学出来以后不好找工作嘛。他觉得蛋糕行业有发展前途,我又给他拿了4000块钱去学做蛋糕。"

吕途:"啊?那四年白学了?"

王琪:"没白学啊,怎么会白学呢。上了大学跟没上大学完全是不一样的啊。毕竟在里边待过,肯定是不一样的。现在大学生多难找工作啊。"

吕途:"那他以后也不想干美术了吗?还是只是一个过渡呢?"

王琪:"美术?营生跟爱好不能混为一谈。"

吕途:"他花四年就是学了一个爱好?"

王琪:"工作不是很好找啊,他好多同学现在都没有工作在家坐着呢。在家待着还不如在外边学点养家糊口的本事呢,对吧?"

吕途:"嗯。"

王琪:"我从小打心眼里就有一个念头,我想让我妈过得好;如果想让我妈过得好,就得把我妈操心的事儿给解决了;我妈操心的是我哥哥,所以,我帮助我哥哥,我哥哥过好了,我妈妈才能好。"

后来,王琪非常郑重地补充说:"我哥是大学毕业生,他在蛋糕店工作,我并没觉得屈才,现在的大学生好多都好高骛远,凭着自己是大学生,就一直端着架子,不肯放下来。还有很重要的一点,读过大学还是不一样的,对一些问题的看法是比较深刻的。当我有问题想不明白的时候,就会去请教我哥哥,他都能帮我很好地去分析,去真正理解问题。和哥哥的交流,让我思考了一些社会问题。"

"我的灵魂跟不上我的身体"

天津工友之家成立于 2010 年 1 月,为在电子工业园区打工的女工和男工们提供一些业余文化活动。王琪第一次来工友之家参加活动是 2014 年的夏天。后来,她就经常过来,喜欢和大家一起唱歌,喜欢在图书室读书,哪怕只是来活动室和工友之家的负责人涛哥聊聊天,也是很愉快的。

2015 年 7 月底王琪离职了,需要办一些手续,领取公积金什么的,王琪就住到了工友之家为工作人员提供的宿舍里。办手续持续了快一个月的时间,王琪就在工友之家的宿舍住了一个月。准备离开的时候,涛哥和王琪谈话,问她是否愿意留在工友之家工作。王琪考虑了三天,决定留下来。她先回了家,到妈妈身边休整一下,补充能量。休整的一个月期间,她一直在想,工友之家这份工作是不是自己想要做的事情？是不是自己喜欢的？虽然没有明确的答案，有一点很明确，这是一份有意义的工作，虽然从道理上还不是特别清楚。再加上，守着书屋，可以随时补充能量，可以学习很多自己感兴趣的知识。

9月底，王琪开始在天津工友之家工作，这是一份全新的工作，需要学的很多，想学的很多，不知道从何下手。想完整做一件事，就是做不下来，王琪感觉很迷茫。春节放假的时候，机构负责人艺涛让她回家过年好好反思。王琪从图书室借了两本书，高尔基的《我的大学》和《母亲》，读完了书，王琪觉得自己好像了解了工人文化的一些东西。同时，王琪也一直在思考一个问题："这样的工作是不是我想要的？"

2016年4月10日，王琪把自己制作的第一个微纪录片上传到了网上。在艺涛的指导下，从采访到录像、到剪辑，王琪承担了大量的工作，有的部分是独立完成的。

王琪激动地对我说："现在在再看的时候，我觉得做得太好了，我不敢相信是我自己做的。我以前感觉自己的进步从来都是一点一滴，这一次是个飞跃。肉体跑得太快了，灵魂跟不上了。我在找方法，解决这个问题。"

吕途："解决什么问题？"

王琪："要解决的问题是：肉体跑得太快了，灵魂跟不上了。这个视频是我做的，但是我现在完全不敢相信是我做出来的。"

吕途："我觉得啊，你的灵魂本来就有这个潜力，是你找到了你自己。"

附一：一个手机背后的女工故事（视频）

王琪参与拍摄和制作的微纪录片《一个手机背后的女工故事》截图，扫描二维码可以观看。

附二：一篇日记：记得

王　琪

记得那是 2008 年 8 月份的一天，晚上做梦，梦到妈妈不要我了，我哭得很伤心，然后就从梦中哭醒了。屋子里的阿姨都被我哭醒了，问我怎么了，我说：没事。便拿着手机独自下楼了。

当时是早上 5 点钟，我想给家里打电话，但又怕把妈妈吵醒，就自己跑到墙根一个不明显的地方独自哭泣。将近 6 点，我就给妈妈打电话，将梦到的告诉了她，说完又哭了起来。妈妈语气很温柔地跟我说："我怎么会不要你呢，在那儿干得不开心了就回来吧！"我回答说："没有，在这儿挺好的，不用担心。"后来，絮絮叨叨地又说了半个小时，将电话挂断后心情也慢慢平稳了，离上班时间也不剩多少了，然后将自己收拾了一下，就走向了上班的地点。

补记：

2016年9月29日到10月6日，工人大学14期网络培训班在北京平谷同心营地召开了研修班，王琪作为优秀学员也来参加了。在10月4日的生命故事分享中，王琪给我们讲了下面的故事，征得王琪本人的同意，补充如下：

"我亲生父母的第一个孩子是个女孩，我是老二，我下面还有一个弟弟。我弟弟还没有出生的时候我已经被送出去了，因为我不是男孩。我被送到了我亲生母亲的哥哥家。把我送人的这个过程很让人无语。我的亲生父亲是家里的老二，老大家有两个儿子，老大家也想要闺女；虽然已经把我送给我亲生母亲的哥哥家两天了，大人又把我抱走送给了我亲生父亲的哥哥家；过了两天，我亲生父亲的哥哥家又不要我了，又抱回到我亲生母亲的哥哥家里。我养母（我亲生父亲的嫂子）也生气了，说她也不要了。我养母刚生完一个孩子，是个女儿，生出来以后不会吃奶，夭折了，去世的这个孩子和我一样大。刚把我给我养母的时候，我养母还有奶水，等这么一折腾，我养母的奶水回去了。我妈（我养母）说：'我奶水都没有了，我不要了。'我就没人要了，但是，还是塞给我妈了，我妈就不待见我，不太管我。到了我三四十天大的时候我就开始认人了，我妈也想开了，有错也是大人的错，不是小孩子的错。我妈喂我吃了一个月的奶粉之后，我妈自己的奶水又回来了。我妈有了奶水，我半夜就不再哭闹。从那以后，我只认我妈一个人，别人谁也不能抱我，任何人抱我我就哭，看不见我妈我就哭。我妈上厕所都得夹着我去。我妈特别辛苦，还得给我哥做饭，我爸什么忙也帮不上。从我会走路开始，我妈就再没有抱过我了，估计是给累坏了。到了我11岁的时候，我妈和我爸离婚。我妈对我爸说：'孩子是你们家的，你把孩子也带走吧。'但是，我爸家不要，而且对我妈说：'你就养着吧，等她长到18岁，还是认我们家，你就白养了。'这可真是开玩笑，我那么维护我妈，我妈是我亲妈，我怎么可能回到别人家？"

1994年出生的俊杰

待　嫁

2015年6月20日晚上,我参加了京津地区为打工者服务的各家机构和天津工友之家共同演出的一台文艺节目。演出现场就选在工业区内一座商场前的小广场上。周末,商场前面还是很热闹的,年轻的工友们熙熙攘攘、成群结队。高峰时段,围观人群至少有五百人。最有趣的是,冒出一位现场喊麦的小伙子,不请自来,在那里做直播报道,真希望他粉丝多多啊,一个多小时后,他停下来不喊了,我问他咋了,他说他的电脑没电了,哈哈。

"大地民谣"来到西青工业区,俊杰跳开场舞,2016年6月20日晚

俊杰喜欢舞蹈,有非常优美的舞姿。晚会上,俊杰不仅落落大方地主持了全场的节目,她的摇滚独舞还为晚会火爆开场。后来,我访谈了俊杰,一个瘦弱美丽的女孩子。

生为女孩

俊杰1994年出生于河北沧州市海兴县农村。她有两个姐姐一个弟弟,大姐1989年出生,上到初一辍学;二姐1992年出生,初中毕业;俊杰是家里念书最多的,上到高二;弟弟1996年出生,初三没有上完。

俊杰在活动室排练舞蹈

被迫放弃高考

俊杰几乎是被老师劝退学的。这是很奇葩的事情,过去只听说老师劝学生上学,没有听说劝同学退学的,但是,现在为了追求升学率和与升学率挂钩的奖金,有的老师可以做这样的事情。

俊杰高二的时候已经参加了会考,准备参加高考。高考需要报名,班主任不想管俊杰报名的事情。具体原因是:俊杰的成绩没有排在前面,属于中等;如果她参加了高考报名,那么就会被计算在升学率的分母里面,而如果都是好学生报名,升学率自然就高了;高三班的班主任要靠学生的升学率来拿奖金。在这样的氛围之下,俊杰自己又不知道如何操办报名的事情,也就放弃了高考。

俊杰放弃高考还有一个原因。俊杰喜欢传媒和文艺,她在高中一直是学校的播音员,如果高考,她肯定希望报考艺术专业。她的成绩估计最多考上一所三本院校,那样的学校收费很高,一年最少要两到三万元的学费,俊杰家是承担不起的。就这样,俊杰放弃了参加高考,高二读完就辍学了。

2012年在美容院一年多

2012年夏天,俊杰不上学了。她从小身体就比较弱,父母不放心她一个人外出打工。那个时候,俊杰的大姐和二姐都在天津一家美容院工作,俊杰就去了姐姐那里,一边上班一边学习美容技术,一个月工资800多元。姐妹三人虽然在一家公司上班,但是被分配到三家不同的门店,领导说是为了管理的需要。俊杰不喜欢美容院这样的地方,一整天就待在屋子里,每天24小时基本上没有出去的时候,接触不到外边,每天就是重复一样的事情。虽然住宿条件很好,老板对大家也很好,但俊杰还是离开了。

被"男"友欺骗

俊杰的初恋是个痛苦的回忆。俊杰被欺骗了,但是被骗了什么,俊杰也说不清楚。男友个子不高,1.68米,长得挺单薄的。2012年,俊杰通过女友认识了明生(化名),她从来没有想过要刨根问底了解他的情况。明生告诉俊杰自己的父母都去世了,俊杰因此对他多了一份关爱之情。俊杰身体不好,明生对她十分体贴,只要两个人在一起,从来不让她动手洗衣服,也不让她做饭,反正不让俊杰做任何家务,从来都是让她休息。两人交往一段时间以后,俊杰把明生介绍给两个姐姐和父母。俊杰的父母开始不同意,但见了明生以后发现他非常懂事,很有孝心,就慢慢接受了。俊杰的妈妈很善良,听说明生一个人孤苦伶仃的就对他非常怜爱,也就不再强求明生是否有经济条件了,并且开始商量订婚的事情了。

2013年8月,俊杰的二姐结婚,俊杰和明生一起回家参加婚礼。婚礼期间发生了两件事情,第一件事情是,二姐夫丢了500元钱,因为人多东西多,就没有太在意。第二件事情就大了,二姐夫给二姐买的几万元的金首饰不见了。俊杰敏感地认为是男友明生偷的,最后,事情败露了,俊杰从男友身上还找到了一男一女两个身份证,那张男人的身份证上的鼻子和眼睛都被抠掉了。俊杰上网按照这张男人身份证的号码搜索,找到了相关信息,那照片就是自己的男友,但是,上面显示的性别是:女。

俊杰当时就哭晕过去了。俊杰的姐夫气急了,打了明生一巴掌,俊杰的妈妈拦着不让打,俊杰妈妈对明生已经有了感情嘛。俊杰从打击中清醒一些之后,联系了当初介绍自己和明生认识的女友,女友才告诉俊杰,明生从女友那里拿过挺多钱的,女友的家境比较好。

这个时候，俊杰也突然省悟，自己的男友行踪不定，估计从来没有什么正式工作，在网上和很多女人交往，应该就是一个专门靠欺骗女人感情谋生的骗子。俊杰自己家境贫苦，男友并没有从她这里拿过钱，但是这是俊杰的初恋，投入了很多感情，对她的伤害很深，而且说不清楚是一种什么样的伤害。

在后来的日子里，这件事情对俊杰的伤害日益显现出严重性。俊杰认为自己因为这段经历而成为一个有缺陷的人，更为严重的是，每当后来的男友对自己特别好的时候，俊杰就会变得敏感，怀疑对方是在欺骗自己或者别有所图。

2013年在饭店打工半年

发生了这个被"男"友欺骗的事情以后，家人让她在家里休息。在家待了一个月的时间，看到爸爸每天在外面打工挣钱，俊杰在家里实在待不住了。还有就是，没有别的事情就经常想起那件事，到了晚上睡不着觉，一闭眼，眼前就都是那件事情和前"男"友的影子。当时，俊杰的大姐夫在天津一家饭店打工，俊杰就去那里做服务员了。

上班很累，每天上午9点上班，下班没点，经常忙到半夜12点，甚至凌晨1点。一个月固定工资2200元，后来涨到2400元，点菜也有提成，但是多不了几百元钱。俊杰虽然长得瘦小，但是干活很利索。干了没有多久，老板就让俊杰做主管，饭店有上下两层，老板盯着一楼，俊杰负责二楼。工资涨到每月2800元，但是工作比服务员还累，服务员做的事情俊杰要做，服务员不做的事情俊杰也要做，要负责收银，还要负责打扫厕所。没人愿意打扫厕所，俊杰只能自己做，里面全都是烟味和异味，俊杰每次边干边呕吐。从八月十五干到年底，俊杰干得太辛苦了，早想辞职，但是老板一直不放。

2014 年在天津工业区日新厂打工至今

2014 年春节后，俊杰经过一番周折在天津工业区的日新厂找到了工作，生产苹果 5C 的后壳。俊杰干了半年以后转正了，底薪是每月 1900 元，基本上不加班，保险、公积金、住宿费等合起来要扣除 650 元，这样，每个月发到手里的工资也就 1800 元。一个星期上五天班，一天在厂子的时间是 12 个小时，但是工资按照 10 个小时上班时间来计算，中间两个小时的午饭、晚饭和休息时间不算工作时间。

2015 年春节后，原来工作的车间要关闭了，留下的员工都分配到其他部门，生产苹果 5S 的屏幕。也不需要两班倒了，上长白班，一个星期上 6 天班，每天早 7 点上班，晚 7 点下班。当初有夜班上的时候，一个月可以多挣 300 多元钱，但是，每次夜班转白班的时候，脸上就会长痘痘。现在，一个月工资可以拿到 2800 元。

别扭的提亲

俊杰在工厂里交往了一个男友，叫家兴（化名），比俊杰大 4 岁，两人是老乡，都是沧州的，还是邻村的，走路十分钟的距离。两人相处一年多以后，就商量着订亲。在农村，即使是自由恋爱的，在谈婚论嫁的时候，还是要讲究个礼数。2014 年春节的时候，家兴家找媒人商量订亲的事情。这一路下来，不仅没有定亲，还造成了两个家庭和两个年轻人之间的矛盾。

家兴的父母找了媒人，媒人和俊杰的妈妈是老熟人。媒人打了电话叫俊杰的妈妈去谈这个事情，俊杰的妈妈就去了媒人家里。俊杰一听就生气了，虽然是两个人自己谈的恋爱，但是也不能这样呼来唤去，把女方的妈妈叫到媒人家里去算怎么回事啊？俊杰打电话把妈妈叫了回来。这样，两个家庭的接触从一开头就有些不愉快了。

第二天，男女双方在媒人家见面，家兴的爸爸、叔叔、婶婶都过去了，但是家兴的妈妈没有来。双方说了一些话之后，男方立马就要订婚，这才是双方家长第一次见面。俊杰父母并没有把这次见面当作订亲，按照当地的规矩：男方要拿着钱，还要要拿着四样聘礼外加烟酒去女方家里才可以。

随后，家兴一个人和媒人去了俊杰家，家兴拿出了定金6600元希望俊杰收下，按照当地的规矩，如果女方收下了，就表示同意定亲了。俊杰父母对定金的预期是11000元，见男方都没有做好沟通就直接拿出定金，俊杰的父母更加不满意了。俊杰的妈妈直接问俊杰："你接吗？"俊杰瞅着男友，又看看亲妈，接也不是，不接也不是，最后就没接。俊杰把男友叫到外面去了，告诉他："你们家这样怎么行！"家兴说："你们家不就是嫌我们家穷吗！"俊杰说："我要嫌穷我就不找你了。我爸妈的确希望我找一个条件好一点的，他们不希望我再回农村受罪。可是我的观念跟他们不大一样嘛。我觉得找一个比我有钱比我有能力的人会瞧不起我，也许也会瞧不起我爸妈。我不怕没钱，我也不怕吃苦，但是我怕被人瞧不起。希望你们给我父母一个面子。"就这样家兴走了，说回去和父母商量一下，但是第二天家兴没有来，家兴的父母也没有来。家兴给俊杰发短信说，再来还是那么多定金。就这样，就谈崩了，钱没有接，把东西也退还给媒人了。本来打算定亲然后结婚的，一切都落了空。

到了年后，俊杰回天津上班了，男友发来短信说："你还好吗？我想你了。"两个人相处这么久了，的确是有感情的。男友和俊杰商量，是否可以继续相处下去，但是两个人不能提家里的事情，一提就吵架。俊杰一直还跟家兴相处着，虽然家兴在俊杰面前有些大男子主义，他在父母面前却没有主见，单独和俊杰一起的时候他在生活细节上对俊杰很体贴。俊杰经常早上不吃早餐，结果到了中午就胃痛，家兴就经常提醒她吃早餐，很多时候买来早餐哄着俊杰吃下去，这些都让俊杰很感动。俊杰和父母说起这些的时候，父母会说："结婚前对你好，婚后就不一样了。"

男女的差别

从出生到成长的过程，俊杰深深感到了重男轻女对自己的影响。身为女孩，从家庭中所获得的东西好像就等量地成为一种"债务"，这样就可以理解为何很多女孩年纪轻轻就辍学外出打工，也可以理解为何很多女孩子会把外出打工的钱都邮寄给父母。一方面是这些女孩子的确体会到父母的艰辛和爱；另一方面，从小到大女孩子就被潜移默化地灌输了身为女孩就是一种"债"的身心感受。

俊杰从外出打工开始，除了留下自己的生活费，所有的钱都交给爸妈了，主要的原因是要和父母一起为弟弟娶媳妇做准备。按照俊杰的话："现在哪一个女的结婚不要楼什么的。我觉得我们家我上学最多，供我上学爸妈也没少花钱。还有，我自己上班这几年老是生病，也没少花钱。"

俊杰不想给别人打工，梦想着可以自己开家服装店，但是开店需要成本，而自己挣得不多的收入都给了家人，她没有能力开店。跟父母商量这个事情的时候，爸爸说："打工挣钱稳当。等你结了婚自己想干什么就干什么，我们也不会管你，这两年你就消停点待着吧。"俊杰认为，如果男孩子想干什么，家里肯定百分之百支持，女孩子就不一样，所以她就特别想结婚，不想每天自己在外边打工。

待　嫁

2015年国庆节，俊杰的表姐做媒给俊杰介绍了男友庆宏（化名)。庆宏一见俊杰就被俊杰的容貌吸引住了。庆宏1995年出生，比俊杰小一岁，大专毕业，在老家县城的水利公司上班。庆宏家里在县城买了期房。大年初二的时候，俊杰的表姐就代表男方把定金和礼数都办到位了。第二天，2016年大年初三，庆宏过来接俊杰去男方家里，俊杰去庆宏家住了三天，两个人的亲事就算定下来了。在俊杰老家那边，如果不订婚，男女接触多了是会被议论的；而且如果不订婚，男女双方都会不断有人给介绍对象。所以，一般是，如果觉得不错，就先订婚，然后两个人相处，合适了就可以结婚了。

关于未来打算的对话

2016年2月16日（正月初九）这天，我和俊杰微信语音通话，俊杰说她马上就辞职回老家了。男友在老家上班，她想回去找份工作，以便两个人有机会多接触多了解。还有就是，在日新厂上班也有两年多了，实在不喜欢在外打工了。

俊杰："我就希望和对象两个人一起开个店，或者做自己喜欢的某种事情，就算做不到，也可以当个爱好。"

吕途："我很理解，在工厂打工，一个是很辛苦，还有一个是受约束、不自由，更重要的是看不到前途。不过，自己开店现在竞争非常激烈，我们见到太多的小店开开关关，每一次关张都意味着一个人辛苦打工的积蓄付诸东流了。而且自己开店会投入很多，也许每天操劳的时间比打工上班的时间还要长。"

俊杰："不管是开什么小店，最好是两个人一起奋斗。一个人力量太小，什么都做不了。说句实话，我也挺物质的，但是我希望是我们两个人一起努力得到的。"

吕途："通过自己的努力获得一定的回报和好的物质生活，这在我眼里不叫'挺物质的'，在我看来，也许你说的'挺物质的'是指不劳而获。就像你前面说的,你不希望通过婚姻找一个经济条件好的,坐享其成,你觉得那样没有平等也无法获得对方的尊重,我非常尊敬你这样的想法。你和庆宏相处还挺好的吧?"

俊杰:"他是一个挺实在的人,挺腼腆的,能迁就我的脾气。"

俊杰选择婚姻对象的时候,不追求攀龙附凤,而是渴求找到一个可以同甘共苦、共同创业的伴侣;俊杰幻想进入婚姻之后可以让她获得"自由",做自己想做的事情,而且两个人一起做想做的事情。她正在准备婚事,我可以预见俊杰结婚之后将要面对的生活波澜和美好幻想的飘摇,同时也可以预见,坚强和自爱的俊杰在生活磨砺之中会继续寻找和探求。

后 记

对话的开始

在写作过程中,我断断续续地把故事发给几个人阅读,一是为了调整写作的思路,再一个是为了获得一些继续写下去的信心。在所获得的反馈中,打击和鼓励都有。我可以坚持把这本书写完的根本动力来自于撰写每个故事的过程本身。每个打击虽然也让我情绪低沉,但好像反而激发我以更大的决心写下去;每个鼓励又给我力量和快乐,让我觉得并不孤单。

一、和故事主人公的对话

做每一个访谈的时候,我都会和访谈对象说明我是谁和我做访谈的目的。大多数女工并不觉得自己的故事有什么值得记录的,但是都愿意回答我的问题,也愿意讲述自己的故事,"倾诉"和"得到尊重"是每个人的需要。每次访谈之后,我会问访谈对象是否愿意使用本名,哪些地方是不希望我写出来的,我不希望我的写作是在利用女工对我的信任。

很多次,当我和女工聊天结束的时候,有的人会告诉我,从来没有这么详细地想过以前发生的事情;当我把故事草稿发给访谈对象做反馈和修改的时候,有女工告诉我,很多事情她自己都忘记了,读自己的故事是很好的纪念,帮助回顾自己的人生,相信会给自己提示，虽然可能还不知道具体的提示是什么。

如玉的故事是一个悲哀的故事，我和如玉是好友，每次打电话她都会落泪，我不希望"利用"她对我的信任；后来，我问她是否可以写她的故事，她说，如果写出来可以给其他女人一个提醒和借鉴也是好事。等我把故事草稿发给她修改时，她提出修改意见的时候总会问我："这样修改会影响你写故事的效果吗？"

晓梦开始的时候并不看好我写的故事，她接受我访谈和回访完全是出于对我的支持、信任和尊重。晓梦很坚强、很好强，但是多年的坚持和挣扎并没有让她看到明确的出路，所以，她充满怀疑和踌躇。当我写完了大部分的故事以后，我把全书的初稿发给她，很快收到回复："打开邮件，连续看了三个故事，满满的感动，想一口气把所有故事都看完，但我强迫自己停下来。第一，因为想让自己好好回味每个故事的情节；第二是为了更好、更深入地消化。我看过的书很少，你知道的，我阅读能力也不强，一本书要看很久很久，但只要是吸引我的书我必须一个字一个字地读。我已经好久没有这种感觉了，这种想一口气读完停不下来的感觉，只有多年前读《平凡的世界》的时候有过。"

路过各大城市的机场，可以看到很多书店，摆在最醒目位置而且往往充斥整整一排书架的书籍是讲商人成功学的。女工们有什么理由想象，自己的故事可能被同样对待？我不期望别的，能有晓梦这样的反馈，我的努力就是值得的。

二、和大学生的对话

我选了两篇故事发给一位在北京就读的大学生，她大学期间一直参与为工友服务的志愿工作。她给我发了反馈："把故事写出来和不写出来的区别在哪里？这样的故事是给工友看吗？工友恐怕没啥感觉，故事比较日常化，因为工友的生活她们每天都在感受着啊。我是觉得有些缺乏理性的批判，感性太浓。和你以前书里的风格很像，在重复吧。"工友不愿意读自己的故事是一个普遍现实，我并不回避。现在正在发生改变的是，一些工友开始自己写自己的故事，写出来以后想给什么人读，最后主要读者是谁，我并不知道。我的想象是，一位1994年出生的工友也许不想读1990年代出生的工友的故事，但是会不会想读一下1980年代出生的工友的故事呢？其实，听了这位大学生的话，最引起我纠结的是，我问的其实不是工友读了会不会有感觉，因为她又不是工友，我问的是她的感觉。

我又发了两个故事给一位在重庆读书的大学生。一次我在重庆开会发言，这位大学生在下面听到，很有感触，散会时就约好了微信沟通。她的一次暑期工厂体验给她很大的触动，让她希望更多地关注工人群体。借此契机，我才发给她故事。她反馈如下："我过年时读了您的文章却到现在才给您反馈，因为当时我读了之后感觉有点模糊、说不清。后来我看到您在微信朋友圈里说：有的人读了故事后没有太大感触……我一直在想，您给我发的这两个故事都是发生在现在社会中的事，是社会问题的表征，可是为什么我们读了内心却没有触动太深？前几天看福柯有关无名者的生活的文章，以及文学史或历史的叙述问题。一般的历史只会记录伟人，而不会给平民留版面，因为平民太多，生活太普通，大多数人都这样，所以没什么好记的。那么对于新工人的故事，因为他们的故事也很多，很普通，已经被平常化了，而这恰恰是多数人的生活。您以访谈记录的形式来呈现这些故事，展现了她们的真实生活，也给读者提供了一个现实的语境，我读了觉得很好。老师，我有一点建议，我最近又在读鲁迅的《阿Q正传》，我知道它的内容当然与您的文章是很不同的。我只是想说，鲁迅用小说的形式呈现了阿Q这样一个典型人物，阿Q可能是许多人的集合体，他身上的特点如果单个还原，可以找到很多人，但很多个人式的真实记录的效果可能没有《阿Q正传》所引起的影响大。所以，您或许可以将这些新工人的故事以小说的方式呈现，这样影响或许更大，能触动更多的人。这只是我想到的一个建议。我觉得您以新工人的访谈的记录形式更有现实感，这样，我可以想象她们的生活。"

我问一位大学生出身的年轻同事，他如何看待这两位大学生的反馈，他说，如果他还在读大学，估计他也会有同样的感觉，因为大学生不是工人，没有那样的真情实感。

三、和战友的对话

两位战友读了我写的大部分的故事。一位是北京工友之家的长期志愿者，在读博士生侯力琪，下面我摘录几段她读过几篇故事后的感想：

"读了晨玉的故事。我觉得晨玉的自我意识还不够强，但是有很强的领悟力，或者说她是忠于内心的人。你的这一系列故事，除了女性主义方面的作用，还有一个作用是，让人们看到了这些底层女性的生命之光，让人们知道人性是平等的，不因财富多少而低贱或者高贵。

"读完菊兰的故事了！我没有你说的写得粗糙的感觉。我觉得生活的细节十分动人。让我想到了社会学里面现在有几位我很佩服的学者做的关于中国底层民众的研究时，都非常重视百姓日常生活中的情和理，包括：百姓如何看待正义、在变故中如何自处等，他们认为这是中国最重要的'社会底蕴'。在你的这篇故事里，我看到了这种社会底蕴。

"我认真读了三遍艳霞的故事。我明白，你心里有好多故事，你的那些体验和你对她们的凝视，你与她们一起流的眼泪共同凝结成这样的散文，写得艰难，而又写得深远。我觉得这样的散文很重要，它们很好地体现出了女性面临的重重困境，身上背负着的层层枷锁。在每一个阶级内部，女性想要获得作为一个人的自由、平等、幸福的生活，都比男性要困难得多！女性是先行者，所以她们承受着更大的痛苦，而也正是她们，才是点点滴滴推动社会进步的人。

"阿慧的故事特别丰富，真是一场场波澜起伏的苦恋。读到她出于报复心理接受那个女工友的丈夫时，我心里很难过，这个细节侧面反映出了工人群体中，由于精神空虚而产生的一定的情感混乱、不顾及家庭责任的现象。在这个现象中，不是一个个邪恶的品质不好的人的恶意为之，而是善良的、劳碌的人，在压抑的、没有希望的生活中做出的行为。这也就更让人难过。很多底层文学作品里描述了这个现象，比如胡学文的《虬枝引》等小说里，提及了村里人在外打工，就和外面的女人住在一起。这实在也是被逼无奈的选择。

"我把三婶的故事放到电脑上又细细看了一遍。在这个故事中，很核心的一点是三婶作为一个普通的工人，自身命运因为时代的变化而变化。从三婶这个当事人的叙述中，我们可以还原国企工人在改革开放之前真实的工作与生活状况。这个故事对目前流行的话语有抵抗的效果，我们确实一直在听说，国企效率低下，所以最后不得不破产，但从三婶的叙述中我们知道，国企的工人是多么以厂为家、无私奉献，而最后的破产又是多么狡猾的资本游戏。与之前的故事一样，到了结尾，你也提出了你的反思，其中你说道：'时代大潮是如何形成的？'这也是长期困扰我的一个问题，我们为什么会从一个相对公平的社会中一下子就进入资本主导的状态呢？到底发生了什么？社会环境中又发生了什么呢？我想这可能是需要通过一辈子的读书和实践去回答的问题了。顺便说一下，我很喜欢你的三婶，感觉像我妈妈一样亲切，哈哈。"

北京工友之家的孙恒也读了大部分的故事，下面摘录他写的对两个故事的反馈：

"从玉雯的故事中，一方面我深深地感到我们的教育的失败，一些看似日常的、最习以为常的生活常识，而又是如此重要的知识，却没有人告诉我们的孩子们；另一方面，我深深地感到，一个女人，从小女孩到为人妻、为人母，这个成长过程是多么的平凡又如此艰难。无论如何，这就是我们大多数劳动者的社会现实。谢谢你，把这些平凡、普通默默无闻却是社会的基石的民众生命故事记录下来。

"我觉得晓梦的故事写得很好啊，这些活生生的生命故事，放在每个人身上可能当事人自己觉得没什么，但这就是千千万万的普通生命的日常生活，这些日常生活就是我们的政治——生活政治，如果我们看不到自己的现实生活、不能反思我们的日常生活，就不会有新的出路。找感觉和找出路根本就是两回事，找感觉需要特定的环境和氛围，是自己设想出来的一种假象；找出路，可是不容易的，首先就要放弃对美好感觉的想象。"

四、和学者的对话

和上海师范大学薛毅教授的对话：

吕途："我准备写四五十个女工故事，发给您的晓梦的故事是其中的一个。您有什么指点？我知道这个问题唐突，既然您读了，就问一下吧。"

薛毅："晓梦的故事，你写得成功，不然我不会问你她现在的状况了。只是如何把她写得更典型，更有社会学意义上的典型，还需要继续斟酌吧。"

吕途："我明白您对故事的反馈，我的预期是，当一个读者读了十个、四十个故事后，应该就明白了！我希望如此吧。我想，我可能在写'女工传记'，我知道，每个故事离真正的传记还差得很远，但是，我的意思是：为女工立传。传记的社会学意义是什么？"

薛毅："《女工传记》，好！你的强项。极好！意义是：说出被当代社会和媒体遮盖的情感经验。"

吕途："我对传记的理解是：1. 历史性，每个个体都折射历史；2. 情感体验，每个人都有独特性，虽然有历史的继承和积累，但是很多只能靠自己在生活体验中去成长；3. 普通劳动者的生命尊严和生命之光，这是生命的本质，却被掩盖、忽视和无视。所以，通过女工故事希望容纳历史、现实和价值观等多个层面的东西！"

薛毅："和你商量一下，并不是每个个体都能充分折射历史的，而作者要做的是如何让个体更典型，以更充分折射历史。所以需要好好思量的。"

吕途："我肯定把握不好，所以，我要写好多个小折射。"

唯一一位读了所有故事的是青年学者李晨。她的反馈是："您的书稿我打印出来通读了一遍。读的过程中不断被感动，感动我的就是那种生生不息的普通人的理想、追求、生命力和朴素的对善恶是非的感知、选择，虽然在不同年龄层和不同时代背景里，人的经历和遭遇都不一样，但万流归宗，女工们这些宝贵的品质，也是中国女性及中国人代代传承着的一种特别具有中国品格的东西。读完之后，我感受到一种力量和信心，不是多崇高、多理想的，而是内在于社会肌理的，尤其在时代剧烈变迁的过程中仍然没有被击溃的那个中国之为中国的内核。我觉得有了这个，我们可以应对未来可能出现的大危机。

"以上是一点综合判断与感悟。但我还是得追问您对这本书的定位，包括对读者的定位。从广大工友的普遍性状态看，可能读了之后无法生成太多的想法，当然不排除有觉悟跟思考能力比较强的工友，会反应相对积极。而从学术著作的角度看，女工故事可能会被质疑理论阐释不足或思想性不充分。我想这些状况，您或者已经考虑到了。

"我阅读后感觉，您的这本书很难容纳在既有的学术/学科框架下，其中有利有弊。弊端是需要面对来自种种既定'范式'的追问乃至否定。有利的地方是，恰好可以探索新的形式。我的理解是，书稿目前其实完成了一半，而另一半是需要靠读者的反馈来使其完整。您的工作是讲出这些故事，在书中，您没有代替受访者人给出一个什么结论，您也没有让自己站在比女工们更高的位置上去发表大段的议论。那么，有没有可能请工友或者其他相关的朋友先写出读后感悟，附在每个故事后面？这样可以延伸得更广、更深、更丰富，在形式上也很新颖。

"此外，比较重要的还有结构故事的方式，您现在是讲出故事，离讲好故事大约还有距离，虽然您不是文学专业出身，这本书也不是文学作品，但您的写作方式明显离社会学更远，离文学更近，这个方式本身就对每个故事的讲述和设计都提出了更高的要求，我觉得难点在这里，即掌握了一个故事的素材之后，怎么摆放它们，需要作者对文本的形式有比较强的敏感和掌控力。而故事能否讲好，关涉这本书的总体阅读和接受效果，无论对普通工友还是知识分子，这个都比较重要。这是我比较担忧的地方——不仅是写什么，还包括怎么写。不过这个担忧可能是我出于文学专业的本能，不自觉地提高了标准。回想您上一本书里的生命故事，比如浩民的、海军的，包括北京工友之家五个战友的，等等，都特别好。"

附　录

吕途的故事：我的四辈子

写这本书的时候用心记录女工的故事，但是没有想过要写我自己的故事。不是说不能写，是觉得没有必要写。2016年10月初，为工人大学第14期学员举办研修班，学员们强烈要求我讲一下我的生命故事，借此契机，我简短地叙述了我迄今为止的生活，正好也是在这个时候，本书的编辑建议在书中纳入我的生命故事，因此，将给学员讲述的内容整理了出来和读者分享。我觉得我的人生好长好长啊，梳理一下，我觉得我已经过了四辈子了。我的第一辈子是我父母家，然后是我的三段婚姻和情感，就如同过了三个不同的人生。我想，我这样的情感经历一定是说闲话的对象，但是，如果别人认真询问，我从不避讳。我有一个特点，别人的闲话只要不是当着我的面说，那么我就听不见，那么我就不知道，那么就跟我没有太大关系。我自觉有很多性格弱点，在待人接物上面有很多缺点，很多不懂事的地方，很多做得不到位的地方，我能够认识到的会尽力去改正，认识不到和改不好的地方也不会纠结，人无完人。人生最重要的是如何争取把接下来应该做的事情做好。

我的娘家：我的第一辈子

我祖籍是辽宁省岫岩县。听爸爸说，爷爷从小就特别聪明，当初县试，爷爷还得了第一名。奶奶是地主的小女儿，父母疼爱，没有裹脚，因为是大脚，就耽误了出嫁。媒人找到我爷爷的时候，爷爷说："大脚好，走路稳当。"爷爷和奶奶年轻时正好赶上日本人占领东北，兵荒马乱的，奶奶很担心爷爷被日本人抓去当汉奸。当时，在岫岩县有一所丹麦教会开设的丹国医院，奶奶虽然是旧时代的女性，但是胆子很大，她一个人敲开教会医院的大门，向院长推荐自己的丈夫去学医。就这样，爷爷在丹国医院学了四年护士，学了四年医生，又在那儿服务了一段时间。新中国成立以后，丹国医院被接收为岫岩县人民医院，爷爷在那里当医生一直到退休。我对爷爷印象特别深，记得我很小的时候回老家看望爷爷，他每次下班回来一定给我带一穗烤玉米，我最爱吃烤玉米了。

我姥爷是一个画家，我听爸爸讲，新中国成立以后的第一届国画展里还展出过姥爷的作品。姥爷1949年前也做过生意，用做生意挣的钱还买下了几块薄田分给亲人们耕种。听妈妈说，姥爷打算盘是一绝，可以默打，就是说，不用真实的算盘，在脑子里就可以打算盘得出结果。姥爷去世得很早，我没有见过。我对姥姥印象特别深，她的脚裹得很小很小，走路颤巍巍的。小时候，姥姥来我们家小住过一段时间，晚上我经常帮她洗脚，每次我都会问她："姥姥，脚还疼不疼？"

我爸爸叫林克胜，毕业于东北师范大学古典文学专业，毕业之后有很多经历，后来在《长春日报》做过很长时间的记者、编辑和副总编。爸爸文笔特别好，写过很多文章，出版过自己的作品，七十多岁的时候，在商务印书馆出版了关于中国古诗词格律的三部专著：《诗律详解》、《词律综述》和《词谱律析》。我们小的时候，爸爸每周要求我们三个女儿背诵一首古诗词，然后他给我们讲解，他也出版了自己的诗集《青石山集》，里面还收录了爸爸在我15岁生日时赠我的两首七言古绝，《修身铭二则示三女》：

> 立国立家首立身，正言正行在正心。
> 灵境高洁人恒敬，举止文雅自受尊。
>
> 温良恭俭让行事，仁义礼智信做人。
> 当念民族传统久，无愧中华风俗淳。

我父母有三个女儿，我是老三，我大姐是化学博士后，我二姐是工商管理硕士，我是发展社会学博士。我选择了为打工群体服务的工作以后，再加上婚姻上的各种变故，我和爸爸的关系有些磕磕绊绊了。

我妈妈叫吕金华。当年考大学的时候，姥爷并没有被划为地主或者富农。因为姥爷把地分给兄弟们耕种，自己并没有雇用劳动力，但是，不知道是谁诬告，害得妈妈虽然考了很高的分数，却不能去心仪的大学，去了一所小院校学习俄语专业，妈妈能说一口流利的俄文，那个时候有俄国老师直接任教。后来，"文化大革命"了，妈妈随着爸爸走"五七"道路来到农村。妈妈有一个特点，无论走到哪里都能发出光和热，妈妈很快适应了环境，后来成为村小教师和赤脚医生。"文革"结束后，妈妈回到长春，做过不同的工作，最后一份工作是任长春税务学院的院报主编，同时兼任讲授一些文学写作课程。1997年11月底的一个晚上，妈妈突发脑溢血倒在讲台上，在医院住了十四天，一直没有苏醒过来。妈妈的一生非常平凡，但是她受到很多亲人、朋友和学生的爱戴，给妈妈出殡的那天，全校师生站在马路两侧送行，学生们打出横幅：妈妈老师永远活在我们心中。

上　学

我1968年出生在长春。考上中国农业大学的生物学院，这是我的第一志愿，我的第二志愿是白求恩医科大学，第三志愿是长春中医学院。当时的想法就是，或者学农或者学医，为需要帮助的人服务。我在大学的专业方向是植物生理生化，专业课阶段主要学习显微镜下面才能看到的东西，大学一年级的时候学习了大田作物等农业基础知识。现在回忆起来，印象非常深刻的是大学毕业以后的第一年。那一年学校规定，刚留校的年轻教师要下乡锻炼，我们四个年轻教师被分到河北武安实习了一年，其实就是麻烦了当地政府一年，啥贡献都没做。没做贡献也情有可原，现在想起来最可笑的是那种"大学生"情结。大学生遇到农民，大学生必须比农民懂得多，不懂也得装懂。大学生学到了很多书本知识，那些知识应该是有价值的，是前人根据多年经验总结出来的，但是那些知识必须和现实结合才是真知识和活知识。认真学习了专业知识的大学生如果愿意向实践学习、向农民学习，肯定比农民能够更全面和系统地理解和掌握农业生产技术。但是，在今天的体系中，农民是农民，大学生是大学生，学者是学者，彼此割裂，而且现在，在农业大学学习好像也不是为了农业、农村服务啊。

1993年到1994年，我在荷兰海牙的社会学院攻读妇女与发展硕士。开始去的时候英语口语和听力很差，头三个月，在课堂上无法参与讨论，因为听不太懂。语言是障碍，更大的障碍是思维障碍。我们每学一个课程，都会讲各种流派的不同观点，我就晕了，我该如何思考和判断哪？难道没有一个"正确"的观点吗？现在回忆起来，我读硕士的一年半，自己的思想和思维并没有受益太多，但是，学习到了一些概念和理论，可以拿到国内生搬硬套。硕士毕业之后，我回到大学撰写教程，开设了"性别与发展概论"这个课程。我很喜欢大学的学习氛围，我教学也很认真，但是我那样的老师实在不合格啊，因为我并不真正领会我的教学内容。我觉得，尤其是对于社会学科来说，教师只有具备了一定人生经历和实践经验，在实践中掌握了真知识，才有资格当大学老师。虽然我的真知识不到位，但是我教学方式活泼，对教学认真负责。有一次出差回来，我获得了人生唯一一次优秀教师奖，而且是校级的，据说是学生匿名给教师打分，全校获得90分以上的教师只有十几个。

1997年到2003年，我在荷兰瓦赫宁根大学攻读发展社会学博士学位。我要永远感谢我的博士生导师Norman Long教授，可以说，是他把我带入了发展社会学思维的门槛，而且随着年龄的增长、经历的增多和研究的深入，我越加理解他的教导。我非常认真严谨地在中国做实地调研，我研究的对象是政府的自愿移民扶贫项目，我研究的问题是：移民搬迁到底有没有帮助解决贫困问题。我选择云南和宁夏作为项目点，在每个地方我都去原居地和现居地做对比调查。攻读博士学位一共历时六年多：进行了两年的思考准备和阅读；进行了两年的实地调研；整整写了11个月的论文，平均每天写作6个小时，又进行修改、评审和答辩。这个过程的确对思维训练起到了不可或缺的作用，也许自己今天之所以有这样的研究思路、分析能力和写作的毅力，都和那个时候的训练分不开。我的导师是荷兰瓦赫宁根发展社会学系的主任和教授，他是英国人，不会说荷兰语，他所有的博士生都用英文交流和写作。我印象最深的是，当我向导师提问的时候，我永远不会得到一个肯定或者否定的答复，得到的回答往往是一个故事。我印象最深的是他讲的拖拉机的故事：有一个扶贫项目给拉丁美洲一个项目点买了一辆很高级的拖拉机，一年以后，当项目官员去实地考察的时候，发现一头牛在拉着拖拉机的车斗前行，原来，当地农民根本买不起燃料来开拖拉机，拖拉机的配件坏了也无法进行修理，但是，农民没有把拖拉机全部丢弃，而是留下了可用的部分。他用这个小故事告诉了我很多道理。

大学教师和咨询专家：我的第二辈子

从 1990 年到 2002 年，我一直是大学的一名教师，从助教到讲师到副教授。在这期间，我也在攻读着我的硕士和博士学位。同时，我也做过很多国际发展援助项目的咨询专家，做过很多扶贫项目，去过全国所有的省份和自治区，去做项目可行性研究、项目计划、项目监测和评估。我可能执行过所有驻华的外国机构的项目，包括欧盟、世界银行、亚洲开发银行、国际计划、加拿大国际开发署、国际爱心协会等，这中间当然有很多值得回忆的事情。我觉得做国际项目是非常奇葩的事情。外国机构援助中国政府一笔扶贫款项，需要雇用专家团队进行项目考察和设计，专家团队由外方专家和中方专家组成。1996 年，我们执行一个外援的扶贫与环境发展项目，去红河地区考察，我们来到了彝族村落。当一个外方专家和一个彝族村民交流的时候，需要经过下面的翻译过程：英语翻译成普通话—普通话翻译成当地普通话—当地普通话翻译成彝话—彝话翻译成当地普通话—当地普通话翻译成普通话—普通话翻译成英文。想象一下，经过这六道翻译，交流还是否存在？信息还有多少是准确的？遗漏的信息一定超过一大半。

还有一个印象深刻的事情，我去湖北一个地区做农民培训，县乡的干部也被派来参加，培训做了一个月，大家相处得越来越好，甚至成了朋友。一个干部朋友告诉我，我们项目里面支持植树造林，亚行的钱来了我们造了一片林，世行来了验收的也是这片林，你们的项目还是这片林，这就是项目套项目。我当时就在想，我该不该把这个告诉外方的项目负责人呢？估计，即使我告诉了外方项目负责人，他也不会向上汇报，因为如果中国的项目没有了，那么他不就失业了吗？

当时做的所有的项目，目标和宗旨都是扶贫和服务农民。项目落实下来，从北京飞到地方，在省里大宴会厅一顿宴席；从省里开车到市里，市里大宴会厅一顿宴席；从市里开车到县里，县里大宴会厅一顿宴席……每到一级，加入几位领导和几辆越野车，等专家队伍从省里到了村子里，估计已经有几十辆丰田越野车的规模了。经历了这一切，当我去访谈一个农民的时候，我不知道该如何面对他的双眼。从五星级饭店里面走出来的专家有什么资格谈扶贫和为农民服务哪?！专家又具备什么真知识哪?！但是，我当时并没有完全意识到这一切意味着什么，我甚至很得意扬扬，戴着专家的光环，挣着按天计算的高额咨询费，何乐而不为？

我也见过个别另类的项目和另类的项目负责人。一个国际机构把项目办公室设在偏远的山区镇上，我去做培训的时候，直接面对工作人员和村民。为了更好地达到培训效果，我带着项目官员一起做农民访谈，我来做，请项目官员观察和学习。我们去了一个瑶族村落，找到村医做翻译，他是村子里唯一会说普通话的人，他大学毕业后回家乡为村民服务。一起工作了一天，他从来不和我直接对话，背对着我，像一个传话筒一样机械地为我做翻译。第二天，我们去访问一个老大娘，我一定要坐得比大娘低，然后慢慢地问老大娘的生命故事，我问了她很多问题，后来问她："你能回忆一个你开心的时刻吗？"老人家就哭了，那个医生陪着老人哭，我没有打扰，只是陪伴着他们。从那一刻起，村医如同变了一个人，和我聊天，有了笑容。

在这一辈子，我有了我的大女儿，她1999年出生。多年以后的一天，女儿长大了，我和她倾心长谈，说到她的出生，我对女儿说："我不知道说出来你会高兴还是伤心，是你救了妈妈一命。当时，妈妈觉得如同生活在老鼠洞里一样，暗无天日，不觉得生命值得留恋。我找到各种机会买了十多瓶安眠药，就等着找合适的某一天结束生命。结果你出现了。"女儿说："妈妈，我很高兴我救了你啊。"

外交官夫人和家庭妇女：我的第三辈子

2001年，我继续在荷兰读博士，那一年的圣诞节我去了德国，在艾克乐的家里度假。艾克乐成了我二女儿的父亲。艾克乐1992年到1997年期间在欧盟驻中国使团工作，我们在执行欧盟援华项目中相识。作为外交官，一般每四年轮值一个国家。2002年，我的二女儿在欧盟总部布鲁塞尔出生。年底，我带着两个女儿陪同艾克乐来到印度尼西亚的雅加达就任，从2002年到2006年，艾克乐是驻印尼欧盟使团的政治参赞，而作为外交官夫人，是不允许在丈夫的任职国正式就业的。我开始了家庭妇女的生活。雅加达处于热带，一年四季繁花似锦。早上醒来，我从落地窗户望出去，可以看到花园里的棕榈树、香蕉树和各色的鸡蛋花，从卧室门出去可以直接走到后花园和游泳池，清晨，园丁早已把落到池面的花瓣和落叶清理干净了。但是，每天早上睁开眼睛是我最痛苦的时刻，我拼命地想，我这一天该如何度过，没有丝毫兴趣迈进几步之遥清澈见底的游泳池，也不觉得五颜六色的花朵美丽，当我的生命本身失去社会意义的时候，这一切美景和舒适又有什么意义？！

2003年我博士毕业了。每日无聊，就把博士论文翻译成为中文正式出版了：《谁搬迁了？——自愿性移民扶贫项目的社会、经济和政策分析》。这时，一件幸运的事情降临了，有一个亚洲社会运动的研究项目，我成为中国项目的负责人。在选择研究对象的时候，我选择了打工群体，因为我觉得打工群体是决定中国现状和未来的重大议题，是这个研究项目的契机把我带入了我现在工作的地方：北京工友之家。当时，机构叫农友之家，借住在圆明园西路一所打工子女学校的一个小房间里，我第一次见到孙恒就是在那里，一个生着炉子的小小空间，我对孙恒的印象是：一个没有一丝表情的人。第一次看到孙恒他们演出也是在那一年，在一个建筑工地上，我带着印尼的合作伙伴一起去观看。孙恒在舞台上的歌曲和演唱深深地吸引了我。台下，孙恒告诉我，他个人不认为我们做的研究有什么用处，但是，机构其他同事对此感兴趣，他把我介绍给机构的其他人。当天，我就把孙恒的手机号从我的手机通信录中删除了，从此再没有任何单独的联系。

我第一次到皮村是 2005 年的冬天，北京工友之家在 2005 年 7 月建立了皮村同心实验学校并入驻皮村。那天，我开着白色韩国大宇车来到皮村，约好访谈王德志。王德志挺热情的，他手里拿着喷火枪在烤暖气片。同心学校的暖气被冻住了，如果不及时把冰烧化的话暖气片就会冻裂，第二天学生就无法上课了。虽然王德志热情接待，但我自己觉得非常不自在，看着王德志手里拿着冒火的烤枪在烤暖气片，我觉得我的访谈是在耽误人家的时间。更进一步说，我不觉得我这样做出的研究有什么用处，唯一的用处是可以拿到貌似很国际化的研究舞台上去分享，但是，这样所谓国际化的东西落地到皮村又有什么用处呢？当时机构的另一位负责人对我说："你们这些外来的研究人员就像是拿了照相机来照相，相机里面有个取景框，用固定的取景框来看我们的世界，框到照相机里的就是你的认识，但是那个世界不是我们的世界，是被你框进去的那块世界。"我非常同意这位负责人的看法。

这样的交流让我从本质上质疑外来研究的目的、真实性和有用性。外来的研究者跟皮村当地的工友处于完全不同的生活世界。什么能够代表生活世界？衣、食、住、行。我穿着一件一尘不染的天蓝色的羽绒服，来到皮村脏乱差的环境里；我开着一辆自动挡的大宇车，停在狭窄破旧的街道空间里。按照我的研究目的访谈完了工友之后，我开着车走了，我和他们的世界有什么关系呢？我的研究就是为了亚洲社会运动的研究报告。我和工友之间有很多的距离，自然就会有很多不了解，在这样的前提下，就谈不上信任和有效沟通。面对皮村的生活世界，我的反思是：我如此无知。基于无知的研究，其结果必然是不全面的、甚至是错误的，如果我非要认为我的研究报告是有用的，那就说明我不仅无知而且不道德。当我说作为一个外来知识分子是无知的，研究的成果甚至可能是错误的，并不是说工友自己可以写出研究报告。但是，工友写不出来，并不等于工友自己不知道，或者没有认识，他们是在不同的知识体系里。

我非常希望做一个好母亲，我也努力去做了。从怀大女儿溪溪第一个月起，我就开始做胎教，从溪溪有第一次胎动开始，我每天都会定时记录胎动次数。溪溪出生一个月，我就开始给她念书了。等到溪溪会爬的时候，每天睡醒了，她自己爬着去把书找来让我们读。后来二女儿泉泉出生了，她的小床里永远有一摞书，到了她会说话的时候，虽然不识字，但是可以凭记忆把我经常给她读的一摞绘本从头读到尾。我发现，孩子在不同年龄阶段有不同的学习节奏和认知结构，年纪越小的时候，越喜欢在重复中学习。溪溪三岁到四岁的时候最喜欢小熊维尼那套绘本，有时候一个晚上要我把一套十多本念上两遍，有时候念一个小时，有时候念两个小时。泉泉四岁到五岁的时候最喜欢贝贝熊系列，念得次数太多了，现在，虽然她们早已不再读那些绘本了，但是我都不舍得扔掉，这些书有着太多的记忆。到了需要同时给两个孩子念书的时候，睡觉前，每人挑不同内容的四本书，轮流给两个孩子读，一直读到孩子们入睡为止。

参与北京工友之家的工作：我的第四辈子

2007年9月，孙恒来比利时开会。从2006年到2015年，艾克乐在驻布鲁塞尔的欧盟总部任职。2006年9月到2007年8月这一年期间，我在比利时一家银行做高级管理人员，9月刚好离职，有时间陪孙恒到比利时各处转转，那是我和孙恒第一次有机会接触和沟通。从2007年到2008年，我经常回国参与一个服务家政女工的项目，叫

"社区姐妹行",项目最初也得到了北京工友之家的大力支持。

2008年1月中旬的一个晚上,10点钟,孙恒给我发了一条短信,问我:"你有没有考虑过来机构参加工作?"我很吃惊,说:"机构没有洗澡的地方啊,每天晚上不洗澡怎么睡觉啊?我也不想上皮村的厕所,太脏了。也许等十年以后吧,那个时候孩子们就长大了。"但几个月之后,我就开始参与北京工友之家在皮村的工作了。

2008年到2009年,我组织开展了打工者居住状况的调研,撰写了《打工者居住状况与未来发展》调研报告。2009年和2010年参与流动儿童发展教育项目,分别撰写了《"流动的心声":儿童发展教育项目行动研究》报告之一和之二。这些都为调研和撰写"中国新工人"系列打下了基础,这几份报告写作之初没有想过正式出版,只是为了现实工作的需要。从2010年到现在,我参与了机构的一些工作,重点任务之一是培训,参与了工人大学的教学工作;重点任务之二是研究工作,撰写了"中国新工人"三部曲。我的一生走了这么久,经历了这么多,好像都是为了这第四辈子做准备。

2015年年初,我的工作和生活地点从北京皮村搬到了北京平谷。2009年机构在平谷租下了已经废弃的原张辛庄小学的校园作为北京同心创业培训中心(工人大学)的基地。2013年又在附近租下了34亩果园建设成为同心桃园。工人大学已经开办14期了,我一直参与教学工作。第1到第13期,我们采取面授的方式,学制半年,主要在工大校园里进行教学,在那期间,我主要教授的课程是"社区调查方法"。和学员朝夕相处是一个既快乐也苦恼的过程,太多的故事,说也说不完,一个人一个样,一期一个样,不过有一点没有变过,只要把应该做的坚持下去,总会有效果,学员一定有收获。工大第14期采取网络教学的方式,我承担起了课程设置和总辅导员的任务。我想说一下我和猫的故事。平谷的冬天特别冷,我们工大的房子非常破旧,屋里烧了土暖气还是非常冷,我专门做了很厚的棉被和褥子。我的教学任务不是天天有，所以，我断断续续住在工大宿舍。有一次，当我再次回到工大宿舍的时候，天啊，我的被窝成了耗子的安乐窝。更可怕的是，每天晚上，耗子们大摇大摆地在屋子里逛，我真怕它们爬到我的脸上来。为了治理鼠患，我决定从我们皮村大院子里抓猫过来。我们皮村院子里有很多猫，和大家和平相处，但是，大多数猫不和人亲近。一个同事把两只小猫仔抓到屋里养到了几个月大，和人很亲近，同事看到我急迫需要猫咪治理鼠患，就忍痛割爱把她的一只猫咪送给了我。这只猫咪很黏人，我给它取名"粘粘"，从来没有养过猫的我手足无措，我工作就够忙了，其实不想伺候一只猫。小粘粘每天睡在我的床上，慢慢长大了。有一天，我发现粘粘躲在我的办公桌下面发出咔嚓咔嚓的声音，我一看，它在吃一只小麻雀，连毛带骨头都吞进肚子里。看着它餐后留在地上的血迹，想着它每天亲热温柔地舔我的手指，我明白了一点儿什么是纯洁的兽性。还有一天，它飞奔地从外面冲进屋里，眼睛里面放着凶光，我一看，它嘴里叼着一只老鼠，从它嘴角露出的老鼠尾巴还在摇动，我彻底吓晕了，也意识到我的虚伪和无能，养猫是为了治理鼠患，而猫吃了老鼠我又觉得可怕。后来，为了省事，我经常喂粘粘猫粮，秋天了，没有见到粘粘再吃小麻雀。动物一旦变成宠物，就失去了本性，人自己变态也把动物弄得变态了。希望我的粘粘不要完全失去猫性，它大多数晚上都出去，早上才回来，不知道干吗去了。

机构有一个规定，不直接从事体力劳动的工作人员每周参加一次体力劳动，所以，我一周去农园劳动一天。到了2016年6月，《中国新工人：女工传记》初稿完成了，时间相对充足些，我就每天上午做文字工作，下午去农园劳动。去年（2015年）我们散养了800多只母鸡，想销售土鸡蛋赚钱，但是，我们没有打开销路。不过，鸡每天都把树下的草吃得光光的，去年就几乎不用除草。今年，我们没有养鸡，需要人工除草，因为我们果园杜绝使用除草剂，还有就是，如果是小桃树，也不能放鸡进去。今年春夏，我们有四个同事一起除草：我们园长国良，我们工大第 12 期毕业生海庆，厨房的厨师李姐，有时候还有我。国良和海庆天天在农园里劳动；海庆晚上还要承担工人大学网络教学的任务，包括视频制作、工大教学公众号的信息发布、周会的组织等；李姐忙完厨房的事情就来农园帮忙。和这些同事一起除草，再累也是快乐的。我知道，现在农民们几乎不用人工除草了，除草剂一喷，多省事，岂不知除草剂把草杀死了，也毒害了土地和健康。生态和人生都是一种平衡，图省事是没有好结果的。5 月中旬，我们给桃树疏果，我干了三个半天；6 月上旬大家给桃子套袋，我干了两个半天；6 月中旬我们给小桃树嫁接，我们果园已经有 200 多棵大桃树，2016 年我们新栽了 1600 棵小桃树，成活了 1400 棵。

为了撰写《中国新工人：文化与命运》中工厂文化的章节，我去苏州的台资厂做过流水线的女工，时间虽然短暂，但是记忆非常深刻。后来有一次再回苏州路过打工的那家工厂时，我的心立刻收紧了，真害怕再踏入那监狱一般的车间。我知道我这样说是非常不体贴的，因为现在我国仍有 8000 多万工友在工厂里日夜不停地劳作着。正因为今天中国打工者的劳动非常辛苦，没有劳动保障、也没有劳动尊严，所以，新工人艺术团演唱歌曲《打工打工最光荣》和《劳动者赞歌》的时候受到一些争议：劳动者地位如此低下谈何劳动光荣？！劳动创造财富，劳动是人之成为人的本质需要，劳动者应该是世界的主人，"劳动光荣"是从这些意义上说的，而劳动者社会和经济地位低下是不公平和不公正的。有了工厂劳动的对比，我觉得我们农园的劳动虽然也辛苦，却是一种奢侈，因为在这里，没有老板和雇员，因为在这里，我们的劳动成果归劳动者所有。

吕　途
2016 年 10 月 17 日